HANNA REITSCH

VOLARE, LA MIA VITA

LE MEMORIE DELLA FAMOSA PILOTA COLLAUDATRICE DELLA LUFTWAFFE

PREFAZIONE DI CRISTINA DI GIORGI
TRADUZIONE ITALIANA DI STEVE J. DRAKOS

ISBN: 979-12-5589-1482 1st Soldiershop Edition : Luglio 2024
Titolo: Volare, la mia vita (ISE-078) di Hanna Reitsch
a cura di Andrea Lombardi
Pubblished by LUCA CRISTINI EDITORE. Cover & Art design: L. S. Cristini - English & Italian text.
Prima edizione a cura di ITALIA STORICA - © Genova 2021

PREFAZIONE
DI CRISTINA DI GIORGI

"Colui che si è avvicinato a Dio deve anche essere vicino all'uomo" ed "è compito di tutti noi aviatori riportare assieme a noi sulla terra ciò che abbiamo vissuto in cielo. Non può esservi strumento migliore per la pace e la riconciliazione". Con queste significative parole la tedesca Hanna Reitsch, donna pilota tra le più famose al mondo, sintetizza la sua idea del senso più profondo di quello che evidentemente per lei non è solo un lavoro ma anche e forse soprattutto una missione: il volo. "L'inventiva umana, l'apprendimento, la scienza tecnica – aggiunge – non possono conseguire nulla se il cuore e l'anima non tengono il passo con lo sviluppo".
Prendendo spunto da queste rilevanti considerazioni si comprende facilmente che la figura della Reitsch, pure legata ad un periodo (quello della Germania nazionalsocialista e della Seconda guerra mondiale) che fa ancora tanto discutere, va comunque considerata ed apprezzata per il ruolo che ha svolto. Nello sviluppo dell'aviazione ed anche – sia consentito sottolinearlo – quanto all'universo femminile. Perché conquistando una serie di primati e dimostrandosi estremamente coraggiosa, testarda e competente, Hanna va senza ombra di dubbio inserita nell'elenco di donne che hanno fatto la storia.
Nata a Hirschberg im Riesengebirge in Slesia (oggi Jelenia Góra in Polonia) il 29 marzo 1912 in una famiglia benestante della borghesia tedesca – il padre era oculista e la madre, cattolica, proveniva dalla piccola nobiltà austriaca –, la giovane Reitsch si dimostra fin da subito fuori dagli schemi: irresistibilmente attratta dal volo, il suo sogno è diventare aviatore. E ci riesce quando, come premio per la superata maturità, nel 1932 i genitori le permettono di iscriversi alla scuola per piloti di alianti di Grunau, che frequenta con successo alternando, con ferrea determinazione, lunghe ore di studi in medicina (la sua idea era di diventare un "medico missionario volante"), approfondimenti tecnici sui motori e sugli apparecchi, allenamento alla concentrazione e, soprattutto, prove ed esami di volo.
Da quel momento in poi è tutto un susseguirsi di primati, missioni, avventure, incidenti anche gravi e dimostrazioni di estremo coraggio e competenza tecnica. Ne troverete alcune nel libro che state per leggere, in cui la stessa protagonista racconta il suo percorso. Tra essi: il record femminile di volo con aliante (5 ore e mezza) e quello di altitudine (2.800 metri); l'essere stata la prima donna a volare sulle Alpi e a pilotare un elicottero (record mondiale, con una distanza di 109 chilometri).

E, ancora, i viaggi in Brasile, Argentina – mirabile, durante quelle esperienze, l'atterraggio di fortuna che la Reitsch effettua in uno stadio durante una partita di calcio –, Nord Africa e Stati Uniti per studiare il volo degli alianti in condizioni climatiche particolari e partecipare a gare di volo, l'addestramento di piloti in Finlandia, il collaudo del primo aliante-idrovolante lanciato con una catapulta.

Poi scoppia la seconda guerra mondiale e Hanna – nonostante le resistenze dei vertici militari per il fatto che era una donna – mette le sue competenze al servizio della *Luftwaffe*, partecipando con successo ad un progetto di mezzo aereo in grado di tagliare i cavi d'acciaio dei palloni di sbarramento antiaereo. E non solo.

Vale infatti inoltre assolutamente la pena ricordare, in quanto particolarmente emblematico della tenacia e dello spirito della Reitsch, quanto accade nell'ottobre del 1942, quando le viene affidato il compito di collaudare in volo planato, ad Augsburg, i prototipi degli aerei a razzo *Messerschmitt Me 163 "Komet"*. In occasione di uno dei suoi voli di prova, in fase di atterraggio, per un problema al carrello il mezzo si schianta a terra: Hanna sopravvive, ma resta gravemente ferita. Ricoverata in ospedale, vi trascorre circa cinque mesi.

"Nel marzo del 1943 – scrive in proposito – stavo abbastanza bene da essere dimessa, sebbene la mia guarigione non fosse ancora completa ed era in dubbio se lo sarebbe mai stata". Ritiratasi, in completa solitudine, in una casa di montagna di alcuni amici, la Reitsch riesce a riprendersi grazie a continue prove alle quali si sottopone per recuperare le forze e vincere i continui attacchi di vertigini che la tormentano. "Nel giro di poche settimane le mie capacità di volo tornarono alla normalità. Sembrava un miracolo e quando lo dissi ai medici mi guardarono quasi come una curiosità. Ma per me tutto ciò che contava era che ero nuovamente in grado di volare". Ed effettivamente Hanna vola ancora. E tanto.

Nel novembre 1943 va sul fronte russo a visitare le postazioni di prima linea comandate dal Generale von Greim ("avendo veduto gli occhi degli uomini illuminarsi alla mia vista, sapevo ora cosa significasse per loro ricevere questo visitatore inaspettato da casa" ricorda in proposito). In seguito partecipa alle sperimentazioni su un prototipo di *V1* pilotata e, insieme ad un gruppo di amici aviatori, abbozza un progetto – mai preso in considerazione dalla Cancelleria – di un gruppo di Piloti suicidi volontari con il compito di "infliggere, risparmiando la popolazione civile nemica, una rapida successione di colpi devastanti alle centrali elettriche, agli acquedotti, ai centri di produzione chiave e, in caso d'invasione, ai trasporti mercantili e navali" scrive la Reitsch.

E aggiunge: per quegli aviatori, tra i quali si inserisce anche lei, "il sacrificio delle proprie vite sarebbe stato nulla in confronto ai milioni che sarebbero morti, sia soldati che civili, se la guerra fosse continuata".

Risale infine ai fatidici giorni di fine aprile 1945 una – l'ennesima – delle sue imprese più famose: insieme al Generale von Greim, eroe pluridecorato della Grande Guerra, nonostante la situazione bellica fosse ormai disperata, la Reitsch riesce a volare con il suo "*Storch*" – sebbene preso di mira dalla contraerea russa – su una Berlino ormai distrutta e atterra nei pressi della Porta di Brandeburgo. Quindi i due fermano un mezzo militare e vengono portati nel Bunker di Hitler: particolarmente intensi, in proposito, i passaggi del diario in cui Hanna descrive quelle frenetiche ore. Successivamente i due riescono a lasciare la capitale e si dirigono in Austria, dove verranno poi fatti prigionieri.

I loro destini a questo punto si dividono: von Greim sceglie di darsi la morte e la Reitsch resta nelle mani degli Alleati per quindici mesi. Non avendo però lei mai partecipato direttamente a missioni belliche ma solo ad operazioni di collaudo (in seguito alle quali le erano però comunque conferite, una delle pochissime donne, la Croce di ferro di 2ª classe e quella di 1ª classe), al termine del giudizio al quale è sottoposta viene assolta e poi rilasciata.

In seguito, rimasta sola – la sua famiglia non c'è più: i suoi genitori avevano scelto infatti, come von Greim, di darsi la morte – torna a fare quello che ha sempre amato: volare.

Batte ancora record, prende parte a gare (nel 1952, unica donna a partecipare, arriva terza nei campionati di volo a vela in Spagna) e missioni internazionali: su invito di Indira Gandhi nel 1959 si reca in India dove fonda una scuola di aviazione; in seguito, nel 1961, torna negli Stati Uniti, dove viene ricevuta dall'allora presidente J.F. Kennedy e nel 1962 va in Ghana, dove resta per quattro anni e fonda una scuola di volo a vela. Nel frattempo scrive quattro libri: il primo, *Fliegen – mein Leben* (*Volare, la mia vita*, quello che state per leggere in edizione italiana) è la sua autobiografia.

Il 24 agosto 1979, poco dopo aver compiuto l'ultima delle sue imprese aeree (un volo di oltre 800 km negli Stati Uniti, lungo la catena montuosa degli Appalachi), all'età di 67 anni Hanna lascia la vita terrena. Muore, mentre si trova a Francoforte, a causa di un infarto.

Due elementi, tra gli altri, meritano di essere infine sottolineati al termine di questa breve introduzione per inquadrare la figura di Hanna Reitsch.

Il primo è il racconto che lei stessa fa del modo in cui è stata educata, che descrive con parole come "rigore, semplicità e cultura interiore". E ricordando le serate musicali organizzate dai suoi genitori, aggiunge: "riflettevano il tratto caratteristico della mia casa: l'umanità semplice e genuina, basata su sani principi morali" e valori "che si impressero in noi bambini sin dalla più tenera età". Valori che "oltre al rispetto per la dignità umana e al senso dell'onore, includevano la Patria, che per noi era tanto viva quanto la nostra casa. Era qualcosa a cui si era affidati con amore e responsabilità davanti a Dio. Dai nostri genitori apprendemmo che questo era lo stesso per tutti i popoli".
Il secondo, direttamente connesso con il primo, è il rapporto di Hanna con la sua città. "Avevo amato Hirschberg fin da bambina: i verdi pendii delle colline circostanti, le sue vecchie case a due spioventi, i viali alberati, le strade e i vicoli. Spesso, quando ero lontano da casa, vi ero tornata con l'immaginazione e non era quindi tanto l'onore fattomi ciò che mi commosse profondamente quel giorno – scrive l'aviatrice raccontando degli onori ricevuti quando le venne conferita la Croce di Ferro di 2ª classe – quanto il senso di essere tutt'uno con la mia terra e la sua gente cortese. Questa chiara dimostrazione del loro amore mi riempì di gratitudine, dandomi forza e stimolo per molti mesi a venire".
Chi scrive è convinta che quelli appena indicati sono elementi che possono fornire a chi legge spunti e stimoli non solo e non tanto per approfondire la storia di Hanna Reitsch ma anche (ed oggi come oggi è fondamentale) per riflettere sulle proprie convinzioni. A mente aperta ed al netto di ogni ideologia.

VOLARE,
LA MIA VITA

> Denn
> was auch immer auf
> Erden besteht,
> besteht durch Ehre
> und Treue.
> Wer heute die alte
> Pflicht verrät,
> verrät auch morgen
> die neue.
>
> *Adalbert Stifter*

Poiché tutto ciò che esiste sulla Terra,
esiste attraverso Onore e Fedeltà.
Colui che oggi tradisce il vecchio Dovere,
tradirà domani il nuovo.

Adalbert Stifter

1.
LA BAMBINA CHE GUARDAVA IL CIELO

Qual è il bambino che vive, come ho fatto io, a metà strada tra la Realtà e il Paese delle Fate, che non desideri a volte lasciare del tutto il mondo familiare e partire alla ricerca di nuovi e favolosi regni?
Tali sogni hanno sempre visitato l'Umanità, nascendo, in primo luogo, nelle menti aperte e avide dei bambini e trovano nel volare la loro realizzazione. I miei genitori mi avevano mostrato da bimba le cicogne, nel loro volo tranquillo e regolare, e le poiane, che volteggiavano sempre più in alto nell'aria estiva e così, quando anche io esprimevo il desiderio di volare, lo presero per una fantasia infantile che, come tanti dei nostri entusiasmi giovanili, sarebbe stata dimenticata con gli anni. Ma il desiderio cresceva dentro di me, cresceva con ogni uccello che vedevo volare nell'azzurro cielo estivo, con ogni nuvola che mi passava accanto nel vento, finché non si trasformò in una profonda, insistente nostalgia, un desiderio che mi accompagnava ovunque e mai poteva essere placato.
Mio padre era un oculista e direttore di una clinica oculistica privata a Hirschberg, in Slesia, dove vivevamo. Fin dalla tenera età, io facevo a turno con mio fratello, Kurt, nell'accompagnarlo nei suoi giri quotidiani in clinica, deliziando i pazienti con doni infantili che facevo io stessa e più tardi, quando li visitavo nel tornare a casa da scuola, con le storie delle mie avventure, sia reali che immaginarie.
Mio padre era un medico nato e sebbene io fossi troppo giovane per rendermene conto allora, notai e rimasi colpita dalla cura personale e dall'attenzione che lui profondeva su ciascuno dei suoi pazienti. Più tardi ho capito che aiutare e guarire erano cose che avevano riempito talmente la sua vita che il suo lavoro di medico gli dava la completa felicità. Qualsiasi altro ambito di attività, ad esempio un incarico universitario, che lo avrebbe privato dei suoi pazienti non fu mai preso seriamente in considerazione da lui che invariabilmente rifiutò ogni simile offerta. Forse per questo motivo fu particolarmente contento nel vedermi mostrare presto una curiosità, ancora abbastanza infantile, verso le sue attività mediche.
Ho quindi subito acquisito interesse per il lavoro di mio padre e lui, da parte sua, non si è risparmiato per incoraggiarmi, ottenendo, ad esempio, dal macellaio i bulbi oculari degli animali morti per mostrarmi la loro conformazione e come potevano essere eseguite piccole operazioni.
Mia madre era stata cresciuta nella fede cattolica e, sebbene seguissimo la confessione di mio padre e vivessimo come protestanti, il suo

retaggio cattolico mantenne la propria influenza. Questa situazione le causò alcune difficoltà di coscienza, ma non volendo turbare mio padre, le tenne per sé e io ne ho sentito parlare solo molto più tardi. Spesso mi inginocchiavo accanto a lei quando interrompeva le sue faccende quotidiane per fare una breve visita in chiesa e anche se lei non lo sapeva, fu con il suo esempio personale che diede ai suoi figli le lezioni più convincenti di pietà.
Una volta mia madre aveva avuto presentimenti che sarebbe morta alla mia nascita, ma quando arrivò il momento – era una notte di tempesta in primavera – questi si rivelarono infondati, perché lei si riprese normalmente e poté, alcuni anni dopo, avere un altro figlio.
Per questo motivo, probabilmente, nonostante il suo amore illimitato per mio fratello e mia sorella, si sentiva particolarmente vicina a me, come io a lei, sebbene anch'io amassi allo stesso modo ogni membro della mia famiglia. Mia madre e io vivevamo l'una nell'altra, percependo ciascuna i pensieri dell'altra senza bisogno di confessare o nascondere nulla, e questo per noi era naturale come qualsiasi altro mistero della Natura, i quali restano non meno misteriosi pur essendo evidenti a tutti. Nella nostra famiglia era accettato come principio, così ovvio da non essere nemmeno pronunciato, che una ragazza poteva avere un solo compito nella vita, ossia sposarsi e diventare una buona madre per i suoi figli. A causa del mio interesse per la medicina, tuttavia, ed anche per l'esempio religioso di mia madre e la recente esperienza della mia cresima, io decisi, quando avevo circa tredici o quattordici anni, che volevo diventare un medico, non uno normale, ma un medico missionario, e non solo, ma anche e soprattutto medico missionario volante.
Quando mio padre vide la tenacia con cui sottolineavo questo aspetto della mia futura carriera, mi prese da parte e suggerì di fare un patto con lui. Se io fossi riuscita a non menzionare un'altra parola sul volo finché, nel giro di due o tre anni, non avessi superato il diploma di maturità, allora mi avrebbe permesso, come ricompensa, di partecipare ad un corso di addestramento al volo a Grunau, che non era lontano da Hirschberg e dove c'era una nota scuola di piloti per alianti. Strappandomi questa promessa, mio padre sperava di farmi dimenticare il tema del volo, una volta per tutte.
Ma nonostante da quel momento in poi stessi attenta a non permettere loro di affiorare alle mie labbra, i miei pensieri e sogni di volare continuavano e mio padre sapeva ben poco di quante volte io pedalassi di nascosto fino a Grunau, per guardare con invidia dalla strada gli scivoli, salti e voli degli allievi di volo su aliante sul Galgenberg.
Mantenendo il mio autoimposto silenzio, mi venne in aiuto una fortunata occasione.

Mi imbattei in un libro d'esercizi spirituali di Ignazio di Loyola, *Meditazioni*[1], credo si chiamassero, il quale, giovane come ero, mi fece una grande impressione. Si proponevano di insegnare il raggiungimento della padronanza di sé e l'eliminazione dei difetti spirituali mediante ripetuti autoesami.
Intrapresi questi esercizi con energico zelo, determinando, in primo luogo, di curare il mio uso eccessivo dei superlativi. Mi costò uno sforzo enorme, ma, dopo un po' di tempo e nonostante molte ricadute, potei registrare un piccolo miglioramento, che mia madre, la quale nulla sapeva di questi esercizi, finalmente notò e commentò con mia grande gioia.
Quel piccolo libro mi aiutò anche a tacere quando avrei desiderato parlare e per oltre due anni non menzionai mai a casa l'argomento del volo. Quando superai l'esame di maturità, mio padre volle regalarmi un antico orologio d'oro. Glielo restituii in silenzio, ricordandogli la sua promessa. Lo vidi impallidire mentre accettava di adempierla – e mia madre mi strinse tra le braccia.

Prima di iniziare i miei studi di medicina, i miei genitori desideravano che frequentassi una scuola di economia domestica. Andai alla scuola coloniale femminile a Rendsburg, che aveva un'ottima reputazione e mi poteva aiutare a prepararmi per la mia carriera di medico missionario. Oltre al cucinare e ai lavori di lavanderia, ci insegnavano come accudire polli, anatre, oche, maiali e altri animali. Calzoleria, smaltatura e lavori di ferramenta erano materie obbligatorie e potevamo imparare a cavalcare e sparare nel nostro tempo libero. Poiché il programma di studi era stato progettato per preparare le donne alla vita nelle colonie, dovevamo anche studiare inglese e spagnolo e la lingua della tribù Kisuaheli o degli Herero dell'Africa sud-occidentale.
Rendsburg si trova nella provincia di Holstein e la scuola era alla periferia della città, lungo il canale di Kiel. La Marina, quindi, era per noi allievi una costante fonte di gioia. Ogni nave da guerra che attraversava il Canale conosceva la scuola femminile e ogni volta che sentivamo una sirena di avvertimento in lontananza, correvamo in massa dalla cucina, dalla lavanderia, dal giardino e dalle stalle per metterci in fila lungo la riva del Canale. Man mano che si avvicinava, la nave da guerra rallentava e poi ci superava solennemente, mentre dalla nave alla riva e viceversa risuonavano le nostre rumorose grida di saluto.

---

[1] Gli *Esercizi spirituali* di Ignazio di Loyola (1491-1556), editi nel 1548, NdE.

La nostra istruzione durò un anno e l'unico successo degno di nota che potei registrare durante tutto il mio tempo lì fu in un esperimento che condussi con i maiali.

Almeno un paio di volte mentre eravamo a scuola, ognuno di noi doveva badare ai maiali per una settimana. Fintanto che erano piccoli e gestibili era un compito piuttosto popolare, ma man mano che crescevano, perdevano le loro qualità attraenti e diventavano davvero traditori e selvaggi. Il compito di prendersi cura di loro diventava allora odioso. Forse i maiali erano disturbati dai ripetuti avvicendamenti dei loro guardiani ma, qualunque fosse la ragione del loro cattivo umore, ogni allieva che svolgeva quell'incarico dopo che essi erano cresciuti in animali maturi aveva le storie più terrificanti da raccontare sugli attacchi e i tentativi di morderla, sicché alla fine si decise che dovevano essere macellati. Una settimana prima che ciò accadesse, il compito di guardiana di maiali toccò a me.

La notte precedente il mio primo incarico dormii poco e alle quattro del mattino seguente – un'ora prima dell'orario stabilito – stavo già facendo i primi tentativi di approccio in modo che, in caso di disavventure, avrei potuto evitare lo scherno del sovrintendente guardiano dei maiali che venne alle cinque.

E così, con zoccoli di legno e grembiule di gomma e armata di forcone, mi misi a lavorare nel porcile. Per sfortuna, quella mattina in particolare i detenuti furono scontenti più del solito di venire disturbati nel loro sonno e si gettarono su di me con una furia ben coordinato. Due di loro se la presero con il mio grembiule, facendolo a brandelli, mentre un terzo si scagliò contro il forcone con il quale stavo cercando di scacciare i suoi compagni di cospirazione. Con forza incredibile, morse e spezzò in due il manico e a questo punto io fuggii in preda al panico, con ancora in mano il pezzo superiore, e sbattendo la porta del porcile dietro di me.

Avevo salvato la mia vita – ma adesso? Il porcile doveva essere pulito, anche se al solo pensiero cominciai a sudare dal terrore. Poi scoprii che, costruito sul primo porcile, ve n'era un secondo, inutilizzato. I due porcili erano collegati da un'apertura coperta da una botola. Levai gli attrezzi da giardinaggio dal secondo porcile, condussi i maiali con un manico di scopa, poi abbassai il portello e pulii indisturbata il primo porcile.

La soluzione sembrava l'ideale, ma aveva uno svantaggio – ora avevo due porcili da pulire invece di uno! Come rimedio, decisi di addestrare gli animali ad utilizzare il primo porcile, ora pulito e cosparso di paglia fresca, come loro sala da pranzo-soggiorno e ad utilizzare il secondo per le loro necessità.

Ai maiali ci volle un po' di tempo per apprezzare questa distinzione, e nel frattempo io ero costantemente impegnata a rimuovere il loro sporco dalla paglia del soggiorno per trasferirle nel luogo cui appartenevano, prima tenendo il forcone davanti al naso dell'animale colpevole e somministrandogli un lieve schiaffo.

Le mie compagne di scuola assistevano a questi miei sforzi con aperta derisione e, in effetti, per i primi tre giorni, i risultati furono del tutto negativi. Ma il quarto giorno portò un cambiamento notevole – il soggiorno era immacolato! E così rimase fino a quando, in conformità con il decreto irrevocabile del Fato, i detenuti furono chiamati a rinunciare alle loro vite.

Così, con questo modesto trionfo, i miei giorni di scuola finirono.

2.
PRENDO IL VOLO

E ora avrei potuto prendere parte a un corso di formazione presso la scuola di volo a vela di Grunau.
Finalmente andavo a volare!
Il giorno tanto atteso arrivò, limpido e senza nuvole. Presi la mia bicicletta, e attraversando Hirschberg mi diressi verso il Galgenberg. Le case familiari gradualmente si diradavano in prati e campi aperti, mentre il crinale delle montagne della Slesia sembrava sorridermi nell'aria fresca del mattino. Era ancora presto, e mentre i miei piedi pestavano sui pedali il cielo luccicava di un tenero azzurro, gli uccelli cantavano e il mio cuore si riempiva di gioia.
Sulla cima del Galgenberg c'era poco che potesse attirare l'occhio dei profani, un grande hangar dove venivano tenuti gli alianti e, accanto, un piccolo edificio in legno che fungeva da mensa e da riparo in caso di maltempo. Ma quella vista mi fece battere il cuore più forte: qui iniziava un mondo nuovo e affascinante! Piena di fiducia e di speranza, tremando per eccitazione, mi trovavo in un gruppo di giovani intorno all'aliante, che era già stato portato allo scoperto e ascoltavo Pit van Husen, l'istruttore responsabile del corso che iniziava la sua prima lezione.
Nel volo ad aliante, non si inizia con la teoria. Pratica ed esperienza significano tutto.
Innanzitutto, ogni pilota deve imparare a bilanciarsi.
Dopo che altri si erano esercitati, arrivò il mio turno.
Con il cuore in gola, mi posai sul sedile aperto del "*Grunau 9*"[2]. Ero alta circa un metro e mezzo e pesavo meno di 40 chili, ed ero una ragazza! Non c'è da stupirsi che i giovanotti intorno facessero alcune osservazioni sarcastiche, perché ogni brava ragazza rimane in cucina!
Pit van Husen reggeva un'estremità alare dell'aliante. Nondimeno questo tremava al minimo movimento come un uccello impaurito, pronto in ogni momento a ribaltarsi in terra. Poi lasciò andare la punta dell'ala ed io provai a bilanciare l'aereo con gli alettoni, come mi era stato detto, mantenendo le ali a livello.
Dopo di me, altri provarono. Alcuni erano bravi, altri no, quasi nessuno fu elogiato, ma per chiunque avesse sbagliato ci furono molti commenti e non pochi arrossirono fino alla radice dei capelli mentre

---

[2] Progettato dalla Edmund Schneider di Grünau, l'ESG *Grunau 9*, lungo 5,55 metri e con 10,78 metri di apertura alare, era un aliante d'addestramento monoposto molto diffuso, NdE.

scendevano dall'aliante. Ma prima che avessimo finito, tutti erano riusciti a bilanciare l'aereo.
Successivamente, praticammo gli scivoli a terra. Agli ordini di Pit van Husen, alcuni ragazzi robusti prima fissarono il cavo di gomma, o "*bunje*"[3], nel gancio sul muso del velivolo. Quattro uomini erano ora di stanza a ciascuna estremità del cavo, tenendolo fermo mentre altri stavano alla coda dell'aliante.
Pit van Husen ora diede gli ordini: "Issare!"
Gli uomini al cavo dovevano camminare in avanti, sollevando le estremità.
"Di corsa!" E la squadra corse avanti, tendendo il cavo fino in fondo.
"Via!"[4] La coda fu lasciata andare e l'aliante catapultato in avanti, scivolando sul terreno, mentre l'anello del *bunje* cadeva dal paletto verticale sul muso. Durante la breve scivolata, il pilota doveva quindi aver cura di mantenere le ali a livello e premendo sui pedali che controllavano il timone, mantenere la direzione.
Più avanti, ci fu detto, il *bunje* sarebbe stato tirato più stretto in modo che dallo scivolare avremmo fatto brevi salti di pochi metri appena sopra il terreno. Questi sarebbero diventati gradualmente più lunghi e più alti fino a quando non avremmo iniziato a fare brevi voli in planata, che potevano essere estesi partendo ogni volta da un punto più in alto sul pendio della collina. Il test "A" richiedeva un tempo di volo di trenta secondi.
Volare non sembra difficile, pensavo, mentre finalmente era arrivato il mio turno per uno scivolo a terra e salivo sul velivolo. Come sarebbe se tirassi indietro la barra solo di poco, senza che nessuno se ne accorgesse? La "cassa" mi porterebbe circa un metro in aria? Volevo iniziare a volare, finalmente.
Ma la squadra pensò: "Le daremo un bell'inizio, questa volta" e, all'ordine "Di corsa!", si lanciò in avanti con un boato, allungando il bunje per l'intera estensione.
Ebbene, lasciamoli fare!…
"Via!" Urlò l'istruttore e nello stesso istante capii che stavo per eseguire il mio proposito. Avrei tirato indietro un poco la barra, non di molto, al massimo una decina di centimetri, anche se era vietato!
Lo feci.

---

[3] L'attuale parola "*Bungee*" deriva proprio dal nome dato alle corde elastiche usate nei circoli del volo a vela negli anni '30, NdE.
[4] Nelle esercitazioni dell'NSFK la sequenza di ordini era: "*Haltemannschaft*" – la squadra che tiene l'aliante risponde: "*Fertig*" ("Pronti"); "*Startmannschaft*" – la squadra che trascina l'aliante risponde: "*Fertig*"; "*Ausziehen!*"; "*Laufen!*", NdT.

All'inizio, per un secondo o due, non seppi cosa stesse succedendo. Sentivo solo come l'aereo, con me stessa legata al suo interno, sobbalzasse improvvisamente in avanti, gettandomi indietro la testa. Poi, quando mi ripresi, mi resi conto che non stavo più scivolando a terra come avrebbe dovuto succedere, ma stavo volando e non potevo vedere nient'altro che il cielo, e solo il cielo. Con il mio peso di piuma, la partenza troppo potente della squadra e la mia trazione sulla barra, l'aereo era partito ripidamente, quasi in candela, verso l'alto.
"Giù!" Sentii qualcuno ruggire dal basso, "giù!" Spinsi la barra più a fondo possibile. L'aliante aveva abbastanza velocità per seguire la barra, e il muso si tuffò quasi verticalmente verso terra. Strano, davvero! Sollevai di nuovo la barra, e di nuovo ci sollevammo, di nuovo non vidi altro che il cielo, poi la terra, poi il cielo. Poi, notai che la velocità dell'aria era diminuita drasticamente, ci fu uno schianto, si strapparono le cinghie, e mi trovai sotto. Ero stata gettata fuori. Ma l'aliante era intatto. Avevo immaginato che il volo fosse qualcosa di più controllabile; questo affare di andare su e giù era molto eccitante. I ragazzi caricarono giù per il pendio come una folla urlante. Era ovvio che quella avrebbe combinato un pasticcio, la ragazza sarebbe dovuta restare in cucina, dov'era il suo posto! Mentre i loro scherni continuavano, mi alzai in piedi ridendo come se niente fosse. Ma avevo dimenticato l'istruttore. Senza fiato per la corsa tanto veloce, Pit van Husen era adesso davanti a me, ad urlare un tale fiume di parole che rimasi istupidita e assordata. Ma questo lo compresi: ero stata disobbediente, indisciplinata ed ero completamente inadatta al volo.
Poi venne il colpo devastante:
"Come punizione", gridò, "starai a terra per tre giorni!".
Quindi si girò sui tacchi e mi lasciò lì. Con lui andarono alcuni degli alunni, con il loro ardore notevolmente attenuato, mentre altri mi aiutarono a caricare l'aliante e a riportarlo al sito di lancio. Per il resto di quel corso, fui nota a tutti come la "Stratosfera".
Mentre quella sera tornavo a casa completamente abbattuta, mi dissi che, sebbene fossi stata indisciplinata e disobbediente, non ero "completamente inadatta al volo". Su questo punto, Pit van Husen si sbagliava e io lo avrei dimostrato.
Fortunatamente, non sapevo che quasi in quello stesso momento si stava raggiungendo la decisione di escludermi alla prima occasione possibile dal corso. Quella sera, come sempre al termine dell'addestramento, Pit van Husen riferì sugli eventi della giornata a Wolf Hirth, il patriarca del volo a vela e capo della scuola di addestramento di Grunau. Il mio incidente era naturalmente in cima ai discorsi.

"Dobbiamo sbarazzarci della ragazza", disse calmo Wolf Hirth, quando ebbe ascoltato la storia, "non vogliamo nessun morto".
Di questo non sapevo nulla, né allora né nei giorni successivi. Arrivata a casa, elusi le domande della mia famiglia con la scusa di essere troppo stanca e, chiudendomi nella mia stanza, andai subito a letto. Ma non c'era modo di dormire: i miei pensieri continuavano a macinare come una ruota di mulino. Ovviamente Pit van Husen aveva ragione, mille volte! Nel volare, la disobbedienza a un'istruzione precisa era quasi un reato capitale. Anche la più piccola sottovalutazione del pericolo in questione potrebbe avere conseguenze terribili, delle quali la propria morte non è necessariamente la peggiore. Mi ripetevo di continuo, finché il pensiero non mi si impresse a fuoco nella mente, che nel volo la più stretta aderenza a regole e regolamenti, anche i più piccoli, era l'unica indistruttibile legge. È forse in parte grazie a questo principio che adottai per me stessa se oggi sono ancora viva.
La notte sembrava non finire mai e più pensavo, più il dubbio cresceva nella mia mente. Dopotutto non poteva essere che Pit van Husen avesse ragione e che io fossi, davvero, completamente inadatta al volare? Il pensiero non mi lasciava riposare. Dovevo fare qualcosa. All'improvviso, ebbi un'idea.
Mi alzai e cercai nella stanza un bastone da passeggio. Poi balzai di nuovo a letto e mi ci sedetti sopra, con il bastone tra le ginocchia, nella stessa posizione del sedile del pilota d'aliante. Chiusi gli occhi e mi immaginai seduta nell'aereo. Poi cominciai a bilanciarmi, facendo gli stessi movimenti con il bastone come si fa con la colonna di controllo per evitare che le estremità delle ali tocchino il suolo.
Poi mi diedi da sola gli ordini di partenza, nel mio entusiasmo, gridandoli ad alta voce.
"Issare!"
"Di corsa!"
"Via!"
Sentii l'aereo sobbalzare in avanti, proprio come quella mattina, ma questa volta tenni il bastone in posizione centrale.
Nell'immaginazione, ora scivolai in avanti, mantenendo la mia direzione e bilanciandomi in modo che nessuna delle due ali si abbassasse verso il suolo. Infine l'aereo si fermò. Sapevo di aver eseguito una scivolata a terra impeccabile...
Ripetei la procedura una seconda e una terza volta e ancora e ancora per più di un'ora, poi, calma e contenta – e stanca morta, mi misi a dormire.
La mattina seguente, dopo che la sveglia mi ebbe strappato senza pietà dal sonno, ripetei, prima di alzarmi, l'esercizio della notte prima.

Dopodiché ripartii in bicicletta per Grunau.

Quindi oggi sarei rimasta a terra. Sopportai un bel po' di aspre derisioni da parte dei miei compagni perché l'atmosfera del corso era dura, ma sebbene l'esperienza non sia stata piacevole, non ho dubbi che mi abbia fatto bene. In ogni caso, ero assolutamente certa che le cose sarebbero presto cambiate.

Per il momento, dopo ogni scivolata a terra, dovevo aiutare gli altri a caricare l'aliante su un rimorchio e a trasportarlo di nuovo su per il pendio. Durante la giornata c'era molto da imparare. Guardavo attentamente ogni discesa e afferravo avidamente ogni parola di critica dell'istruttore. In questo modo, ho imparato rapidamente quali erano gli errori e cosa era giusto o sbagliato nel manovrare l'aereo da parte di ogni allievo.

Quella notte, a letto mi esercitai nuovamente con il bastone da passeggio notando quanto l'esperienza che avevo raccolto ascoltando durante il giorno venisse ora in mio aiuto. Scoprii di poter fare scivolate a terra abbastanza facilmente, e adesso, nella mia immaginazione, mi rivolsi ad eseguire dei piccoli salti. Quando finalmente mi coricai per dormire, lo feci con la felice sensazione di avere avuto una giornata istruttiva.

Nel secondo giorno di punizione, ricominciai con i miei esercizi a letto. La sera prima avevo iniziato a fare brevi balzi in aria. Oggi, tiravo leggermente il bastone all'indietro in modo che nella mia immaginazione potessi sentire l'aereo decollare leggermente e salire a circa dieci o quindici metri. Mi sentivo già abbastanza sicura di me stessa e, dimenticando ancora quello che mi circondava, gridai ad alta voce gli ordini di partenza mentre sedevo sul letto.

Non c'è da stupirsi del fatto che la mia famiglia si allarmasse sempre più e che, nei brevi momenti in cui mi facevo vedere, mi trovassi sottoposta a sguardi ansiosi ed interrogativi.

Il secondo giorno fu poco diverso dal primo. Dovetti aiutare a caricare l'aliante dopo ogni scivolo e ascoltai mentre Pit van Husen criticava le prestazioni di ciascun allievo.

Un colpo di fortuna mi venne in aiuto. Oltre al nostro corso per principianti, nel medesimo periodo iniziava un corso avanzato, i cui allievi, come aviatori "adulti", decollavano dal versante meridionale del Galgenberg su un aliante con la cabina chiusa ed eseguivano voli in planata, a volte su un percorso rettilineo, altre volte eseguendo le virate prescritte. Questi alunni, con mia gioia, pranzavano in un momento diverso dal nostro, e mentre i miei compagni si sedevano per il loro pasto, io sgattaiolavo via per guardare, piena di invidioso desiderio, come veniva eseguito il volo vero.

Come per noi, ogni allievo del corso avanzato riceveva delle istruzioni esatte prima di decollare. Era tutto assai nuovo per me. Quindi se, mi ripetevo, si voleva virare a sinistra, bisognava spostare a sinistra gli alettoni e il timone.

Quella sera, a letto con il mio bastone da passeggio, praticai le virate in volo, a volte piatte, a volte ripide, ma sempre con una esecuzione corretta e pulita. Il terzo giorno, compievo nella mia immaginazione queste virate con la stessa sicurezza che avrei potuto avere grazie ad una vera esperienza addestrativa di volo. Ero ricolma di gioia, e anche le battute dei miei compagni, che a Grunau non mancavano mai, non avevano più il potere di toccarmi.

Quindi, mi fu permesso di raggiungere gli altri nel lavoro che avevo perso. Le scivolate a terra ebbero tutte successo, ognuna migliore dell'altra, e dopo passai ai balzi, prima corti e poi lunghi. Presto fui nuovamente alla pari con loro.

Poi arrivò il giorno in cui mi capitò una grande fortuna.

Il primo allievo del nostro corso ad essere ammesso al test "A" fu un uomo grassoccio di mezza età, che aveva già volato nella prima guerra mondiale come osservatore e aveva quindi più esperienza di tutti noi. Ma oggi ebbe sfortuna. Quando provò a decollare, per la mancanza di vento e il proprio peso, che era considerevole, l'aliante si rifiutò di alzarsi dal terreno, per quanto forte fosse l'impulso che la sua squadra aveva cercato di dare alla partenza.

Non c'è da stupirsi se il pover'uomo si innervosì e, zigzagando a destra e a sinistra, finalmente scivolò ignominiosamente lungo il pendio. Il resto di noi gli corse dietro gridando per riportare nuovamente l'aliante sulla cima. Al punto di partenza, Pit van Husen discusse poi con noi le ragioni di questo fallimento. Nel frattempo, poiché un aliante non deve mai essere lasciato senza pesi per non essere portato via dal vento, mi disse di sedermi sull'aereo.

Per la prima volta ero adesso seduta su un aliante posato per un bel tratto su per il pendio.

Non era come se non stessi aspettando altro che iniziare? Se, ad esempio, tenessi d'occhio quel punto lì nel cielo, sarei certamente in grado, se necessario, di mantenere una rotta diritta. Se, allora, io…

Mi accorsi che da tempo gli altri mi osservavano ridendo, tra cui l'istruttore. "Va bene, all'imbracatura!" Disse, pensando senza dubbio che da quella piccola altezza non avrei potuto fare altro che un innocuo scivolo. Le squadre erano già alla corda, risuonò l'ordine e l'aliante si alzò lentamente da terra.

Notai la mia velocità, una velocità troppo buona perché ci fosse motivo di cercare di mantenere l'aereo a terra.

Quindi, tenendo leggermente la barra tra le mani, fissai gli occhi su un punto dell'orizzonte per mantenere la mia rotta.

Guardai a destra e a sinistra; grazie a Dio, le ali erano equilibrate e finalmente il sogno che avevo coltivato per anni si avverava e io stavo volando. Nemmeno per un momento mi sentii insicura: il mio addestramento mentale stava dando i suoi frutti.

Ma tutte le cose belle finiscono e, dato che il terreno si avvicina sempre più man mano che perdevo quota, dovevo finalmente atterrare. Lasciai cadere l'aereo nel modo prescritto sul prato, strisciando un poco e poi mi fermai, mentre l'ala sinistra si inclinava lentamente sull'erba. Non mi mossi, ma mi limitai a stare seduta sul mio amato aliante, presa in un beato stato di trance. Con urla e grida i miei compagni scesero correndo dal punto di partenza. Avevo volato in volo livellato per trentanove secondi; il Test "A" richiedeva solo trenta secondi. La ragazza era stata fortunata, sfacciatamente fortunata! Si potrebbe quasi esserne gelosi! Ma, naturalmente, era la vecchia storia della gallina cieca che a volte riesce a raccogliere un chicco di grano!

Potevano dire quello che volevano, perché io ero piena di silenziosa gioia per la mia esperienza. Caricammo insieme l'aliante e lo spingemmo su per il pendio. In cima ci aspettava Pit van Husen.

"Considero che sia stata solo fortuna. Non posso contarla per il tuo test «A»".

Quindi, dopo una breve pausa:

"Faresti meglio a riprovare, subito".

Lo guardai, incapace di credere alle mie orecchie. Ma non vedevo nulla che mostrasse che stesse scherzando. Deve davvero dire sul serio. Gli altri l'avevano inteso in quel modo, lo capivo dalle loro facce. Quindi mi preparai. Poi una debole sensazione di dubbio entrò nella mia mente. Stavo osando troppo...?

Ma gli ordini già risuonavano e l'aliante si alzò un'altra volta in aria. Di nuovo stavo volando.

Atterrai di nuovo nel modo prescritto. Un "*Huah-Huah!!!*" proveniva dalla gola di diciotto uomini, mentre correvano verso di me. "Test superato", significava, nella lingua di Grunau. Nel Württemberg dicevano "*Hau, Boi*", mentre a Rositten imitavano il richiamo di una gru... Questo era solo per gli studenti del corso avanzato, ma questa volta anche per me.

La mattina dopo Wolf Hirth ci fece visita. Voleva vedere di persona questa ragazza che all'inizio era andata così vicina al disastro e che ora, contrariamente ad ogni aspettativa, aveva superato il suo test "A". Era alto e di corporatura massiccia, aveva folti capelli scuri, fronte alta e occhi gentili, piuttosto maliziosi, che ora si posavano su di me in una

tranquilla valutazione. Per tutti gli allievi di volo era un semidio.
C'era da sorprendersi se il cuore mi batteva in gola quando mi diede l'ordine di iniziare? Avevo lo stesso punto di partenza del giorno prima, e dovevo atterrare sullo stesso prato.
A Wolf Hirth poteva anche far piacere il fatto che io volassi con tanta sicurezza, ma allora non me la sentivo proprio di rivelargli come fosse stata acquisita questa sicurezza!
Il giorno successivo, come premio, mi fu permesso di decollare sotto la sua direzione da un punto più alto del pendio, aumentando così la lunghezza della planata. Dopodiché, volai ogni giorno sotto la sua personale supervisione. Mi mostrò come virare, le virate ad S richieste per il test "B", virate piatte e virate strette ed ogni volta era stupito di come io riuscissi al primo tentativo.
Non ebbi il coraggio di raccontargli in quel momento il mio "allenamento" a letto con il bastone da passeggio, e solo molto più tardi mi resi conto della sua importanza, quando dovetti addestrare giovani piloti in Germania e all'estero. Ho compreso in seguito che i migliori piloti sono quelli che sanno concentrarsi meglio. Io possedevo già questa facoltà quando iniziai il mio "addestramento" a letto, grazie, principalmente, a mia madre.
Quando ero una bambina di appena sei anni, ogni volta dopo il pasto di mezzogiorno mio fratello Kurt e io dovevamo stenderci sul pavimento, mettere le mani dietro la testa e, chiudendo gli occhi, cercare di non pensare a niente per cinque minuti di seguito, con mia madre seduta vicino a sorvegliare.
Era un mistero continuo per me come si potesse realizzare un'impresa del genere. Nemmeno facevo in tempo a chiudere gli occhi, che una successione letteralmente infinita di immagini e pensieri correva attraverso la testa: la mia bambola che non avevo lavato, il trenino giocattolo di Kurt, l'albero del giardino sul quale avevo intenzione di arrampicarmi. Ogni tanto azzardavo uno sguardo attraverso le palpebre socchiuse a mio fratello sdraiato accanto a me, poi, vedendo i suoi occhi saldamente chiusi, serravo rapidamente i miei, e tutto ricominciava da capo. Alla fine, quando sia la mia decisone che la forza di volontà avevano fallito, chiedevo a Dio se voleva Lui aiutarmi per favore a non pensare a nulla. E ogni volta che dovevamo sdraiarci sul pavimento, continuavo a ripetere questa richiesta, incessantemente per tutti i cinque minuti. Un giorno confessai a mia madre che i miei sforzi per non pensare a niente non andarono mai oltre lo stadio di questa supplica ripetuta all'infinito. Con mio grande stupore lei rise di gusto, consigliandomi in ogni modo di continuare, e anche se non è mai riuscita a farmi rilassare completamente, almeno grazie a lei ho imparato

a concentrarmi su un determinato oggetto per un certo periodo di tempo.
Mia madre non avrebbe mai potuto immaginare quanto sarebbe stata utile questa facoltà per me in seguito.

Dopo questo corso alla scuola di volo a Grunau, tornai a Rendsburg.
Sei mesi dopo, con un esame finale, la mia scuola in quel luogo finì.
E poi ancora una volta mi si presentarono le vacanze, lunghe e attese vacanze durante le quali il nuovo permesso di volare concessomi da mio padre includeva la mia partecipazione a un corso "C" a Grunau.
Di nuovo pedalavo ogni giorno verso il Galgenberg. Ora ci allenavamo sulle piste meridionali e accanto all'istruttore del corso, Steinig, era presente di solito anche Wolf Hirth.
Nei primi quattro giorni ci fu una mancanza quasi totale di vento – era l'ora di farci fare pratica con le virate a S, partendo dall'alto del pendio. Ora non pilotavamo più le macchine da addestramento primario aperte ma, come veri aviatori, aerei con abitacolo di pilotaggio chiuso e fusoliera. Inutile dire che eravamo tutti non poco orgogliosi di questo.
Nei nostri test "C" si richiedeva di volare per almeno cinque minuti sopravento al di sopra del livello della nostra altezza di partenza.
Ma come è possibile, ci si potrebbe chiedere, mantenere, figuriamoci aumentare la propria altezza su un aliante senza motore? Tutti, prima o poi, devono aver visto atterrare un aereo a motore. Con il suo motore al minimo, scivola lentamente verso il basso, perdendo costantemente altezza, verso il campo d'aviazione. Sembra abbastanza ovvio. Sembra anche ovvio che un aereo in planata che ha avuto un decollo con cavo elastico da qualche punto in alto su un pendio di montagna, scivolerà inevitabilmente giù anche lui, come un aereo a motore con il motore spento. Quindi in quale modo da questo processo di planata si può effettivamente salire d'altitudine?
Per spiegarlo, citerò un esempio di Wolf Hirth. Immagina un ascensore in cui si trova una scala. Sono appollaiata sul piolo più alto della scala e ora comincio gradualmente a scendere. Mentre lo faccio, comincio a perdere altezza. Ma se, nello stesso momento, se l'ascensore inizia a salire, io raggiungerò comunque l'ultimo piano, nonostante stessi scendendo la scala.
In questo esempio, io sono l'aliante, che perde quota mentre plana, ma guadagna comunque in altezza complessiva perché il vento contrario, in altre parole l'ascensore, sale più velocemente di me che scendo.
Così, sebbene un aereo quando sta planando perda invariabilmente e continuamente altezza, quando è in un flusso d'aria in rapida ascesa,

può essere trasportato più in alto del suo punto di partenza originale. Questo flusso d'aria che si eleva lo chiamiamo "sopravento". Come si verificano i venti contrari? Ce ne sono molti tipi diversi, ma il più semplice è il sopravento causato da un flusso d'aria orizzontale che incontra e viene deviato verso l'alto dai pendii di montagne o colline o scogliere sulla costa del mare. Nel caso di una montagna, ad esempio, l'aria scorre su da un lato (Sopravento) e giù per l'altro (Sottovento).

Se si decolla da un pendio e ci si mantiene sul lato sopravento, si può navigare avanti e indietro con il vento per tutto il tempo che soffia e finché si ha l'energia per resistere al disagio di un sedile piccolo e duro e la tentazione di andare a dormire.

Per superare un test "C" bisogna essere fortunati con il meteo. Un corso "C" di solito non dura più di due settimane, e se non c'è vento in uno qualsiasi dei giorni, gli allievi dovranno tornare a casa senza aver volato per i loro test, poiché nessuna abilità di volo servirà loro in condizioni di bonaccia.

Ma nel nostro corso fummo fortunati. Anche se nei primi giorni non c'era quasi vento, il quinto giorno iniziò a soffiare da ovest. Con Wolf Hirth e il nostro istruttore Steinig salimmo, pieni di gioiosa aspettativa, sull'ampio versante occidentale del Galgenberg fino al punto di partenza, che si trovava a circa cento metri sotto la linea della cresta.

Stavamo accanto alla nostra macchina, un gruppo di uomini adulti, di corporatura media, forti, induriti e bruciati dalle intemperie, e tra loro, io, piccola e magra ma, come tutti, tesa in ogni nervo.

Ce l'avrei fatta? Sarei stata in grado di sfruttare il sopravento sul pendio, mantenendo la giusta velocità, né troppo veloce né troppo lenta? E il vento sarebbe abbastanza forte o sarei stata costretta a scendere sul prato d'atterraggio a valle? Sarei riuscita a mantenere la giusta distanza dal pendio e non sfiorare gli alberi prima di essere trasportata oltre il crinale? Mi sarei schiantata all'atterraggio…?

I pensieri giravano nella mia testa come una giostra. Poi sentii chiamare il mio nome ed era ora di prepararsi.

Andai a prendere il mio cuscino, un malloppo di discrete dimensioni, che mi serviva a causa della mia piccola taglia, e allacciai la cintura di sicurezza. Poi arrivò Wolf Hirth.

Non appena fossi stata in volo, avrei dovuto tenermi sulla destra, vicino, ma non troppo, al fianco della montagna. Presto avrei sentito l'ascesa del vento.

Com'era confortante sentire la sua voce chiara e calma! Ora, sicuramente, niente avrebbe potuto andare storto!

Ma c'era molto altro a cui dovevo pensare. Wolf Hirth mi spiegò tutto nel dettaglio.

Dovevo cercare di mantenere la stessa velocità costante. Arrivata all'estremità del pendio, dovevo virare di 180° nel vento, per evitare di essere trasportata oltre la cresta ed entrare così sottovento dove sarei rapidamente discesa. Potevo stare su dai cinque ai dieci minuti, e come segno che era ora di atterrare avrebbero formato una catena umana sul sito di partenza. Dovevo atterrare ai piedi del versante ovest sul grande prato d'atterraggio, proprio come avevo imparato durante l'addestramento.
Le squadre di lancio erano in attesa.
"Tutto pronto?"
"Issare!"
"Di corsa!"
"Via!"
Un breve scatto, che mi spinse all'indietro sul sedile, ed ero in volo.
L'impeto mi portò in un'ampia virata lungo i lati del pendio. Sopra di me c'erano ancora cespugli, pini e abeti. Ma ora dovevo fidarmi del sopravento e tenermi al limite delle cime degli alberi.
E d'improvviso, essa era lì! Una forza invisibile sollevò l'aereo, spingendomi giù nella cabina di pilotaggio. Il sopravento ora mi portava dolcemente su per il pendio. Salii sempre più in alto e prima di arrivare all'estremità, la cresta era già sotto di me. Per la prima volta volavo come un uccello!
Mentre facevo la mia prima virata alla fine del pendio, esitai. Avrei perso altezza o il sopravento sarebbe stato sufficiente a tenermi su? Ma tutto andò meglio di quanto avessi sperato, e quando eseguii la mia seconda virata sopra il punto di partenza ero già abbastanza sicura di me stessa.
Il mondo sembrava stranamente diverso dall'alto. Ero solo a poco più di cento metri d'altezza ma le figure sotto sembravano già così piccole, che non potevo più riconoscere i loro volti.
Là c'era il versante meridionale con l'hangar degli alianti e lì, come un modellino, la scuola e il villaggio e, in lontananza, il grazioso centro storico con le sue torri e campanili che mi erano familiari. Il mondo era bello al limite del possibile...
Improvvisamente vidi davanti a me due poiane che planavano con le ali tese immobili alla mia stessa altezza. Sapevo che dove volavano questi uccelli il controvento sarebbe stato più forte.
Decisi di seguirle, essendo il mio aliante un poco più veloce di loro. Sarebbero volate via non appena mi fossi avvicinata?
Già vedevo il colore di ogni singola piuma. Tenevano la testa girata verso di me, gli occhi fissi sul grande uccello silenzioso che mi stava portando in alto. Perché avrebbero dovuto fuggire davanti al loro fratello maggiore?

Portate dal vento ancora in ascesa, si levarono nell'aria, mentre io mi sforzavo di seguirle. Ma potevano farlo meglio di me e improvvisamente le vidi molto al di sopra. Di nuovo iniziò il gioco. Volai dietro di loro, trovando sempre un sopravento più forte dove esse erano già state. Così, in ogni mio singolo nervo io mi sforzai di imitarle, finché il mio occhio non cadde sull'orologio. Impossibile che i dieci minuti datimi da Wolf Hirth fossero già finiti! Guardai di nuovo. Erano passati più di venti minuti. Forse il mio orologio sbagliava. Potevo saperlo guardando il sito di partenza, dove avrebbero formato una catena quando sarebbe stato il momento di atterrare. Ed eccoli lì, a farmi segnali! Da quanto tempo erano lì? Inutile che lo spavento mi afferrasse in ogni arto, dovevo scendere rapidamente a terra.

Non soltanto ero incorsa, per la seconda volta, nel rimprovero di essere disobbediente e indisciplinata, ma certamente avevo privato un altro allievo della possibilità di decollare oggi per il suo test "C" e chi poteva dire se domani ci sarebbe stato vento? Per trainare l'aliante dal punto di atterraggio a quello di partenza ci sarebbe voluta una buona mezz'ora, anche se un cavallo fosse stato disponibile per tirare il rimorchio. Come sarebbe stato se atterrassi, quindi, direttamente sul sito di partenza? C'era molto spazio. Bisognava solo pianificarlo attentamente, in modo da non farlo finire male finendo oltre il limitare del sito.

Discesi sottovento con cautela, lasciandomi comunque la possibilità di raggiungere il lato sopravento del pendio. In questo modo persi velocemente quota. Poi, ad una certa altezza sopra il punto di atterraggio, mi lasciai risospingere indietro dal vento, mettendo il muso verso terra in quello che mi sembrava il momento giusto, e poi, mentre il terreno veniva su a grande velocità, raddrizzai all'ultimo momento con una leggera trazione della barra, per atterrare appena ai margini del sito e scivolare in avanti, sempre a velocità considerevole, fermandomi proprio nel punto che avevo scelto. E l'aliante era intatto! Ero senza fiato per la gioia!

Fu una fortuna per me non essere stata in grado di ascoltare le potenti maledizioni che Wolf Hirth aveva gridato al vento perché già nell'immaginazione mi vedeva schiantare a terra. Ma ora non era meno sollevato di me che tutto fosse andato bene, e prima che mi trovassi davanti a lui, la sua rabbia aveva già lasciato posto alla gioia per il mio felice atterraggio. Quindi fu molto indulgente, mi tirò solo leggermente per l'orecchio mentre mi disse: "Dovrei davvero essere arrabbiato con te per aver contravvenuto le istruzioni, e come avvertimento per il resto di voi, ripeterò qui ed ora: chiunque agirà in questo modo in futuro senza aver prima ottenuto il permesso, verrà immediatamente messo a terra. Dobbiamo avere disciplina qui".

E poi: "Dal punto di vista del volo, ovviamente, la performance è stata perfetta..."
Posso forse essere biasimata se il resto della giornata sembrò passare in un bagliore solare?
Alcuni giorni dopo, mi resi conto che il mio volo, dopotutto, gli aveva fatto piacere. L'orgoglio della scuola era un nuovo aliante, che solo Wolf Hirth e gli istruttori potevano pilotare. Ma per me fece un'eccezione e fui il primo allievo ad ottenere il permesso di pilotarlo, restando su finché volevo e le condizioni del vento lo permettevano.
Per la prima volta, ero adesso libera di volare senza restrizioni e decollai con un sentimento di vero orgoglio nel potermi librare finché i venti avessero soffiato, attingendo alle canzoni più belle che potessi ricordare e cantandole ad alta voce nel cielo, accorgendomi appena che stesse piovendo e nevicando e scendendo solo quando dopo cinque ore il vento infine cessò.
Grata, come sempre quando le cose erano andate bene, atterrai per essere accolta da una folla entusiasta di persone, che si congratulavano con me per un record mondiale.
Quella sera la notizia fu data alla radio, mentre fiori e messaggi di congratulazioni si riversavano sui miei genitori a casa.
Quanto a me, lo trovavo meraviglioso: ero giovane ed ero felicissima. Ma quella sera, quando mi ritirai, sul mio letto c'era una lettera di mia madre. "Ti rendi conto, e con gratitudine", scrisse, "che è la grazia della buona sorte che ti ha portato questo successo?"
"Cosa significa?", pensai ribellandomi. "La grazia della buona fortuna?" Avevo dovuto sopportare neve, vento, pioggia, freddo e il dolore e l'agonia di un sedile spietatamente duro. Cosa poteva sapere mia madre del volo?
Ma più riflettevo, più capivo che lei aveva ragione. "Buona sorte": non ne faceva forse parte il vento che era durato per tutta la giornata?
Cominciai a comprendere come sia la fortuna a coronare tutte le imprese con successo, e in questa luce guardavo, il giorno dopo, i regali e i fiori che ancora arrivavano a casa.

3.
DAL VOLO A VELA AL VOLO A MOTORE

Fin da quell'esperienza, sono stata innamorata del volo. Andai a Berlino per il mio primo trimestre da studente di medicina, frequentai le prime lezioni e per tutto il tempo ebbi un solo desiderio: volare di nuovo!

Nelle mie lettere ai miei genitori riuscii a convincerli che per la mia carriera di medico volante in Africa sarebbe stato necessario che imparassi a pilotare aerei a motore e, sebbene non fossero affatto contenti al pensiero che lo facessi, furono sufficientemente colpiti dalla serietà delle mie intenzioni da dare in linea di principio il loro accordo.

Il loro amore e la loro comprensione erano tali che non avrebbero mai potuto desiderare di impedirmi di costruirmi la mia vita ma, preoccupati che io non cadessi preda di ambizioni superficiali, mi misero di fronte alla dura necessità di dover pagare io stessa il corso di formazione con i soldi che mi avevano concesso per le mie spese di studente di medicina.

A quel tempo, la Posta aerea tedesca gestiva tre scuole di volo amatoriale, a Berlin–Staaken, a Würzburg e a Stoccarda-Boblingen. Contattai la scuola di Staaken ed inserii il mio nome per un corso di volo su aerei sportivi.

Ogni giorno del corso partivo alle 5 del mattino per andare in bicicletta a Staaken, nella periferia occidentale di Berlino. All'inizio ero l'unica studentessa, gli altri erano uomini di tutte le età, commercianti, ingegneri, chimici, giornalisti e l'attore Mathias Wiemann, con il quale ho presto stretto una vera amicizia di volo. Molti di loro arrivavano con le proprie auto e praticavano il volo come passatempo, considerandolo una piacevole forma di relax sociale. Nei giorni in cui non c'erano voli essi erano quindi ben contenti di sedersi a chiacchierare nel ristorante del club. In queste occasioni io ero una sorta di cuculo nel nido, poiché preferivo passare il mio tempo nelle officine dove c'era molto da imparare: i motori degli aerei, per esempio, un nuovo, strano mondo!

Capii subito che essere in grado di pilotare un aereo a motore non era poi gran cosa, essendo facile da imparare. Ma se un pilota non sapeva nulla del motore, ignorava il cuore stesso della sua macchina; decisi quindi che avrei imparato tutto quello che c'era da sapere al riguardo. I meccanici di terra nelle officine erano per lo più uomini di mezza età con una lunga esperienza, e non accolsero troppo bene l'intrusione di allievi di volo che si intromettevano e interrompevano il loro lavoro con innumerevoli domande sciocche, ed essendo totalmente ignorante di meccanica io sapevo a malapena perfino quali domande porre.

All'inizio dovetti quindi vincere una certa timidezza, ma ero decisa a non lasciarmi intimorire e continuai a tormentarli, "rubando" tutto quello che riuscivo a vedere, finché non potessi dire di avere afferrato i primi concetti iniziando a capire ogni volta di più sulla meccanica di un motore per aerei. In cambio di tutto quello che stavo imparando, aiutavo a lucidare gli aerei.
Un giorno, mi fu dato il mio primo lavoro da fare. Il meccanico caposquadra era un uomo tranquillo e modesto, ma un grande esperto e aveva deciso di vedere se qualcosa di tutto ciò che aveva dovuto spiegare a quella stupida ragazzina con le sue incessanti domande le era entrato in testa. Voleva anche vedere se mi fossi sottratta al duro lavoro e la sporcizia. Dovetti quindi, inizialmente sotto la sua supervisione, smontare un vecchio motore d'aereo non più adatto all'uso. Poi, la domenica, quando non c'era nessuno in giro, dovevo provare a rimontarlo.
Ciò suonava molto più facile di come fosse in quel momento. Sapevo che la mia unica possibilità di riuscita era procedere in modo completamente sistematico, e durante lo smontaggio realizzai innumerevoli disegni e schizzi, come uno studente di medicina durante una dissezione, in modo che quando avrei dovuto rimontare il motore sarei stata in grado di riconoscere ogni singolo componente.
Lavorai senza sosta quella domenica e tutta la notte successiva, finché il lunedì mattina, con le mani lacere e sanguinanti e coperta dalla testa ai piedi di olio e sporcizia, potei mostrare al caposquadra il motore rimontato.
Non disse molto, annuendo appena in segno di approvazione, e nemmeno gli uomini che erano lì attorno o che vennero dopo durante il giorno, uno per uno, per dare un'occhiata al lavoro, ma da quel momento in poi non fui più considerata come un "pilota da bel tempo" e fui accettata come una di loro.
In seguito colsi ogni occasione per conoscere i diversi tipi di motori aeronautici, lessi tutta la letteratura tecnica sulla quale potevo mettere le mani e proseguii ad imparare continuamente e senza pause.
Mi venne anche in mente che sarebbe stato utile per me essere in grado di guidare un'auto, e sapere qualcosa sui motori d'automobile in generale. Naturalmente nessun proprietario avrebbe permesso a un'ignorante come me di guidare la sua macchina, e quindi sembrava impossibile imparare senza frequentare una scuola guida. Ma ciò avrebbe richiesto denaro – denaro che non avevo.
Tuttavia, alla fine trovai una soluzione. Ogni volta che partivo da Staaken notavo un gruppo di operai impegnati nel trasporto di macerie, mediante un trattore con rimorchio, lungo la strada che fiancheggiava

il campo d'aviazione. Ci salutavamo l'un l'altro mentre passavo sopra le loro teste. Un giorno organizzai le cose in modo tale che, dopo il volo, quando gli altri allievi erano tornati al club, il mio cammino mi conducesse presso quei lavoratori – e subito iniziammo a parlare.
Uno di loro aveva un problema agli occhi: promisi di chiedere a mio padre di mandare un unguento per lui. Un altro veniva dalla Slesia. Un terzo voleva sapere chi fosse la ragazza che li salutava ogni giorno dal suo aereo! All'inizio evitai la domanda ed ascoltai, segretamente soddisfatta, mentre esprimevano il loro stupore per una ragazza che imparava a volare. Apparentemente ne erano molto colpiti e, come la maggior parte delle persone che non l'hanno mai fatto, pensavano che volare doveva essere un compito molto difficile e pericoloso. Alla fine dovetti dire loro che la ragazza ero io. Adesso erano ancora più impressionati e mi bombardavano di domande su ogni dettaglio del mio addestramento. Nel frattempo li aiutavo a caricare le macerie sul rimorchio e prima che avessimo finito eravamo già buoni amici.
Allora presi coraggio e, sebbene non avessi la più pallida idea di cosa fare con il pedale della frizione o con le marce, chiesi se mi lasciavano guidare il trattore. Ridendo, furono d'accordo. All'inizio, ovviamente, feci spegnere il motore, ma scoprii subito come guidare, conducendo il trattore fino all'estremità del campo, rovesciandovi le macerie e tornando trionfante da loro. Da quel momento in poi, mi permisero di guidare il trattore tutti i giorni – il mio compito autoimposto e la mia gioia segreta – e così è stato quasi per gioco che ho imparato a guidare, senza pagare un centesimo.
I miei nuovi amici erano tutti ottime persone, e dovevano lavorare sodo per guadagnare il proprio stipendio. Quasi tutti avevano attraversato momenti difficili, molti erano rimasti disoccupati per lunghi periodi, e, mentre parlavano, mi resi conto di quanto io fossi stata fortunata. I più anziani avevano fatto la prima guerra mondiale, lo si capiva dai loro volti e dalle loro cicatrici. Dopo aver svolto per anni il proprio dovere nelle trincee, erano tornati a casa solo per essere insultati, ricevere sputi e per farsi strappare le spalline dalle divise dai teppisti. Non c'era da meravigliarsi che le loro esperienze li avessero resi molto amareggiati. "Quasi fossimo stati noi i piantagrane", dicevano, come per difendersi, "– come se fosse stato un vero piacere fermare un proiettile di mitragliatrice *Lewis*..."
Acquisii una profonda conoscenza delle loro sofferenze e patimenti. Condivisi con loro i pacchi di cibo ricevuti da casa – feci inviare da mia madre un vestito o due per le loro mogli – ed ero felice di essere in loro compagnia.
Ma non appena gli uomini cominciavano a parlare di politica, i nostri

buoni rapporti rischiavano d'essere rovinati. In tutto il gruppo ce n'erano a malapena due che appartenessero allo stesso partito, e con orrore mi resi conto di come persone che altrimenti vanno d'accordo possono diventare avversari aspri e fanatici non appena si parla di politica. Per me era una cosa nuova, perché anche se naturalmente ero stata educata ad essere patriota, non c'era mai stato alcun problema di divisioni politiche in casa mia.

Inevitabilmente, ognuno degli uomini tentò di convincermi delle sue opinioni e un giorno si sviluppò tra loro una discussione così feroce che quasi finirono alle mani. Così, depressa e pensierosa li lasciai, perché la nostra atmosfera felice sembrava adesso definitivamente distrutta.

Nel frattempo avevo fatto progressi con il volo, imparando facilmente e senza alcuno sforzo in un aereo da addestramento dotato di doppi comandi. Per cominciare, il nostro istruttore, Otto Thomsen, mi accompagnava. Insegnava in maniera dura e alcune delle cose che mi urlava durante i nostri voli non erano esattamente affettuose. Ma era un ottimo insegnante, e presto ho capito che solo nel modo più duro si può imparare ad essere un pilota sicuro e competente. Che dopotutto non gli avessi fatto una così brutta impressione divenne chiaro quando, dopo solo pochi voli insieme, prese l'insolita decisione di permettermi di volare da sola.

Ero nuovamente alle porte di un nuovo mondo: questa volta non era il vasto e silenzioso mondo del volo a vela, ma un mondo ristretto ad una piccola striscia di cielo tra me e la terra e riempito dal pulsare e rombare del motore. Poiché stavo ancora volando nel nostro *Mercedes–Klemm* aperto e ad altitudini piuttosto basse, la terra sembrava ancora alla mia portata, ed io parevo essere tuttora una sua figlia.

Come mi sorrideva mentre volavo sopra di essa, come gli alberi tendevano le braccia, con i rami più alti che ondeggiavano come le dita tese di una mano!

Ma poi venne il giorno – quel giorno nel quale i miei amici operai avevano cominciato a litigare – in cui dovevo partire per la mia prova di altitudine e, per la prima volta, sfuggire dall'abbraccio della terra.

Mi furono concesse due ore di volo nelle quali raggiungere un'altezza di 2.000 metri e il nostro buon vecchio *"Klemm"*, già un po' claudicante, con la sua modesta potenza di venti cavalli ci avrebbe messo un'ora buona per raggiungere quell'altezza. In una tuta di volo foderata di pelliccia, con il viso unto di grasso per proteggermi dal sole e dal freddo, salii sull'aereo. Prima del decollo dovetti ascoltare molti buoni consigli, perché il cielo, che fino a quel momento era stato di un azzurro senza nuvole, ora si stava rapidamente rannuvolando e avrei

quindi dovuto interrompere il volo in tempo utile se le condizioni sembrassero richiederlo.
Ascoltavo attentamente mentre venivo istruita, ma sebbene fossi circondata da un gruppo di persone avevo la strana sensazione di non essere più tra loro. Potente, seppure gentile, come un vino seducente, la febbre del volo era scesa su me, scorrendomi dentro fino alla punta delle dita. Alla fine mi fu permesso di dare gas e rullare sul campo. Mi alzai in aria sorvolando il gruppo di operai. Stavano ancora discutendo di politica? Non avevo tempo di pensare a questo perché il mio orecchio era concentrato sul motore, pronto a cogliere la minima interruzione nel suo ritmo tranquillo e gli occhi erano fissi sul pannello di controllo, osservando temperatura e giri.
Feci prima un ampio giro sopra il campo d'aviazione, poi iniziai a salire sempre più in alto, 300 metri, 400 metri – 500 metri, e ad ogni tappa, altre città e villaggi, altri boschi e campi e prati si innalzavano dall'orizzonte ad incontrarmi. Vidi sotto Berlino, distesa come un gigante per poi rimpicciolirsi fino a dimensioni lillipuziane, le macchine che sfrecciavano qua e là come uno sciame di moscerini irrequieti.
Salgo quindi, con gli occhi ancora fissi sulla terra, cercando ancora di identificare e riconoscere. Ma ora tutto si fonde perdendo dettaglio in forme oblunghe, quadrate e brillanti macchie di colore. Addolorata dal separarmi continuo a fissare il suolo, ma presto la terra sottostante diventa insignificante e i miei occhi si alzano per incontrare le vaste e solitarie distese del cielo. Finalmente e per la prima volta, sono sola.
Presto la scena cambia di nuovo e legioni di piccole palle di nuvole mi superano. Sembrano così solide che ho paura di toccarle e si muovono continuamente, tutt'intorno a me, turbinando, gonfiandosi e dissolvendosi di nuovo. Eppure gli spazi tra loro sono così ampi che posso elevarmi sopra di esse come se stessi attraversando ampie valli. Non sono mai stata così in alto prima e da qui, intravista tra le fenditure nelle nuvole, la terra sembra un'isola lontana erosa dalla spuma delle onde.
A grandi altitudini, l'aviatore si sente vicino a Dio. Tutto ciò che fino a quel momento sembrava importante svanisce. L'orgoglio, sia esso del titolo, posizione sociale o reputazione, si dissolve in umiltà, mentre i fumi della Terra evaporano lasciando la mente chiara e tranquilla, tutt'uno con la Creazione, felice – e grata.
Quando atterrai di nuovo a Staaken, ero ancora sotto l'influsso di questa esperienza, anche se nessuno di quelli che mi parlavano o si congratulavano con me avrebbe potuto indovinare i miei pensieri. In seguito, per molti giorni notai come tutto in me sembrava ribellarsi alla normale routine della vita, perché non c'era parte di essa che ora non mi sembrasse infinitamente banale e vuota.

Ma riconobbi assai presto il pericolo interiore a cui ero esposta. Nella vita di ogni aviatore arriva una svolta quando, dopo avere sperimentato la sublimità delle grandi altitudini, o si cerca di diventare degni della visione che ci è stata concessa, oppure ci si volge alla vanagloriosa arroganza, mettendo da parte ogni moderazione o rispetto, rispetto, perfino, verso Dio. Sentendo questo, scrissi allora a mia madre: "Voglio e devo spingere me stessa a girare per Berlino senza pensare continuamente al volo. Altrimenti non potrò mai più imparare a stare con entrambi i piedi per terra."

Mentre il corso di addestramento continuava a Staaken, i miei compagni e io arrivammo ad avere ottimi rapporti. Tra loro c'erano diversi cinesi, amichevoli e cortesi, e per i quali tutti noi avevamo grande considerazione. Ma avevano un'abitudine che mi dava fastidio: tra loro parlavano sempre cinese, lingua della quale noi altri non capivamo una parola. Così un giorno, per metterli in imbarazzo, dissi loro che potevo capire la loro lingua e, a riprova, mi misi a cantare loro una canzone cinese che mio padre ci aveva insegnato quando eravamo bambini. Cantavo e continuavo a cantare allegramente, senza accorgermi che erano davvero imbarazzati, tanto che nessuno degli astanti tedeschi poteva non notarlo.

Quando ebbi finito, ai cinesi fu naturalmente chiesto di dircene il motivo che, chiaramente, aveva qualcosa a che fare con la canzone. La loro spiegazione provocò uno scoppio di risate e a me stessa un imbarazzo ancora maggiore, perché il testo della canzone non consisteva in altro che una serie di parolacce da strada!

Mio padre aveva sentito queste espressioni per le strade di Pechino e in seguito le aveva messe insieme per noi bambini per farci divertire con quelle strane parole, naturalmente senza poter immaginare che ne avremmo mai scoperto il loro significato. Affinché le potessimo imparare più facilmente, le aveva impostate sulle note di una famosa canzone cinese.

Quando gli dissi della mia esibizione, questo gli causò una sorta di shock e sono sicura che si prese ben cura di non ripetere mai più questo esperimento linguistico a beneficio dei propri nipoti.

Per i miei studi di medicina non avevo fatto nulla durante tutto quel periodo. Avevo assistito a malapena ad una sola lezione, e, sebbene avessi in effetti legato i miei libri di testo alla bicicletta quando mi recavo ogni mattina a Staaken, di solito arrivavano solo fino lì. Scoprii che le mie attività di volo lasciavano pochissimo tempo per lo studio.

Appena iniziate le vacanze tornai a casa, con l'intenzione di dedicare al volo tutto il tempo che potevo di quell'estate.

Non ero più obbligata a prendere parte a dei corsi di addestramento, ma avevo ancora moltissimo da imparare e qui, con mia grande fortuna, Wolf Hirth mi prese sotto la sua ala paterna. Lui e sua moglie erano diventati amici dei miei genitori e pienamente d'accordo con loro che, pur potendo perfezionare la mia abilità di pilota, avrei dovuto continuare i miei studi di medicina con l'obiettivo di diventare un medico. Volare non era una carriera lavorativa.

È stato Wolf Hirth ad iniziarmi al "Liceo del Volo" e riconosco con gratitudine che l'istruzione che mi diede in quei mesi ha costituito la base di tutta la mia carriera di volo. Un giovane uomo che si era dedicato anima e cuore all'arte del volare: nessuno avrebbe potuto essere più adatto di lui a trasmettere i frutti dell'esperienza di volo ed è giusto che sia considerato oggi come il patriarca del volo a vela. Non solo si è impegnato a scrivere, a beneficio di tutti i futuri allievi, i minimi dettagli della sua vasta esperienza e conoscenza, ma è lui stesso un magistrale pilota che ha superato con la pura forza di volontà i doppi impedimenti della miopia e di un arto artificiale. Tra gli altri grandi suoi successi, egli fu il primo in assoluto a sorvolare New York in un aliante, un'impresa che eseguì nel 1931.

L'istruzione che ora ricevetti da lui sulla teoria del volo ebbe luogo nel modo più pratico. Wolf Hirth aveva appena inviato alla revisione delle bozze del suo libro sulla Scuola di volo a vela a lunga distanza e mi permise di aiutarlo nel suo compito, incoraggiandomi a fare domande su tutto ciò che non capivo. In questo modo, mentre io imparavo, lui scopriva se il suo libro sarebbe stato facilmente compreso dai suoi lettori più giovani.

Ma non aveva dimenticato la preoccupazione dei miei genitori che io non trascurassi i miei studi di medicina ed ora mi assegnò un compito. Dopo la perdita della propria gamba si era occupato dell'anatomia della coscia e dell'articolazione del ginocchio, di cui possedeva una vasta conoscenza. Su questo argomento mi disse di preparare ora una conferenza orale e fino a quando io non gliel'avessi consegnata, non ci sarebbe stato alcun volo.

Come batteva forte il mio cuore quando ascoltai le previsioni del tempo prevedere forti venti occidentali per il giorno successivo; pensavo che difficilmente sarei stata capace di controllare il mio desiderio! Ma sapevo che Wolf Hirth era estremamente serio, e per assicurarmi una giornata di volo il giorno dopo non sembrava esserci alternativa: avrei dovuto preparare la mia conferenza quella sera stessa.

Con il pretesto di andare a letto presto mi chiusi in camera, tirai fuori i libri e lessi, imparai e rilessi finché non pensai di aver fatto abbastanza.

La mattina presto, quando mi alzai, potevo vedere fuori dalle mie finestre gli alberi che si piegavano al vento e le nuvole irregolari che sfrecciavano nel cielo, – tempo perfetto per planare! A qualunque costo, decisi, avrei dovuto raggiungere Wolf Hirth e tenere la mia conferenza prima che lasciasse la sua casa per andare a Grunau.

Non ero mai saltata giù così velocemente dal letto e poco prima delle sette ero alla sua porta a spiegare, senza fiato, il mio arrivo alla sua stupita moglie. Avevo appena finito quando Wolf Hirth, ancora in vestaglia, apparve sulla soglia a sentire quello che volevo. Ridendo, mi spinse nel suo studio, dicendomi di aspettare lì finché non fosse stato pronto a partire.

Che stanza! Rimasi come pietrificata. Tutto, sì, c'era tutto ciò che il cuore di un aviatore potesse desiderare: modelli di alianti che illustravano lo sviluppo dei diversi tipi, e tutto intorno alla stanza ovunque si guardasse, immagini su immagini di volo a vela; le nuvole sembravano così reali che mi sembrava quasi di volare. Ed inoltre c'era molto di più nella stanza – coppe che Wolf Hirth aveva vinto volando oppure, precedentemente, in gare di motociclette, cimeli di terre straniere e interi scaffali e armadi pieni di libri e riviste sul volo – una camera del tesoro per me e per ogni allievo pilota che fosse arrivato sin qui. Non sapevo da dove iniziare a leggere; mi interessava tutto.

Ma presto, troppo presto, apparve Wolf Hirth e partimmo insieme nella sua macchina per Grunau. Durante il viaggio mi suggerì di tenere la mia lezione sull'articolazione del ginocchio, così, per distrarre i suoi pensieri, gli chiesi subito di spiegarmi alcune delle cose che avevo letto nei suoi libri sul volo e, in breve tempo, eravamo sepolti nei nostri problemi volanti e la mia lezione di medicina fu completamente dimenticata. Arrivati a Grunau, mi fu quindi permesso di trascorrere l'intera mattinata in volo: la mia veglia notturna era stata vana!

Wolf Hirth sembrava aver allontanato dalla sua testa ogni pensiero sulla medicina, perché mi aveva adesso ingaggiata come una dei suoi assistenti in officina per costruire e riparare alianti e occasionalmente, come ricompensa, quando il tempo era bello, mi permetteva di volare. Dopo ogni giornata di lavoro, passavo la serata con gli Hirth. Ci sedevamo tutti e tre nello studio, sua moglie con il suo cucito, Wolf Hirth che scriveva o dipingeva e io seduta sul tappeto, circondata da bozze, riviste e libri di volo per i quali non c'era spazio su nessuno degli scaffali.

Io ponevo innumerevoli domande e instancabilmente Wolf Hirth rispondeva, spiegandomi ciò che non capivo. In quel particolare momento, per me questo modo di apprendere fu una vera grande fortuna: e potei rendermene appieno conto di quanto fosse stata grande solamente in seguito, quando capii come mi avesse salvato anni di apprendimento per tentativi ed errori.

Le mie esperienze di volo a vela a quel tempo si limitavano allo sfruttare il tipo di sopravento causato dalle correnti d'aria che colpiscono un ostacolo, per esempio il pendio di una montagna, e vengono deviate verso l'alto. Per quanto meravigliosa sia l'esperienza di planare in questo modo, le possibilità sono sempre limitate, anche quando è possibile volare da un pendio all'altro. Con il vento di risalita non è mai possibile librarsi a grandi altezze o su lunghe distanze.
Fino al 1926, ovunque nel mondo si praticasse il volo a vela, si conosceva solo questo tipo di sopravento. Da allora, molti altri tipi sono stati esplorati, tra i quali le "termiche" che consentono al volo a vela di raggiungere risultati fino ad allora impensati. Il libro di Wolf Hirth era una sintesi delle esperienze ottenute fino ad oggi in questo campo. Queste "termiche" si verificano in luoghi dove il suolo è stato riscaldato dal sole in modo non uniforme. Nei giorni in cui splende il sole estivo, tutti avranno notato come le zone aride quali la brughiera, le strade o la sabbia si riscaldano più rapidamente delle zone umide e basse.
Questa differenza di temperatura nei diversi tratti di terreno si ripete nella temperatura dell'aria che li sovrasta e si instaura quindi un movimento ben delimitato nell'atmosfera, le masse più calde dell'aria salgono più velocemente di quelle più fredde ad esse adiacenti. Queste crescenti correnti convettive, o "termiche", di solito variano in diametro da cento a duecento metri.
La posizione delle termiche può spesso essere rilevata dai grappoli di nubi cumuliformi che si vedono librarsi sopra di loro. Man mano che il flusso d'aria nella termica si innalza, diventa più fresca, condensando la sua umidità in milioni di minuscole goccioline, così leggere che si librano nell'aria apparendoci sotto forma di piccole e lucenti nuvole sferiche. Queste sono la segnaletica del pilota d'aliante per le termiche.
Poiché le termiche hanno un'area limitata, il pilota può rimanervi solo girando continuamente, come se fosse racchiuso nella canna fumaria di un gigantesco camino. Qui gli vengono in aiuto le poiane ed i falchi, e non appena egli ne vede uno che ruota verso l'alto in una termica, lo segue tenendosi il più vicino possibile.

Questi uccelli possono raggiungere grandi altezze semplicemente girando in cerchio con le ali spiegate e sono molto più sensibili ai cambiamenti nella pressione atmosferica rispetto all'essere umano, il cui timpano può rilevare solo grandi differenze di altitudine.

Ma poiché l'assistenza di poiane o falchi non è sempre disponibile, al pilota di aliante viene fornito un altro aiuto, lo strumento – indispensabile in planata – noto come variometro, che registra la velocità di aumento o diminuzione della pressione barometrica e quindi la velocità di salita o discesa dell'aereo.

Mi familiarizzai sull'intero argomento del volo in termica studiando le bozze del libro di Wolf Hirth, e conversando con lui durante quelle serate lo assorbii quasi senza sforzo. Ho quindi iniziato ad attendere il giorno in cui avrei potuto fare esperienza delle termiche io stessa. Così iniziò per me una solida amicizia con Wolf Hirth e sua moglie, che da allora in poi mi considerarono la loro "figlia volante".

Ogni sera, ad un orario concordato, i miei genitori venivano a prendermi dagli Hirth. All'inizio, senza dubbio, non sapevano spiegarsi lo strano e potente incantesimo che il volo aveva lanciato su di me. Ma erano abbastanza amorevoli e saggi da non opporsi ai miei progetti e cercarono di seguirmi come meglio potevano, imparando sempre di più sul mio meraviglioso nuovo mondo nelle conversazioni che avemmo assieme, durate spesso fino a tarda notte. A loro io confidavo tutti i miei interessi e le mie speranze e, anche qui, è stata soprattutto mia madre che non mi ha mai ripresa né mai esitato nella sua comprensione e incoraggiamento.

4.
STUDENTE DI MEDICINA PRESSO L'UNIVERSITÀ DI KIEL

Per il mio secondo semestre di lezioni come studente di medicina, mio padre voleva che frequentassi l'Università di Kiel. Lui stesso aveva studiato lì per un certo periodo e la facoltà di medicina aveva un'ottima reputazione, mio fratello era di stanza a Kiel in addestramento nella *Kriegsmarine* e, inoltre, non c'erano quasi del tutto impianti sportivi in inverno che potessero distrarmi dai miei studi.
Quando mio padre mi iscrisse non sapevo, tuttavia, che la Facoltà di Medicina di questa particolare università fosse così sovraffollata che, prima di poter assistere alle dissezioni, gli studenti del secondo semestre dovevano fornire la prova di un'adeguata conoscenza dell'anatomia con un esame orale.
Questo lo seppi soltanto alla fine delle vacanze, quando erano già stati presi gli accordi per la mia partenza, ed era troppo tardi per recuperare i miei studi – la notizia fu per me uno shock considerevole. Decisi che c'era una sola cosa da fare, andare in un'altra università meno affollata. Lo dissi ai miei genitori e spiegai loro i motivi, ma semplicemente non mi credettero. Un grado d'ignoranza come quello che sostenevo di avere era al di là del loro potere di comprensione. Invano protestai, invano parlai a ciascuno di loro da solo. Il risultato fu sempre il medesimo: sarei riuscita a passare se solo avessi avuto fiducia nelle mie conoscenze.
La situazione sembrava disperata. L'abbandono dei miei studi durante il mio primo semestre ora gravava su di me come una tonnellata, quel primo semestre nel quale non avevo aperto nemmeno una volta un libro. Avrei potuto recuperare il tempo perduto se solo i miei genitori fossero stati disponibili ai miei tentativi di persuasione. Il fatto che non mi avessero creduto dimostrava quanto avessi abusato della loro fiducia e della loro bontà nel rendermi possibile il volo.
Sapevo che andare a Kiel sarebbe stato un viaggio sprecato. Questo per me, ma non dal punto di vista dei miei genitori perché, qualunque cosa accadesse, volevano che facessi l'esame.
Abbattuta e sentendomi molto piccola, mi sedetti sul treno per Kiel. Tutto mi sembrava triste. La pioggia schizzava sulle finestre, le nuvole erano quasi afflosciate a terra. Durante il viaggio ebbi tempo per riflettere. Nell'immaginazione mi vedevo già nell'aula affollata degli esami, udivo chiamare il mio nome, e sentivo su di me gli occhi ostili e indagatori dell'esaminatore mentre sbagliavo a rispondere ad ogni sua singola domanda. Anche supponendo che fosse ben disposto e cercasse, in un primo momento, di suggerire alcune delle risposte, alla

fine sarebbe stato portato o a prendermi per un caso di demenza oppure, tra le risate beffarde degli studenti, ad ordinarmi con rabbia di uscire dalla sala. Il solo pensiero mi faceva avvampare e raggelare...
Decisi che non sarei andata all'esame, ma poi compresi che non sarebbe stato un bene; non solo avrei distrutto la fiducia dei miei genitori in me, ma li avrei costretti anche a considerarmi una codarda.
Avrei dovuto presentarmi per l'esame: così fu deciso. Dovevo assumermi le conseguenze della mia negligenza. Mi ero meritata la punizione, ora avrei dovuto accettarla. Forse il Cielo la considerava come una lezione salutare, perché fino a quel momento ero riuscita in tutto troppo facilmente. Avrei guardato l'inevitabile dal lato positivo, provando a volgerlo a mio vantaggio. Sopportare degnamente la vergogna ora mi sembrava più importante che superare l'esame. Sapevo da tempo che ogni crescita è accompagnata dal dolore.
Quel pensiero bastò a calmarmi per il resto della giornata, ma quando, la mattina dopo, mi trovai nell'atrio della sala in mezzo a un mare di studenti, tutti, immaginavo, in procinto di sostenere l'esame, i miei nervi minacciarono di nuovo di saltare. Ovunque mi girassi sentivo parlare dell'esame, simili argomenti erano strombazzati, concetti venivano esposti dei quali io mai, nella mia vita, avevo sentito parlare. Il mio coraggio sembrò trasformarsi in acqua. Non sarebbe stato meglio, dopotutto, se io...?
Strisciai silenziosamente verso la porta, da dove potevo vedere l'ampio cielo. Presi un profondo respiro e pensai al mio volo in alta quota a Staaken quando la terra, con tutte le sue preoccupazioni e i suoi problemi, sembrava lontanissima sotto di me. Mentre pensavo, tutto in me sembrò tornare nuovamente calmo e immaginavo di volare sempre più in alto nel più profondo blu. Che importava se fossi stata umiliata? E che motivo avevo comunque per vergognarmi?
Il mio coraggio ritornò e andai in sala esami. Il calvario ebbe inizio. Il primo studente si fece avanti sul podio e il professore iniziò ad interrogarlo. Alcune delle sue risposte erano giuste, altre sbagliate e queste ultime furono subito prese e gettate come un boccone divertente per gli astanti. L'atmosfera mi sembrava intollerabile. Il primo fallì completamente. Il secondo perse rapidamente il suo sangue freddo e potevo sentire la sua angoscia quasi fisicamente.
E così l'agonia proseguì, finché improvvisamente sentii chiamare il mio nome. In quel momento divenni di nuovo calma e rassicurata; anche se ero sicura di fallire, non sembrava più avere importanza e mi avvicinai al podio.
Su un tavolo accanto al Professore giaceva un mucchio di ossa umane. All'esaminato venivano dapprima comunicate le parti del corpo sulle

quali doveva essere interrogato ed egli era poi tenuto a selezionare le ossa corrispondenti dal mucchio, usandole per illustrare le sue risposte alle domande successive. Questa sarebbe stata la catastrofe Numero Uno!

Il professor B. mi guardò con aria di incoraggiamento. A quanto pare interpretava la mia calma come la fiducia in se stessi nata dalla consapevolezza della propria conoscenza. "Con te," sembrava dire il suo sguardo, "vedo che sarà diverso." Se solo avesse saputo!

"Ci parli della regione della coscia."

Non potevo quasi credere alle mie orecchie. La coscia era l'unico argomento che avevo imparato per la mia lezione a Wolf Hirth quella data sera. Forse qualcosa di quello studio mi era rimasto nella mente. Ma sarei stata in grado di riconoscere il femore? Supponevo che doveva essere l'osso più grande. Ma... forse avevano messo l'osso della coscia di un bambino, per ingannare?

Il professor B. riteneva che fosse assolutamente impossibile per chiunque non riconoscere il femore. Così andò al tavolo, frugò tra il mucchio di ossa e me ne porse uno:

"Non dovrebbe essere difficile trovare *quell'*osso."

Annuii, raggiante – poi chiesi qualche minuto di riflessione. Quindi cominciai a raccontare quello che sapevo, parlando lentamente e chiaramente per guadagnare tempo, diluendo il mio racconto qua e là con qualche informazione sull'articolazione del ginocchio. Quando il professor B. cercava di interrompermi, io proseguivo con calma come se non l'avessi sentito. In questo modo ebbi subito i ridacchiatori dalla mia parte, senza permettere che mi confondessero.

Ma prima o poi, il mio destino mi avrebbe raggiunto. La mia conferenza per Wolf Hirth non conteneva nulla sui legamenti che circondano l'osso e ne conoscevo soltanto uno, il *"ligamentum ileofemorale"*. Conclusi quindi la mia dissertazione nel punto in cui questo legamento iniziava, in modo da suggerirlo come domanda successiva. E la domanda arrivò, alla quale seguì la mia risposta, così rapida e sicura che servì come ulteriore prova della solidità delle mie conoscenze. Quanto a me, sapevo solo che non sapevo altro. Ora, sicuramente, il colpo sarebbe giunto?

Aspettai. Poi sentii il professore dire:

"Esatto, l'ileofemorale. Vedo che la tua conoscenza è adeguata. Bene, – esame superato."

Per un attimo rimasi come paralizzata e quasi mi tradii. Poi tornai al mio posto, osando a malapena guardare a destra o sinistra.

Telegrafai il risultato ai miei genitori. Loro risposero: "Sapevamo che ce l'avresti fatta".

Non avrebbero potuto immaginare quanto queste parole mi deprimessero, perché avevo fatto uso della loro bontà e generosità nel permettermi di volare, ma avevo sconsideratamente abusato della loro fiducia.

5.
IL MIO PRIMO VOLO IN UNA NUVOLA TEMPORALESCA

Maggio 1933. Di nuovo a casa a Hirschberg per le vacanze: la campagna ancora avvolta nello splendore della primavera, le vette della catena dei Riesengebirge tuttora ammantate di neve. Ovunque su alberi e cespugli i boccioli iniziano a germogliare e l'aria è dolcemente morbida e calda. Tempo meraviglioso per volare in aliante! Mentre cammino per le strade assolate di Hirschberg, desidero ardentemente librarmi nel cielo azzurro e scintillante, velato solo qua e là da una allegra nuvola di bianco purissimo.

All'improvviso, come in risposta al mio desiderio, si ode uno stridore di freni e una macchina si ferma accanto a me. Il saluto di una voce ben nota risuona al mio orecchio, – Wolf Hirth! Lui e sua moglie stanno andando a Grunau per un breve volo per girare alcune riprese filmate di Hirschberg vista dall'alto, ed io potrei venire con loro rimorchiata sul "*Grunau Baby*", l'ultimo tipo di aliante da addestramento – così come sono, nel mio leggero vestito estivo con calze corte e sandali! Ma cosa importa? Non c'è quasi una nuvola nel cielo, ci saranno pochissimi sobbalzi, anche se forse da qualche parte troverò un debole sopravento.

Un'ora dopo, sono seduta nella cabina del mio aliante, senza occhiali né casco, l'imbracatura del paracadute allacciata direttamente sul vestito.

Wolf Hirth mi dice di provare a volare alla cieca, soltanto con gli strumenti e, per quanto possibile, di non lasciare che i miei occhi vaghino fuori dall'abitacolo.

Nelle serate che avevo trascorso con Wolf Hirth avevo appreso che un pilota è privato della sua vista non solo di notte, ma anche quando vola attraverso le nuvole.

Ho già detto che di solito i sopravventi si trovano sotto le nubi cumuliformi. Venti ancora più forti si incontrano all'interno della nuvola stessa, in particolare nelle nuvole temporalesche. In queste ultime, il vento può raggiungere una velocità verticale dai 40 ai 50 metri al secondo e qualsiasi aereo da esse catturato viene tirato verso l'alto con una forza gigantesca. Tali violente turbolenze possono rappresentare un pericolo per qualsiasi tipo di aereo, in particolare se accompagnate da temporali, grandine o formazione di ghiaccio. Inoltre, quando è nella nuvola, un aviatore non è in grado di determinare l'assetto del suo aereo rispetto all'orizzonte, essendo gli organi di equilibrio umani inadeguati a comunicarci la nostra "posizione assoluta nello spazio".

Avevo appreso che nella nuvola i propri strumenti di bordo sono l'aiuto più importante del pilota. A quei tempi il principale di questi era l'indicatore di virata e di sbandamento. Teoricamente avevo praticato spesso il volo alla cieca, utilizzando un noto e semplice ausilio. Disegnavo su pezzi di cartone separati delle dimensioni all'incirca di una carta da gioco tutte le combinazioni di letture – ce ne sono nove in tutto – che l'indicatore di virata e di sbandamento e di movimento trasversale potevano mostrare per le diverse posizioni dell'aereo. Presi l'abitudine di portare queste carte con me tirandone fuori una ogni tanto per testare le mie conoscenze, quindi:

Indicatore di virata e di sbandamento a destra – Indicatore di movimento trasversale al centro: una normale virata a destra.
Indicatore di virata e di sbandamento a destra – Indicatore di movimento trasversale a sinistra: una virata piatta e slittante con inclinazione laterale non sufficiente.

All'inizio, davanti ad una carta, dovevo pensare alla risposta e fintanto che questo era necessario mi ritenevo inadatta a far fronte ad un'emergenza. Il proprio pensiero, mi dicevo, ha l'abitudine di "interrompersi" nei momenti di pericolo e quindi una reazione immediata, puramente meccanica è essenziale se la giusta azione deve essere compiuta in tempo. Così ho continuato la mia pratica quotidiana con le carte fino a quando ho potuto tradurre del tutto automaticamente le letture dello strumento in ciascuno dei movimenti richiesti per controllare l'aereo. Mentre Wolf Hirth mi rimorchiava con il mio aliante, ero quindi abbastanza fiduciosa che sarei stata in grado di volare "alla cieca" senza incontrare difficoltà.
A circa 400 metri, Wolf mi diede il segnale di sganciarmi e non appena lo feci iniziai a perdere quota, scivolando dolcemente e rapidamente verso il basso senza il minimo alito di una corrente ascensionale da nessuna parte. Ora non ero più in alto di 80 metri e mi stavo avvicinando velocemente alla terra.
Stavo già cercando un punto adatto per atterrare quando improvvisamente l'aliante cominciò a tremare. Cosa significava, corrente ascensionale o discendente? Poi vidi che il puntatore del variometro si trovava un po' sopra lo zero su "salita".
Cominciai ora a girare in cerchio, mantenendo la mia quota e persino aumentandola un poco. Poi, ancora una volta, scesi all'improvviso. Cercai in giro la corrente ascensionale e ne trovai invece una diversa, molto più forte. Salii di nuovo, questa volta molto velocemente.

Il variometro partì da mezzo metro al secondo, poi salì a uno, poi a due, poi a tre metri al secondo, e continuava a salire, sempre più veloce. Non avevo mai sperimentato prima questo genere di cose.
Continuai a girare in cerchio sempre più in alto fino a quando, prima di capire cosa stesse succedendo, mi fui alzata di altri 500 metri, in circa due minuti e mezzo.
Ed ora, del tutto involontariamente, i miei occhi si spostarono dagli strumenti al cielo. Immediatamente sopra la mia testa c'era una gigantesca nuvola nera: doveva essersi formata solo negli ultimi minuti. Un occhio più esperto l'avrebbe naturalmente vista molto tempo prima, ma io avevo rigorosamente agito secondo le istruzioni di Wolf Hirth e avevo tenuto lo sguardo fisso per tutto il tempo sui miei strumenti, per non essere tentata di giudicare l'assetto dell'aereo dall'orizzonte.
In ogni caso, la vista di questo oscuro mostro mi riempì di gioia. Ecco, finalmente, l'opportunità di un'esperienza che avevo desiderato ardentemente, quella di volare attraverso una nuvola. Senza una vaga idea del reale pericolo della mia situazione ero ancora assolutamente fiduciosa, riponendo la mia fede sulla mia conoscenza degli strumenti, e lo stesso Wolf Hirth non mi aveva forse detto che finché ha quella conoscenza, un pilota non può avere danni?
Quindi, salendo sempre più in alto eccomi qui, a 1.000 metri, e ancora più in alto fino a 1.200 metri, – ed ora irrompo alla base della nuvola, i primi lembi scuri mi sfiorano e io do uno sguardo d'addio al mondo solido. Ho appena il tempo di vederne un ultimo minuscolo frammento prima che uno spesso velo bianco cada all'improvviso chiudendomi ermeticamente dentro, sola con la mia nuvolosa compagnia…
Con impaziente concentrazione, fisso il mio sguardo sugli strumenti. Paura? No, per niente! Sono sicura quanto mai si possa esserlo, più fiduciosa di quanto lo sarò mai in ogni specie di nuvola.
E sto ancora salendo, sempre più veloce, a sette metri al secondo, adesso. Forse la nuvola, avvicinandosi lentamente alle vette dei Riesengebirge, sta per depositarmi sulla Schneekoppe, la cima più alta di tutte? Un attimo di riflessione e mi rassicuro. La mia altezza è ora di 1.670 metri, ma lo Schneekoppe è alto solo 1.580 metri, quindi va tutto bene e sono fuori pericolo. Prendo un profondo respiro di sollievo, senza sospettare cosa sta per accadere…
E quindi, un milione di bacchette di tamburo scendono all'improvviso sulle ali dell'aliante e iniziano, in uno staccato frenetico, un concerto infernale che mi spacca le orecchie, finché non sono dissolta e sommersa dalla paura. Attraverso la vetratura del tettuccio, che sta già gelandosi, vedo la nuvola tempestosa che vomita pioggia e grandine.

Mi prendo un po' di tempo per tenere sotto controllo la mia paura, e quando mi sono ripetuta abbastanza spesso che questo, dopotutto, è un fenomeno naturale perfettamente normale e posso anche vedere dalla lettura dei miei strumenti che l'aliante è nel corretto assetto di volo, mi calmo ancora.

Presto, infatti, il tamburreggiare cessa, ma nelle correnti d'aria contrastanti le ali si alzano e si abbassano alternativamente e, sbattuta da un angolo all'altro del mio abitacolo, ingaggio una dura lotta per far sì che i miei strumenti continuino a mostrare quello che il manuale dice che dovrebbero. E per tutto il tempo l'aliante sta ancora salendo, 2.600 metri – 2.800, 3.000 metri sopra la terra.

Quello che vedo ora, semplicemente non posso convincermi a crederlo: gli strumenti sembrano bloccarsi. Si muovono ancora, ma sempre più lentamente finché, infine, smettono di muoversi e tutti i miei colpi e buffetti non li riporteranno in vita. Sono bloccati, perché sono congelati.

Cerco di mantenere la cloche nella posizione normale, ma è un compito senza speranza perché qual è la posizione normale? Con i miei strumenti resi inutili, non posso dirlo... Ora non c'è più niente che io possa fare.

... C'è un nuovo suono, una specie di fischio acuto, ora forte, ora sommesso. Non appena smette, so che devo abbassare rapidamente il muso, perché quello sarà il momento in cui l'aereo avrà raggiunto lo stallo. Ma ora, mentre all'improvviso mi lancio in avanti, impotente, nella mia imbracatura e il sangue mi schizza dolorosamente nella testa, so che il momento è già passato.

L'aereo dev'essere in picchiata verticale e deve essersi voltato quasi sul dorso.

Quindi oscilla di nuovo in avanti e precipita a velocità immensa in un tuffo a capofitto.

Sollevo la cloche, e sollevo e continuo a sollevare (del tutto ignara che sto eseguendo una serie di looping involontari), – e di nuovo mi ritrovo improvvisamente appesa alla mia imbracatura, mentre l'aliante sfreccia in basso urlando...

La vetratura in mica dell'abitacolo si è ghiacciata da tempo e ora, invece di restarvi chiusa ancora a lungo, impotente e sola, vi apro un buco con il pugno. Almeno potrò vedere.

Ora sto tremando dappertutto, in ogni cellula del mio corpo, e le mie mani nude diventano blu mentre, a quasi tremilatrecento sopra la terra, nel mio abito estivo, io siedo crogiolandomi nella pioggia, nella grandine e nella neve, con i miei fluenti capelli scossi come alghe in una tempesta.

L'aliante non risponde più ai comandi e, in ogni caso, probabilmente ora è meglio lasciarlo a se stesso. Quindi, sperando vagamente che la sua intrinseca stabilità possa bastare ad evitare il disastro, abbandono la cloche. Mentre lo faccio, non più pilota ma passeggero, sento la paura dentro di me improvvisamente alzarsi e strisciare un passo più vicina al mio cuore.

La tempesta è adesso diventata un inferno. Indifesa come una barchetta nel mare in burrasca, vengo incessantemente sbalzata avanti e indietro nell'abitacolo, incapace di allungare i piedi sui pedali di comando, incapace anche di stringere i denti, la bufera mi ha spalancato le mascelle.

... E l'aliante si sta arrampicando di nuovo – già i miei occhi stanno uscendo dalle orbite. Presto, lo so, il sangue schizzerà dalle mie tempie... E la paura monta su per un altro balzo. Il mio cervello è quasi svuotato, gli ultimi brandelli di pensiero lo attraversano, come foglie in un cielo autunnale.

Quanto tempo ci vorrà prima che si spezzi, prima che io possa paracadutarmi fuori? Wolf Hirth, Hirth,– cosa ha detto? "Tutti conoscono la paura a volte, se sei solo, allora parla a te stesso, ad alta voce — *ad alta voce –*" "HANNA–A–!" Urlo: "Ya! Ya–a! Codarda! Resisti, non puoi, cod–ar–!"

Ascolta! Mi è sembrato di sentire una voce – sì, ecco! Molto debole, sottile, ma una voce umana – un miracolo –

Per alcuni minuti mi sento più calda – penso che siano minuti perché ho perso ogni cognizione del tempo. Poi, come in un crescendo corale, i venti si avvolgono ruggendo intorno all'aereo, la paura dentro di me ricomincia a ringhiare –"HANNA–A–A–", esita, poi, con un balzo selvaggio si avventa – e le fauci del terrore si chiudono.

All'improvviso diventa più luminoso e poi più luminoso ancora. Alzo gli occhi – non si vede il cielo! Ma quello che vedo è la terra, terra bruna e scura, sopra di me! La vedo quando alzo lo sguardo – e quando guardo in basso ecco nuvole, bianche stelle filanti, che si stringono in linea. Ora so che sto volando a testa in giù.

Afferro meccanicamente la cloche e la situazione si inverte. Sotto di me la terra, con lontane e appena distinguibili le cime bianche di neve dei Riesengebirge; sopra di me, i bianchi nembi che si frangono e ancora più in alto che si allontana lentamente, il pilastro torreggiante della nuvola temporalesca. Andandosene sputa una moltitudine di lembi grigi come, pochi minuti fa, ha sputato me, a testa in giù, nello spazio.

Tornata nella luce benedetta, non provo più terrore o dolore poiché lentamente, lievemente, volo sulle ali grigio-argentate del mio uccello, senza pensieri e libera da ogni sentimento tranne quello di una profonda gratitudine.
Stiamo fluttuando giù verso la scintillante cresta bianca dei Riesengebirge. Riesco già a distinguere i rifugi e i puntini neri degli sciatori che tornano a casa a fine giornata. Qui, sullo Schneekoppe, farò il mio atterraggio, dove c'è gente che possa darmi una mano.

Era già tardo pomeriggio quando toccai terra accanto all'hotel–ristorante sullo Schneekoppe, la luce del giorno cominciava a calare e gli sciatori erano scomparsi dalle piste. Così ho potuto, indisturbata, sistemare velocemente l'aliante, ammucchiando della neve sulle punte delle ali per evitare che il vento lo trascinasse via. Facendo questo, vidi come le ali erano state forate in innumerevoli punti dai chicchi della grandine.
Io e il mio aliante saremmo dovuti tornare in qualche modo a Hirschberg quella sera stessa e questo significava che avrei dovuto telefonare a Wolf Hirth in modo che potesse sorvolarmi e gettare una corda di decollo.
Inzaccherata e bagnata fradicia, entrai in albergo incontrando molti sguardi sospettosi mentre aspettavo che la mia chiamata passasse dal centralino. Intorno a me, ovunque una compagnia raffinata e allegria, gli ospiti chiacchieravano e ridevano in un'atmosfera azzurrina per il fumo di tabacco e intrisa dell'aroma del caffè appena macinato. Ma io ero a malapena cosciente di quello che mi circondava, sentivo solo il flusso e riflusso delle risate e delle voci e, da qualche parte in sottofondo, il suono frammentario di una cetra. Se solo passasse la mia chiamata!
Poi qualcuno vide il "*Grunau-Baby*". Immediatamente, ci fu un selvaggio fuggi fuggi tra gli ospiti che si accalcarono tutti alle finestre per vedere l'Incomprensibile con i propri occhi. Io andai con loro, come se ciò non mi riguardasse. Trovai accanto a me un uomo grasso di mezza età, che quasi sudava per l'emozione.
"*Fraulein*," balbettò, "vi dico, è disceso proprio — proprio come l'Incarnato. Certamente no–non era lì cinque minuti fa…"
Non poté proseguire, perché in quel momento sua moglie lo prese per il cappotto e lo trascinò via. Non sarebbe dovuto andare a parlare con una tale stracciona, la sentii dire mentre lo trascinava rabbiosamente verso la porta…
Mi persi il resto, perché mi chiamarono al telefono.

"Hanna!", gridò Wolf Hirth, "In nome di Dio dove sei?" Non ebbi il tempo di rispondere prima che un torrente di parole mi ruggì nell'orecchio, lasciandomi completamente intontita e pensando solo che, in qualche modo, dovevo essere tornata di nuovo dentro il temporale. Pochi secondi dopo compresi cosa stava dicendo. Lo Schneekoppe si trovava nella Zona Neutrale adiacente alla frontiera cecoslovacca, ed atterrando con l'aereo lì senza permesso avevo commesso un reato che avrebbe probabilmente comportato il ritiro del mio permesso di volo. Posai la cornetta in preda a una totale disperazione. Certamente mai come in questo momento sapevo, come ogni vero aviatore sa, che volare era tutta la mia vita – non avrei potuto vivere senza questo.
Dopo aver superato lo shock del mio aspetto, in albergo fecero tutto il possibile per sollevarmi il morale. Disperati, misero persino su uno speciale film–spettacolo per me. Ma era inutile. Inutile, finché non mi dissero che Wolf Hirth mi voleva di nuovo con urgenza al telefono. Questa volta parlò molto brevemente. Mi disse di prepararmi per il decollo, di raccogliere quante più persone possibile in un grande cerchio fuori dall'hotel e di aspettare che lui volasse sopra lasciando cadere la fune di partenza, tra circa mezz'ora.
In un lampo la mia tristezza si disperse ed ero piena di giubilo. Gli ospiti dell'albergo fecero volentieri come gli chiesi e si sparsero, segnando un grande cerchio sul campo di neve. Anche se ormai era quasi buio e il freddo era intenso, nessuno si lamentava e tutti aspettavano con ansia, sforzandosi di cogliere il primo debole pulsare dell'aereo. Entro la mezz'ora, Wolf Hirth ci sorvolò, lasciò cadere un pacco nel cerchio che gli avevamo tracciato, ruggì sulle nostre teste e si ritirò ancora una volta nella notte.
Ora avevo la fune di partenza e una bandiera con un messaggio allegato che mi diceva come decollare e quali accordi si stavano prendendo per l'atterraggio. Stavano per raccogliere quante più automobili possibile nella valle sottostante per illuminare un punto d'atterraggio per me.
Tra gli ospiti dell'hotel scelsi ora due squadre, ognuna di dieci uomini per ciascuna estremità della corda di partenza. Fu detto loro cosa dovevano fare e ci esercitammo prima senza collegare l'aliante, in modo che potessero abituarsi alle varie parole di comando e imparare a correre con la corda in velocità verso il bordo del precipizio senza cedere all'impulso di rallentare, altrimenti il decollo sarebbe andato, letteralmente, a farsi benedire. Quando tutti furono in grado di eseguire il loro compito, salii sull'aliante, allacciai l'imbracatura del paracadute e diedi il segnale di partenza.

Nel frattempo Wolf Hirth, con Edmund Schneider, il progettista del *"Grunau-Baby"*, girava sopra di noi nel suo aereo come un'ansiosa gallina chioccia il cui pulcino è andato in esplorazione da solo – e dopo il tramonto, per giunta!

Mai ebbi un decollo migliore in vita mia. Le squadre misero così tanta energia nel loro compito che l'aliante salì con un impeto formidabile e in un momento si librava sul fianco della montagna. Sotto di me, potevo appena scorgere le forme fioche e sfuggenti di boschi e campi e qua e là un villaggio, accennato da un grappolo di luci, mentre in alto si stendeva una distesa vellutata e oscura punteggiata, una per una, dalle scintillanti punte di spada delle stelle.

Sopra di me volava Wolf Hirth, la sua piccola macchina era nera contro il cielo. Mostrava le luci di identificazione richieste dalla convenzione internazionale, verde sull'ala destra, rossa sulla sinistra, una luce bianca sul naso e un'altra sulla coda.

Avevo sperato di poter raggiungere l'aerodromo di Hirschberg, ma presto mi resi conto che sarebbe stato del tutto impossibile distinguere il piccolo terreno di atterraggio illuminato tra le luci dei villaggi della valle. Ma prima dovevo sorvolare una collina di medie dimensioni e, dato che l'aliante perdeva quota velocemente, decisi che la cosa più sicura sarebbe stata quella di atterrare il prima possibile.

Cercai ansiosamente attorno e scorsi quello che sembrava essere un campo aperto. Ma nell'oscurità crescente, non potevo esserne sicura. Sarebbe facile non vedere dei piccoli gruppi di alberi, o perfino una casa. Ma ci proverò. Misi giù l'aliante proprio sul limitare del campo, sobbalzò un poco, poi scivolò fino a fermarsi. Finalmente ero di nuovo sulla bruna terra.

Per un po', non sentii il desiderio di muovermi, e sedetti in sonnolenta beatitudine mentre la tensione calava lenta nella mia mente. Anche Wolf Hirth è felice; riesco a vederlo e a sentirlo mentre, essendosi finora librato in modo protettivo sopra la mia testa, improvvisamente fa rombare il suo motore, abbassa le ali, poi vira e guadagnando rapidamente velocità vola via – per disporre, spero, che un'auto venga a prendermi.

Ascolto il suo motore mentre ruggisce, mormora, pulsa e infine sprofonda in lontananza.

Ed ora c'è silenzio, dappertutto. Cielo e terra sembrano avvolti nel sonno. Anche il mio uccello aliante dorme, luccicando dolcemente contro le stelle. Bellissimo uccello che ha superato i quattro venti, ha sfidato la tempesta, si è lanciato verso il paradiso scrutando il cielo, volando più in alto, come imparerò presto, di quanto un aliante abbia mai volato.

6.
DIVENTO ISTRUTTORE DI VOLO A VELA

Alcune settimane dopo il mio volo nelle nubi temporalesche, Wolf Hirth fu nominato direttore della nuova Scuola di volo a vela a Hornberg, vicino a Gmünd in Svevia. Voleva portarmi con sè come istruttore ed ottenne, poiché io ero ansiosa di andare con lui, il permesso dei miei genitori di farmi saltare il successivo semestre di scuola.

A tempo debito, ci siamo trasferiti all'Hornberg e mi sono trovata di fronte alla prospettiva di dover iniziare, entro pochi giorni, ad insegnare a uomini adulti a diventare piloti di alianti e prepararli per i loro test "C". Già durante il mio addestramento a Grunau avevo imparato che gli uomini, mentre considerano il loro desiderio di diventare piloti d'aliante come naturale e normale, tendono a valutare qualsiasi ragazza che professi un'inclinazione simile come vittima di un mero sciocco capriccio e sebbene la mia serietà d'intenti e la mia naturale capacità per questo sport avesse forse insegnato loro a pensare in modo diverso, ho compreso che, qualunque sia l'ambito, agli uomini non piace essere istruiti da una ragazza, e in particolare nel volo a vela, che ha sempre avuto la fama di essere un passatempo virile.

In quest'ottica cercai sin dall'inizio di evitare, con i miei allievi, il consueto rapporto tra maestro e studente e ho trasformato le lezioni in una sorta di gruppo di discussione, basato sullo sforzo congiunto. Questo fu abbastanza facile nelle lezioni pratiche. Ad esempio, se un aliante fosse tornato dall'officina dopo delle riparazioni, avrei detto che Wolf Hirth mi aveva incaricato di testare la sua idoneità al volo e che, quindi, dovevo pilotarlo prima di qualunque dei miei allievi. Così, guardandomi manovrare l'aliante, avrebbero imparato alcune delle tecniche del volo a vela. Oppure chiedevo a un allievo di fare un volo di prova e indicavo agli altri, mentre era in aria, cosa era giusto o sbagliato nelle sue manovre. Quando atterrava non aspettavo in cima al pendio mentre i miei allievi correvano giù e tiravano su l'aereo, come facevano di solito gli istruttori, ma agivo in tutto come se fossi uno di loro.

Nell'istruzione teorica – tenuta al chiuso la sera – il metodo del gruppo di discussione era più difficile da applicare. Ma ero determinata ad evitare il ruolo del pedagogo e alla fine trovai un modo. Chiedevo ai miei alunni di scegliere un argomento sul quale avrebbero voluto che parlassi. Di solito sceglievano le mie esperienze di volo. Quindi usavo gli errori nella mia carriera di volo come mezzo per introdurre i punti teorici che volevo che imparassero. Il planare in una tempesta, ad esempio, lo usavo come introduzione a una lezione sull'uso degli strumenti.

In questo modo, riuscii a cullare i miei alunni facendogli dimenticare che venivano istruiti nel virile sport del volo ad aliante da una semplice studentessa e, di conseguenza, un'atmosfera notevolmente entusiasta e felice prevalse durante tutto il corso.

Wolf Hirth all'inizio dubitava del successo dei miei metodi e fu molto sollevato nello scoprire che, alla fine del corso, tutti i miei allievi erano all'altezza degli standard richiesti. Ma io non ero lontana dal punto del totale esaurimento.

Un tragico incidente segnò la fine di questo capitolo della mia carriera di pilota. L'ultimo giorno del corso c'era ancora un allievo che non si era qualificato per il suo certificato "C". Lui ed io rimanemmo indietro, soli, mentre gli altri, passati tutti il giorno prima, partirono per Stoccarda-Boblingen per fare la loro prima esperienza di volo trainato. Prima che quest'ultimo allievo decollasse per il suo test, ripassai assieme a lui con attenzione, punto per punto, ogni aspetto del suo volo. Aveva passato bene i suoi test "A" e "B" e, sembrando ora perfettamente a suo agio e sicuro di sé, e non avevo dubbi che avrebbe superato questo test finale abbastanza facilmente.

Decollò normalmente con il suo aliante e poi, per due interi minuti e mezzo, volò esattamente da manuale, senza un errore. Ora doveva solo fare una virata, compiere un ampio cerchio e atterrare. Virò – piuttosto stretto ma abbastanza bene – e poi – si precipitò in una rapida e dritta picchiata a terra.

Non avevo mai sentito prima che rumore facesse un aereo quando si schianta e all'inizio non riuscii a muovermi. Poi corsi giù per la collina verso il relitto, sapendo, mentre correvo, che il mio allievo era già morto.

Toccò a me dare la notizia a sua madre, che viveva in un villaggio vicino.

Non dimenticherò mai come andai al suo casolare, sola attraverso i campi, come la povera vecchia signora mi vide arrivare e mi chiamò prima che potessi parlare:

"Ach Fräuleinchen – lo so già. Mio figlio! Mio figlio non c'è più."
– come poteva saperlo?

Poi, mentre mi prendeva tra le sue braccia piangendo mi disse che, prima di uscire di casa quella mattina suo figlio aveva premonito l'incidente. Lei aveva cercato di trattenerlo, ma lui l'aveva confortata, dicendo:

"No, madre, per favore – ce la farò. Voglio andare..." Quelle furono le sue parole quando, per l'ultima volta, lei aveva sentito il suono della sua voce.

Più tardi, quello stesso giorno, chiesi informazioni al personale dell'aeroporto e venni a sapere che egli aveva raccontato ad uno di loro un sogno che aveva fatto la notte prima: "…poi all'improvviso sono in una stretta virata, pesto il timone con i piedi, tocco l'elevatore – e poi, io –"
Premonizione? O piuttosto il ragazzo era fondamentalmente insicuro di se stesso e il suo sogno non era altro che un'espressione di questa incertezza? Forse la tragedia non sarebbe avvenuta se, per puro caso, non avesse eseguito esattamente la stessa virata stretta nel suo test come aveva sognato la notte prima. Poi, forse, mentre virava si era improvvisamente ricordato del sogno e, perdendo la propria sicurezza, mosse i comandi sbagliati mettendo l'aereo in picchiata verticale…
Comunque fosse, il mio allievo era morto e dovevano passare molti mesi prima che questo orrore svanisse dalla mia mente.

7.
LE GARE DI VOLO DEL RHÖN

La storia delle vare di volo del Rhön è strettamente collegata alla storia degli anni successivi alla prima guerra mondiale.
Con il Trattato di Versailles era stato vietato alla Germania il possesso di velivoli con propulsione a motore, ma restava tuttavia la voglia di volare, un desiderio simile alla malinconia di casa propria che, quando rimane troppo a lungo insoddisfatta, può far ammalare fisicamente gli uomini.
Oskar Ursinus fu uno dei tanti che ne furono colpiti. Andò sul Rhön e si sedette sul fianco della collina, guardando le nuvole che gli passavano accanto contro il puro cielo azzurro. Se solo avesse potuto essere lassù! Vide i falchi e le poiane librarsi nel vento sul fianco della collina. Se solo avesse potuto volare come quegli uccelli, come aveva fatto Otto Lilienthal, senza motore, con il solo aiuto della Natura, usando i venti e le pendici delle colline!
Al Wasserkuppe c'era vento in abbondanza, poiché si alza di 400 metri sopra la pianura e le correnti d'aria, spazzando contro i suoi lati, vengono deviate violentemente verso l'alto. Il Wasserkuppe sembrò infatti ad Oskar Ursinus l'ideale per il suo scopo e lì, nell'estate del 1920, lui e i suoi amici – aviatori della prima guerra mondiale, scienziati, tecnici e giovani di ogni ceto sociale – tentarono il volo senza motore, riparando vecchi aeroplani, improvvisando, costruendo alianti che oggi ci sembrano reliquie di un'età preistorica. I primi voli durarono pochi secondi, un po' come i nostri moderni Test "A", e il volo più lungo di quell'estate fu di soli due minuti e ventidue secondi, coprendo una distanza di 1.873 metri, ma fu comunque un trionfo.
Da quel momento in poi, estate dopo estate, giovani piloti di alianti vennero alla Wasserkuppe per provare le loro macchine e le loro abilità, imparando così sempre di più sulle forze della Natura e su come sfruttarle. Molti di loro sacrificarono tempo e denaro, non pochi la loro carriera e, alcuni, le proprie vite. Ma gradualmente, grazie ai loro sforzi, crebbe il riconoscimento in Germania e nel mondo che il volo a vela era emerso dal regno del sogno e della teoria per diventare una realtà pratica.
Quando mi recai al Wasserkuppe per la prima volta nell'estate del 1933, la Gare di volo a vela del Rhön (*Rhönwettbewerb*), come venivano chiamate, erano già un evento annuale riconosciuto ed erano presenti tutti coloro che possedevano o aspiravano ad avere un nome nel volo a vela tedesco.

Quanto a me, i miei sforzi nelle gare furono sfortunati sin dall'inizio. Venivo direttamente dal funerale del mio ex allievo ed ero ancora turbata dalla sua tragica fine. Per le gare, avevo scelto di pilotare un aliante da addestramento *"Grunau-Baby"*, anche se questo tipo avrebbe avuto poche possibilità contro alcuni alianti ad alte prestazioni che erano stati iscritti. Il terreno mi era sconosciuto e le condizioni meteorologiche si rivelarono sfavorevoli al mio tipo di macchina.

Inoltre, oppressa come ero dallo stress degli eventi recenti, con la mia mente non libera di dare il meglio di se, non potevo fare a meno di considerare come un peso aggiuntivo il fatto che gli altri concorrenti così come i membri della mia squadra di lancio, che avevo reclutato tra i miei ex allievi a Hornberg, mi avrebbero trattato come una specie di Mago dell'Aria, dal quale ci si potevano fiduciosamente aspettare dei prodigi.

Sarebbero stati presto disillusi. Subito dopo il mio primo decollo mi trovai a perdere rapidamente quota, e per mancanza di correnti ascendenti dovetti atterrare a valle. E lì per forza dovetti starmene seduta, mentre gli altri concorrenti, con le loro macchine migliori e una maggiore esperienza, continuavano a veleggiare sopra di me.

La mia squadra di lancio arrivò correndo lungo il pendio, con la delusione chiaramente scritta sul volto. Come erano stati prima orgogliosi del loro minuscolo pilota!

"Va tutto bene, non importa, non importa nulla!" Riuscii a dire loro. "Lo smonteremo rapidamente e lo porteremo di nuovo in cima. Presto troverò il modo."

Quindi portammo l'aliante di nuovo in cima, di nuovo decollai e di nuovo fallii, e così andò avanti, come una routine da incubo, per il resto di quel giorno. Ogni volta che la mia squadra doveva scendere a precipizio lungo il pendio per recuperarmi, la loro delusione cresceva e il mio coraggio svaniva, – doveva essere sempre il loro pilota, quello seduto lì nel fossato?

La sfortuna si accompagna sempre ai dileggiatori, e la mia situazione critica suscitava molta ilarità tra gli astanti. Suppongo che se fossi stata al loro posto l'avrei trovato divertente anch'io. Comunque, le loro risate mi fecero risentire, e non potei trattenere le lacrime che sgorgavano dai miei occhi. Per la mia squadra, tuttavia, riuscii a mantenere un'apparenza di vigorosa indifferenza.

Giorno dopo giorno, finché durarono le gare, il mio destino fu lo stesso, ma io non mi arrendevo ed ogni volta che fallivo, ripartivo nella speranza di una migliore sorte.

L'ultimo giorno, ci fu una festa di addio e la consegna dei premi. Tra le aziende che regolarmente elargivano premi, un produttore di attrezzature da cucina aveva offerto un tritacarne ed un set di bilance da cucina. Questi oggetti si rivelarono un po' imbarazzanti per il comitato di premiazione fino a quando qualcuno ebbe l'idea di regalarli a me, come un premio di derisione e forse anche come un avvertimento per qualsiasi altra ragazzina presuntuosa che volesse decidere di volare!

La premiazione provocò risate fragorose, ma un tipo di premio più piacevole doveva ancora arrivare.

Alla fine dei festeggiamenti, il professor Georgii, già a quel tempo noto come "il Professore del volo librato" o "il Professor Volo", mi chiese se ero disposta a partecipare ad una spedizione per studiare le caratteristiche delle termiche in Sud America.

Perché, ci si potrebbe chiedere, dopo il mio insuccesso nelle Competizioni, lui scelse me piuttosto che uno dei tanti piloti più esperti ed abili che vi avevano preso parte? Per quanto strano possa sembrare, era stato proprio il mio fallimento a farlo decidere. Nel suo discorso ai premiati, sia lui che Oskar Ursinus, il fondatore delle Gare, fecero riferimento al mio ostinato rifiuto di arrendermi di fronte alla sfortuna, evidenziando la lezione morale che nel volo non è il successo ma è lo spirito che conta.

I miei sforzi, in ogni caso, avevano fatto sì che il Professore mi invitasse e accettai senza esitazione, purché si potesse ottenere il permesso dei miei genitori. Il fatto che mi fosse richiesto di contribuire con 3.000 marchi alle spese della spedizione e che non avessi la più pallida idea di dove potessi farli uscire, mi sembrava, giovane com'ero, solo un dettaglio insignificante.

8.
ACROBAZIE AEREE PER I FILM

Tra le molte lettere che ricevetti dopo il mio record di altitudine nella tempesta ce n'era una dalla compagnia cinematografica *Ufa*, nella quale mi si chiedeva di prendere parte come controfigura ad un film sul volo a vela. All'epoca avevo accantonato la lettera, ma adesso me la ricordai, chiedendomi se qui, forse, ci fosse un'opportunità per raggranellare i soldi necessari per partecipare alla spedizione in Sud America. Scrissi all'*Ufa* accettando il loro invito, e mi fu chiesto di incontrarsi. Dopo aver discusso e concordato le condizioni generali, stipulai come compenso la somma che mi era stata richiesta per contribuire alla spedizione, – 3.000 marchi.

Pronunciai queste parole e poi trattenni il respiro. Probabilmente avrebbero pensato che fossi pazza, oppure lo avrebbero preso per uno scherzo e sarebbero scoppiati a ridere. Ma non avevo scelta; dovevo avere tremila marchi, non uno di meno, prima di potermi recare in Sud America. Con mio immenso stupore, accettarono senza esitazioni – come fanno nei film!

Il film si chiamava "*Rivali dell'Aria*" ed è stato girato al Rhön in Turingia e nella Prussia orientale, sulla stretta lingua di terra a sud di Memel, sulle rive del Baltico.

La storia riguardava un giovane appassionato di volo che convince una sua amica ad andare a fare un corso di formazione con lui.

In qualità di miglior allievo del corso gli viene quindi concesso, come premio, di prendere parte alle gare di volo in volo al Wasserkuppe; non invece la ragazza, che si è rivelata totalmente inadatta a volare. Ma, essendo una persona piccola ed energica, ha delle idee proprie su questo argomento...

Le gare iniziano. Il giovane decolla, così come il suo ex istruttore di volo e molti altri. Nel frattempo la ragazza è giù e guarda i bellissimi uccelli d'argento che si librano in alto nel cielo, e mentre lo fa prende una decisione. Va all'hangar dove trova un aliante da addestramento che nessuno usa. Con l'aiuto di alcuni spettatori lo tira fuori, poi parte all'inseguimento degli altri concorrenti. Presto raggiunge la stessa loro altezza.

Questa manovra è stata notata da una sola persona, l'istruttore di volo che ora si accorge di qualcos'altro: salendo da Ovest un grande muro di nuvole temporalesche si sta avvicinando sempre più; da sola, la ragazza non sopravviverà mai...

Quindi, poiché la ama segretamente, l'istruttore decide di fare il più grande sacrificio che un pilota d'aliante possa fare: getta via la sua possibilità di vincere la gara per condurre la ragazza sottovento e mostrarle il posto migliore dove atterrare. Ovviamente lei combina un pasticcio e invece di scendere su un prato cade dritta in un lago, da dove emerge per procedere a stento, gocciolante, verso la riva. Là l'istruttore l'attende. All'inizio è duro e la rimprovera ma poi – affinché tutto possa finire felicemente – la avvolge ancora gocciolante tra le sue braccia...

In questa storia il mio ruolo era quello di doppiare la ragazza nelle sequenze di volo; non appena c'era il dialogo, gli attori entravano in scena. E che parte meravigliosa era, – schianti a terra a iosa! In quale altro luogo avrei avuto una simile possibilità?

Lo schianto nel lago non era facile da realizzare, perché il "lago" si rivelò essere nient'altro che una piscina di grandi dimensioni e l'atterraggio a "frittella" doveva essere sincronizzato con assoluta precisione. Tuttavia andò bene e io atterrai a piombo in mezzo all'acqua dando sfogo, nella gioia del mio successo, ad un sonoro "Yuppi!"

Avevo completamente dimenticato che i cineoperatori stavano registrando il suono oltre che le immagini e che, invece del "grido di disperazione" richiesto dalla storia, si sarebbe ora sentita la ragazza lanciare un urlo di trionfo!

E ci fu un'altra questione che emerse quando vedemmo il girato. L'atterraggio era riuscito così bene che chiunque avesse familiarità con il volo a vela avrebbe capito subito che nessun principiante avrebbe potuto averlo eseguito. Quindi la sequenza doveva essere girata di nuovo. Questa volta un altro pilota eseguì l'incidente, a causa di complicazioni contrattuali che qui non sarebbe di alcun interesse illustrare.

Mentre eravamo sul luogo delle riprese sul Baltico, trascorsi tutto il mio tempo libero in volo. Le spiagge e le dune di sabbia in questa parte della Prussia orientale sono ideali per i decolli degli alianti, ed in quel luogo in particolare anche le condizioni del vento erano favorevoli. Per un pilota di aliante, difficilmente può esserci un'esperienza più bella che sorvolare quei panorami silenziosi e magici di rive, mare e sabbia. Ogni volta che decollavo volavo per tutto il tempo che il vento mi avrebbe portato, sospesa, dimentica del tempo, sul mare azzurro e sulle dune gialle sotto i cieli di agosto e settembre.

In un'occasione volai per nove ore e, il giorno successivo, per undici ore e venti minuti, stabilendo due nuovi Record mondiali femminili di durata in volo. Non furono registrati a livello internazionale, poiché io non avevo avuto intenzione di raggiungerli e non avevo quindi volato nelle condizioni prescritte.

Ma in quanto a me, quel fatto non mi preoccupava, poiché avevo un solo desiderio – volare come un uccello, senza restrizioni e completamente libera.

9.
VOLI IN BRASILE E ARGENTINA

Il 3 di gennaio del 1934, la nave "Monte Pascoal" salpò da Amburgo per il Sudamerica. C'erano navi più grandi e navi più lussuose, navi che viaggiavano più veloci e navi che potevano vantarsi di trasportare passeggeri più illustri, ma per me la "Monte Pascoal" e tutto ciò che la concerneva era insuperabilmente magnifico ed emozionante. Avevo letto di viaggi in mare ma non vi avevo mai preso parte e mentre la nave scivolava lentamente dal suo ormeggio al gaio accompagnamento di *"Muss i denn muss' i denn zum Städtele hinaus"* suonato dalla banda della nave e salutavo i miei genitori e amici dalla battagliola, non vedevo l'ora di godermi ogni momento di questo mio primo viaggio in terre straniere.

Avevo ventun anni e forse per questa ragione ogni più piccolo dettaglio del viaggio si è inciso nella mia mente: i pasti ai quali dovevamo abituarci, così vasti e così vari che i menù sembravano quasi infiniti, la compagnia di persone provenienti da altre terre e continenti, le cui vite e retroterra culturali erano così diversi dai nostri e, cosa più intrigante di tutte, la nave con tutti i suoi segreti. Qui, il fatto che fossi l'unica ragazza in un gruppo di uomini e che fossi così piccola si rivelò un vantaggio inaspettato perché mi assicurò la benevolenza del Capitano, o "Mosè", come era conosciuto su questa nave, il quale fece di me il suo "marinaio più piccolo". In quanto tale mi fu data libertà sulla nave e potei arrampicarmi ovunque volessi, anche sugli alberi.

La maggior parte del tempo a bordo lo trascorsi in compagnia degli altri membri della spedizione, dei quali il capo era il professor Georgii, il "Professore di volo librato", meteorologo e presidente della Commissione internazionale di studio per il volo senza motore. Ogni giorno, sotto la sua supervisione, affrontavamo varie letture – radiazioni, velocità del vento, altezza della base nuvolosa, ed altro – aggiungendo così molto alla nostra conoscenza teorica del volo.

I membri della spedizione erano tutti noti piloti di alianti: Wolf Hirth con il suo aliante *"Moatzagotl"*, un progetto unico, Peter Riedel e il *"Fafnir"*, Heini Dittmar con il suo *"Condor"*, me stessa con un *"Grunau–Baby"* ed il nostro fidato montatore e manutentore di aeromobili, Miehm.

Ben presto fummo conosciuti dagli altri passeggeri come un gruppo, ma non avendo essi dapprima una conoscenza precisa di noi, cominciarono presto a fare congetture. Per alcuni eravamo la compagnia di un circo, per altri un circolo di velisti, mentre per i restanti eravamo o un gruppo di appassionati di volo dilettanti oppure gli autentici maghi dell'aria!

Durante tutto il viaggio mi sembrava di incontrarmi ovunque con il fascino della novità; ad esempio, salpando da Amburgo: la notte, le luci, l'acqua, i lastroni di ghiaccio mobili che si rompevano a prua con un tintinnio acuto come un brindisi di mille bicchieri. O nel Mare del Nord, il pesante moto ondoso e la fitta coltre di nebbia che scese all'improvviso, arrivando a non far distinguere la mano davanti agli occhi, mentre la nave iniziò a strisciare in avanti nella notte, la sirena che suonava stranamente su una nota di paura primitiva – fuori, il buio e il freddo; all'interno, il calore e la rassicurazione e il cuore della nave che batteva con forza contro l'impennarsi e il cascare delle onde.
Dopo che attraversammo il Golfo di Biscaglia, il moto ondoso si placò e il cielo divenne azzurro e senza nuvole, il clima si fece più caldo e le notti meravigliosamente miti. Ci abituammo pian pano a trascorrere le nostre giornate nell'ozio. Navigammo a una ventina di chilometri dalla costa spagnola, scorgendo in lontananza scogliere alte e solitarie sormontate dai singoli punti bianchi delle case. Poi vidi i primi delfini, provocando l'ilarità degli stanti avendoli io scambiati per pesci volanti.
Dopo aver passato Lisbona e Casablanca, gettammo l'ancora, la sera del settimo giorno del nostro viaggio, nel porto di Las Palmas. Le luci della città risplendevano verso di noi dall'altra parte dell'acqua, mentre una falce di luna brillava, un rosso–dorato, da un cielo limpido e senza stelle. E improvvisamente, quasi senza transizione, la notte si trasformò in giorno e vidi scogliere nude e gialle (magnifiche per planare!) e, ai loro piedi, con i suoi tetti piatti e occasionali cupole, la città bianca scintillante.
Non appena gettammo l'ancora quella sera iniziò una pantomima, familiare a tutti coloro che conoscevano l'Oriente, ma completamente nuova per me.
Uno sciame di barchette e canoe si precipitarono attorno alla nave come mosche d'acqua, piene di negri, meticci e, qua e là, quelle figure alte e dignitose, regali anche nei loro stracci, che si vedeva essere di pura estrazione spagnola. In un attimo furono dappertutto sulla nave, alcuni di loro, dall'aria scura e sinistra, facevano venire un brivido involontario lungo la spina dorsale. Stesero la loro merce sul ponte – braccialetti e ciondoli, kimono, tappeti, frutta – qualsiasi cosa purché dai colori vivaci.
I passeggeri furono autorizzati a scendere a terra, ma io e i miei amici prima visitammo una nave appoggio per agli aerei tedesca ormeggiata nel porto. Dopodiché rimase poco tempo per la città stessa, anche se ne vidi abbastanza per apprezzare l'atmosfera, per me assolutamente strana ed intrigante, del Sud. Sulle strade di sabbia i carri degli asini

procedevano sobbalzando su buche profonde, i commercianti di strada sedevano circondati da silenziosi gruppi di uomini, le donne andavano avanti e indietro avvolte di nero quasi fino agli occhi, i bambini saltellavano in giro, mentre sullo sfondo si stendeva una triste desolazione di sabbia e murature fatiscenti. Purtroppo non avemmo tempo per visitare i quartieri più belli della città.
Mentre salpavamo, ragazzi neri seminudi, agili come pesci, si tuffavano a prendere le monete che noi gli lanciavamo dal parapetto, mentre, sovrastando tutti, i commercianti negri ci scongiuravano con toni frenetici di comprare tutta la loro scorta di merci.

Poi, nuovamente, eravamo in mare – sole splendente, sciami di pesci volanti, l'Equatore e "Padre Nettuno" e, infine, Rio de Janeiro, che giustamente afferma di essere la città portuale più bella del mondo.
Per il viaggiatore dall'emisfero settentrionale, avvicinarsi a Rio è come entrare in un paradiso.
Il nostro hotel si trovava in alto su una montagna che torreggiava ripida sul mare. Davanti ad esso si stendeva il grazioso giardino antico di un monastero, con alberi dei quali nessuno sapeva dirmi il nome, con palme e siepi piene di fiori, alcune di un rosso infuocato ed altre di tonalità più chiare e delicate.
Ricevetti la mia prima sorpresa quando apersi le valigie. Brulicavano di formiche che mi mordevano terribilmente. Trascorsi metà della notte a liberarmene, ripulendole da ogni capo di abbigliamento separatamente. Dopo quella esperienza nessun insetto che il Sudamerica potesse offrirmi riuscì a sconcertarmi!
La città era, in effetti, bella ed elegante come ci era stato detto. Per i miei amici l'unico aspetto spiacevole era che gli uomini bianchi non si permettevano mai di andare in giro in maniche di camicia. Ma scoprimmo tutti che dovevamo rivedere le nostre idee sul tempo. Avevamo già avuto un assaggio della lentezza spagnola durante le formalità di sbarco. Anche se la burocrazia in Germania spesso metteva a dura prova i nervi dei suoi cittadini, ciò che affrontammo qui era qualcosa di più delle lungaggini burocratiche: era il culto del "domani", "*mañana*", la parola più importante e abusata della lingua spagnola.
Allo sbarco avevamo fatto buon viso, con impazienza, certo, ma nel rispetto delle usanze di terre straniere. Ma fu un'altra cosa quando i nostri alianti rimasero per tre intere settimane sotto sigillo alla dogana, mentre i dipartimenti governativi discutevano su questioni di competenza. Ogni volta che ci veniva detto che sarebbero stati rilasciati "domani" diventavamo sempre più ansiosi, e cominciammo a sentirci veramente a nostro agio in Sud America solo quando venimmo a sapere

che erano stati caricati sui trasportatori e stavano arrivando all'aeroporto.

Nel frattempo non oziammo mai, impegnati in conferenze stampa alternate a ricevimenti e pasti luculliani, intrecciate a discorsi solenni in ambienti della massima magnificenza floreale. Particolarmente assidui furono i giornalisti poiché le notizie della nostra spedizione si erano rapidamente diffuse, ed essendo il volo ad aliante ancora agli albori in Brasile tutti aspettavano con impazienza il momento in cui i nostri alianti avrebbero decollato. La presenza di una ragazza nella spedizione aumentò naturalmente l'interesse e la curiosità, soprattutto in questi climi meridionali.

Finalmente i nostri uccelli d'argento fecero la loro comparsa, lo splendido "*Fafnir*", con il quale Grönhoff aveva ottenuto i suoi grandi successi, il "*Condor*", il "*Moatzagotl*" e il mio modesto "*Grunau–Baby*". Lo scopo della nostra spedizione era studiare le condizioni del sopravento in Sud America – un affare privato, in nessun modo inteso come un tour di amicizia. Ma non ci fu bisogno di corteggiare i nostri ospiti, perché ci presero immediatamente a cuore in un modo così spontaneo e travolgente come non avremmo mai pensato possibile.

L'interesse per le nostre attività fu enorme. Ogni giorno centinaia e migliaia di abitanti della città si recavano all'aerodromo per vederci volare. Ciò che li interessava di più erano le acrobazie aeree, e, mentre i miei colleghi le eseguivano solo raramente, io, con mio dispiacere, dovevo farle quasi tutti i giorni. Avrei preferito di gran lunga prendere parte a voli attraverso il paese, come chiunque abbia a cuore il volare. Ma durante una spedizione la disciplina è tutto e così, senza lamentarmi, eseguii i miei looping e volteggi per la delizia e l'entusiasmo di uomini e donne, degli ufficiali e di vere moltitudini di scolari che uscivano ogni giorno a guardare.

Dopo circa quattro settimane ci trasferimmo da Rio a San Paulo e qui si ripeterono le stesse esperienze – ricevimenti, interviste alla stampa e l'entusiasmo della popolazione.

Ma San Paulo portò anche l'imprevisto, sotto forma di un disastro appena sfiorato.

Avevo poca esperienza di volo "in termica", cioè voli nel tipo di sopravento causato dal calore del suolo che viene trasferito all'aria sovrastante. Ignoravo quindi anche il fatto che, in certe condizioni, una specie di "bolla d'aria termica" può venire dal suolo, per salire al di sopra di un pilota d'aliante proprio nel momento in cui egli sta cercando di utilizzarla.

Proprio quella doveva essere la mia esperienza di una domenica mattina a San Paulo. Era una giornata meravigliosa, con base nuvolosa a circa 2.000 metri, e quando ci riunimmo nell'aerodromo alla periferia della città tirammo a sorte per decidere l'ordine in cui avremmo dovuto essere trainati su con i nostri alianti. Io fui ultima e quando finalmente arrivò il mio turno, Peter Riedel e Heini Dittmar erano già molto in alto, sospesi come minuscoli puntini sotto le nuvole.

Il vento era in una posizione tale che dovemmo decollare direttamente verso la città. Ancora piuttosto bassa sulle strade e ancora al traino, la mia macchina iniziò a tremare, quindi si sollevò dolcemente verso l'alto forzando la fune di traino. Pensando che sarei stata in grado di salire molto più velocemente da sola – forse a circa cinque metri al secondo – di quanto l'aereo a motore sarebbe stato in grado di trainarmi, decisi di staccarmi. Dopo averlo fatto, avevo appena virato una volta che cominciai a perdere altezza. Quindi, non sapendo che la "bolla termica" era già passata sopra la mia testa e tutto quanto intorno a me non era altro che sottovento, iniziai a cercare attorno nella speranza di ritrovare il sopravento.

Sotto di me la grande città si estendeva in lontananza, con i suoi tetti e torri, chiese e camini e strade lunghe e diritte, affollate di traffico e pedoni. Questo puzzle di mattoni e umanità si innalzava costantemente verso di me e capii che in pochi istanti sarei stata costretta ad atterrare. Mi guardai intorno in cerca di un tetto piatto, ma sembrava che tutti avessero giardini pensili o fossero circondati da comignoli. Ero già disperata, l'occhio della mia mente vedeva un terribile massacro mentre mi schiantavo in una strada, quando in lontananza vidi quello che sembrava un campo aperto. Sempre perdendo quota costantemente mi diressi verso di esso, per scoprire, mentre mi avvicinavo, che era un campo da calcio colmo su tutti i lati di una fitta folla di spettatori che guardavano una partita in pieno svolgimento. Lo shock mi tolse quasi il fiato perché il fatto di poter fare sgomberare la folla non era affatto certo. Poi vidi che potevo semplicemente evitarli e atterrare a terra ma – nuovo terrore! – lungo il lato al quale mi stavo avvicinando si stendeva un cavo ad alta tensione: avrei dovuto volare al sotto di esso vicino alle teste degli spettatori.

Ma anche allora, il pericolo non sarebbe finito. Il gioco era al suo apice e tutti gli occhi erano concentrati sui giocatori, il mio aereo probabilmente non sarebbe nemmeno stato notato mentre scivolava silenziosamente verso il basso. E se qualcuno lo avesse visto avrebbe pensato che si trattasse di un aereo a motore il quale, raggiunta la folla, immediatamente avrebbe rombato di nuovo al di sopra delle loro teste.

E così fu: nessuno si sognava di fermare il gioco. Spalancai il finestrino e, con tutte le mie forze, urlai una delle poche parole spagnole che conoscevo: *"Cuidado! Cuidado!"* "Attenti! Attenti!".

Quindi, per alcuni secondi fermarono il gioco per guardarmi, ma nessuno sembrava avere dubbi sul fatto che avrei acceso il motore e sarei volata via di nuovo e nessuna delle migliaia di persone sembrava rendersi conto che era in pericolo mortale, e che io dovevo atterrare!
Alla fine, quando piombai dritta nell'area di una porta, la verità emerse e all'ultimo secondo i calciatori si gettarono a terra.
Per fortuna, nessuno fu ferito e nemmeno sfiorato. Mi alzai, la mia macchina intatta e su un terreno pianeggiante e, rilasciando un grande sospiro di sollievo, iniziai a slacciare l'imbracatura del paracadute poi mi voltai per vedere – lo spettacolo più terrificante di tutti!
Una grande folla, migliaia di persone, avevano sfondato le barriere e si stavano riversando verso di me attraverso il campo. Immaginai le ali del mio aereo incrinarsi e spezzarsi sotto quella marea, ciò che rimaneva venire poi calpestato in pezzi sotto i piedi. Disperata, salii su un'ala in modo che tutti potessero vedermi e feci loro cenni di contenersi. Ma la mia azione stimolò solo ulteriormente la loro curiosità. Trovarono i miei gesti piuttosto incantevoli e, nella loro gioia ed entusiasmo, si tolsero i cappelli, li agitarono come ringraziamento e mi mandarono baci. Nel frattempo la marea umana si stava avvicinando, ogni uomo premeva nel tentativo di essere il primo a toccare l'aereo.
Alla fine, attraverso un mare di facce, intravidi le divise. I militari erano arrivati, ma troppo pochi per essere efficaci. Poi un tedesco venne in mio aiuto e chiamò la polizia a cavallo. Dirigendosi dritti verso di me forzarono spietatamente un passaggio attraverso la folla, chiunque non riuscisse a farsi da parte veniva calpestato sotto gli zoccoli dei cavalli. Presto si levarono grida di richiesta del pronto soccorso e arrivarono le ambulanze per portare via i feriti. Quindi, sui propri cavalli rampanti e temerari, la polizia formò un cordone intorno a me galoppando continuamente in cerchio come una giostra ad una fiera, finché non fui stordita alla loro vista e dovetti chiudere gli occhi. Nel frattempo il pilota del mio aereo da traino mi aveva sorvolato, preoccupatissimo, senza poter immaginare che io mi fossi staccata di mia spontanea volontà così in basso sulla città, e supponendo che la fune si fosse spezzata. Ma ora, vedendo che tutto andava bene, tornò all'aerodromo per informare gli altri e fare in modo che un'auto venisse a prendermi e un trasportatore a ritirare l'aliante. Anche il professor Georgii e gli altri miei amici avevano osservato con ansia il mio tentativo, perché il successo della spedizione sarebbe stato ovviamente messo in pericolo se uno dei suoi membri avesse avuto un incidente.
Comunque, l'incidente si rivelò il preludio di maggior successo al nostro soggiorno a San Paulo. Tutti i giornali ne parlavano e la popolazione deliziata poiché, non avendo familiarità con il volo a vela, nessuno

di loro sembrò intuire il pericolo a cui era stata esposta la folla di tifosi e continuavano a pensare all'incidente come "Lo strano e meraviglioso caso della ragazza che cadde dal cielo!".

Da San Paulo, che si trova a circa 450 chilometri nell'entroterra di Rio de Janeiro, avemmo buone opportunità di effettuare voli a vela a lunga distanza.
Sebbene il Brasile con le sue vaste pianure spopolate e la foresta vergine fosse pieno di pericoli per i piloti di alianti che, come noi, non conoscevano il paese, ci siamo presto trovati a intraprendere voli ambiziosi grazie, in gran parte, agli avvoltoi neri o "Urubù" come li chiamavano i nativi.
Questi uccelli si nutrono di carogne e in Sud America agiscono come una specie di servizio sanitario. Non appena vedono carne che comincia a decomporsi scendono in densi sciami neri, e la consumano con una velocità incredibile. Grandi all'incirca come un'oca sono disgustosamente brutti, con il loro piumaggio grigio e le teste calve, ma sono meravigliosi velisti termici. Li cercavamo sempre non appena decollavamo, perché scoprimmo presto che ovunque essi fossero, sospesi con le ali immobili nell'aria, anche noi saremmo stati in grado di librarci sui nostri alianti.
Gli Urubù erano facili da trovare poiché apparivano quasi sempre a gruppi di diverse centinaia di uccelli. Non volavano via al nostro avvicinarsi e nemmeno si prendevano la briga di scostarsi dal volo dell'aliante, e si avvicinavano così tanto all'abitacolo che uno ci mise involontariamente dentro la testa. Quindi giravamo in cerchio circondati dagli avvoltoi, tanto in alto quanto le termiche ci portavano, poi planando verso il basso ci dirigevamo nella direzione prescelta, tenendo sempre d'occhio il prossimo gruppo di uccelli in modo da poter risalire di nuovo. In questo modo ci fu possibile sorvolare ampi tratti di pianura solitaria e di foresta, cosa che non avremmo mai potuto fare senza l'aiuto dei nostri affidabili "piloti".
Trovando gli Urubù tanto utili, pensammo di portarne alcuni con noi in Germania. Quali record non saremmo stati in grado di realizzare nelle gare di volo del Rhön, ad esempio, se ognuno di noi avesse avuto il proprio Urubù privato! Così a Bahia durante il viaggio di ritorno ne prendemmo a bordo quattro, mettendoli in una grande gabbia all'aperto sul ponte superiore e rifornendoli quotidianamente di grandi quantità di carne e pesce.
Per assuefarli al clima il più dolcemente possibile, al nostro arrivo in Germania li portammo a Darmstadt, nota per la sua mitezza. Darmstadt era anche la sede dell'Istituto per la ricerca sugli alianti, del quale

il professor Georgii era il direttore. Alle bestie fu data una gabbia bella e grande e continuammo a nutrirle con devozione e zelo anche se, alla luce dei suoi effetti, non posso affermare che la dieta che avevamo selezionato per loro fosse in ogni caso la più adatta al nostro scopo. Avevamo il coraggio di sperare che, quando avremmo aperto la porta della loro gabbia, sarebbero decollate per una breve dimostrazione di volo e sarebbero poi tornate di propria iniziativa nella loro sala da pranzo, ma quando dopo circa tre settimane finalmente lo facemmo, gli uccelli di comune accordo si rifiutarono di muoversi.

Invano li molestavamo, allettavamo, cercavamo di persuaderli, gli Urubù rimasero esattamente dov'erano preoccupandosi a malapena di fare un solo passo, figuriamoci di spiegare le ali. Quindi non avemmo altra alternativa che prendere lunghi pali e cacciarli direttamente fuori dalla loro gabbia. Ma anche allora si rifiutarono di volare arrampicandosi invece come scimmie – solo con molta meno abilità – sui tronchi di alcuni alberi vicini per sistemarvisi soddisfatti tra i rami. Eravamo impotenti. Pensammo di portarli su con un aereo ma poi decidemmo che sarebbe stato inutile, poiché probabilmente si sarebbero schiantati al suolo. A parte questo, beccavano così ferocemente qualsiasi cosa loro raggiungibile che nei nostri piccoli aerei sportivi, i quali erano gli unici a nostra disposizione, saremmo stati esposti ad un pericolo considerevole.

Tuttavia, a tempo debito uno degli Urubù decise di diventare indipendente e se ne andò a Heidelberg, dove fu visto per le strade. Si diceva perfino che fosse stato visto attraversare il Reno sul traghetto, ma la fonte di queste informazioni era inaffidabile e non posso dire se tale dettaglio sia corretto.

Regalammo gli altri tre uccelli allo zoo di Francoforte, dove tutti speravamo che avrebbero iniziato un nuovo e più utile capitolo della loro vita.

Ho già menzionato che il vero scopo della nostra spedizione in Sud America era studiare i sopraventi, e la prima cosa che notammo di questi fu la loro straordinaria forza rispetto ai sopraventi di casa, a causa dell'intensità del calore. Inoltre, essi cominciavano a formarsi abbastanza presto la mattina. Nelle zone costiere tuttavia – ad esempio a Rio de Janeiro in Brasile e Buenos Aires in Argentina – i sopraventi erano dissipati nel corso della mattinata dalle brezze che cominciavano a soffiare dal mare, e da quel momento in poi si potevano trovare soltanto sottoventi.

Pertanto, il pomeriggio di solito ci limitavamo ad esibirci in voli dimostrativi, e ogni giorno grandi folle venivano all'aerodromo per guardarci.

Grazie a questi intrattenimenti gratuiti ricevevamo innumerevoli inviti da appassionati di volo di tutto il Brasile, mentre club dilettantistici di volo a vela cominciavano a sorgere ovunque.

Un invito arrivò dalla colonia tedesca di discrete dimensioni di Curitiba, la capitale del Paranà, una delle province del Brasile, e poco prima della nostra partenza per l'Argentina trascorsi una piacevole giornata lì come rappresentante ufficiale della nostra spedizione. L'entusiasmo dei miei connazionali fu grande e mi accolsero con tutto ciò ch'era possibile stipare nelle poche ore che fui con loro: fiori, discorsi, regali e ricevimenti pubblici. Nel pomeriggio, mi recai a piedi con i membri dell'appena costituitosi club di volo a vela per ispezionare i siti che avevano selezionato per le loro attività future.

In Argentina, non meno che in Brasile, ricevemmo un'accoglienza cordiale. Anche in questo caso ci furono voli dimostrativi e soprattutto acrobazie aeree, durante i quali Wolf Hirth compì settantasei looping consecutivi, stabilendo così un nuovo record mondiale.

Con le sconfinate distese piatte della pampa, l'Argentina è il paese ideale per il volo a lunga distanza e qui effettuai il mio primo volo di questo tipo, per il quale ricevetti la Medaglia d'argento per il volo a vela, la prima donna a ottenerla.

Durante il volo, mi ero librata dalle due ore e mezza alle tre ore nell'entroterra da Buenos Aires su un tipico paesaggio argentino – non una casa, non una strada, non un'anima vivente, nient'altro che vedute infinite di pampa ricoperta di mandrie al pascolo. Alla fine fui presa da un sottovento e dovetti atterrare. Atterrai accanto a uno dei rari villaggi, apparentemente deserto e senza vita nel caldo torrido.

Quando scesi dall'aereo mi trovai di fronte a sei cavalli dall'aspetto selvaggio. Intuendo vagamente che i cavalli sudamericani potessero differire per temperamento da quelli ai quali ero abituata, decisi che sarebbe stato saggio non muovermi. Era risaputo che branchi di bestiame, come mi avevano detto, attaccavano all'improvviso qualsiasi estraneo che si avventurasse troppo vicino a loro. E così i cavalli, che sorprendentemente rimanevano a una certa distanza, rimasero a fissarmi e io fissai a mia volta i cavalli.

Decisa a non muovermi per prima, aspettai che succedesse qualcosa: forse i cavalli si sarebbero allontanati o qualcuno mi avrebbe veduta dal villaggio. Dopo del tempo – quanto, non lo so – una vecchia Ford arrivò sferragliando, da questa emersero due amichevoli argentini. Mi feci capire come meglio potevo in spagnolo, dopodiché uno di loro mi scortò al villaggio mentre il suo compagno rimase a fare la guardia all'aereo. La mia apparizione suscitò una selvaggia eccitazione tra i paesani, affamati com'erano di imprevisti, e la *"Gloria Allemana"*, come mi chiamavano, sapeva a malapena dove volgersi per l'ospitalità che le veniva riservata.

Poco dopo, Heini Dittmar, che era stato trainato dall'aerodromo di Buenos Aires più o meno nello stesso mio momento, dovette anche lui atterrare con il suo aliante, grazie a Dio, non lontano dallo stesso villaggio.

E poi apparve un ulteriore visitatore: Wolf Hirth! Era atterrato nel suo "*Moatzagotl*" a una quindicina di chilometri di distanza, per ritrovarsi solo su una vasta distesa circondata da mandrie di bovini e cavalli. Poco dopo, tre uomini dall'aria selvaggia erano apparsi e si erano offerti di aiutarlo. Secondo loro, la soluzione più semplice era prendere uno dei cavalli in modo che lui potesse cavalcarlo fino al villaggio. Wolf Hirth aveva spiegato di avere un arto artificiale e che quindi non poteva fare uso della loro amichevole offerta e quindi essi tirarono fuori, apparentemente dal nulla, un carro col quale, gemendo e barcollando attraverso fango, pantano e pietrisco, lo avevano portato al villaggio.

Quello stesso giorno, Peter Riedel fu più fortunato di noi planando sul suo "*Fafnir*" per una distanza di 150 chilometri – un'impresa considerevole a quei tempi.

Quando, il 13 aprile, ci imbarcammo per il viaggio di ritorno, portavamo con noi un ricco raccolto di successi di volo. Peter Riedel aveva stabilito un nuovo record per il volo a lunga distanza, Heini Dittmar un record mondiale di altitudine e io avevo ricevuto la Medaglia d'argento per il volo a vela, la prima donna e la venticinquesima tra i piloti di alianti del mondo a farlo.

Ma più importanti del nostro successo nel volo o dei risultati scientifici della spedizione erano i buoni rapporti che avevamo instaurato con i nostri ospiti sudamericani. Avevamo costruito un ponte di amicizia, di rispetto e comprensione reciproci, e questo fu il risultato più prezioso di tutti.

10.
L'ISTITUTO TEDESCO DI RICERCA SUGLI ALIANTI

Dal ponte del "*General San Martin*" guardammo Buenos Aires – e il Sud America – rimpicciolire e svanire dalla nostra vista, i nostri amici che salutavano dalla riva, dapprima ancora chiaramente riconoscibili, si perdevano poi nella striscia scura del molo all'imboccatura del porto, poi lo stretto porto stesso cadeva nel silenzio a poppa. La nostra visita era terminata.

Ma quando, ancora pieni delle nostre esperienze, ci sedemmo a parlare insieme mentre la nave navigava in mare aperto, ogni giorno sembrava tornare vivo per noi, ogni volo e ogni nuvola.

Stavo con il professor Georgii sulla battagliola della nave richiamando immagini su immagini di quelle settimane indimenticabili e che avevano rafforzato, se possibile, ancora di più il mio amore per il volo. Ora sapevo che avrebbe sempre bruciato in me.

"Ma, Hanna," disse all'improvviso il professor Georgii interrompendo i miei pensieri, "non possiamo lasciarti andare adesso. D'ora in poi tu appartieni a noi, a Darmstadt, all'Istituto."

E così, accettando l'invito del professor Georgii, nel giugno del 1934 diventai un membro dell'Istituto tedesco per la ricerca sugli alianti. L'Istituto si era sviluppato dalla vecchia *Rhön-Rossitten-Gesellschaft*, fondata nel 1925 da un gruppo di pionieri allo scopo di intraprendere ricerche sulle possibilità del volo senza motore. La ricerca fu inizialmente condotta dal nuovo Istituto al Wasserkuppe ma poiché erano necessari aerei da traino, ad esempio quando si studiavano le caratteristiche dei sopraventi, e non vi era un campo d'aviazione adeguato per questi, l'Istituto fu trasferito nel 1933 a Darmstadt-Griesheim.

Lì, sotto la direzione del professor Georgii, l'Istituto sviluppò ed estese le sue attività diventando di grande importanza per il futuro del volo a vela tedesco. Fu grazie a lui che negli anni successivi, quando l'aviazione in tutte le sue forme divenne parte della vita quotidiana in Germania, l'Istituto non perse nulla della sua posizione di unica organizzazione del suo genere nel paese e quindi di centro di ricerca sugli alianti nel mondo.

L'Istituto fu diviso in diversi dipartimenti, ciascuno con i suoi compiti speciali: il dipartimento meteorologico, ad esempio, e il dipartimento di volo per il quale sarei poi diventata pilota collaudatore. Quest'ultimo si occupava dello sviluppo e della costruzione di ogni tipo di alianti; per addestramento, alianti ad alte prestazioni, alianti speciali, ecc. C'era anche un dipartimento specializzato in strumentazione aeronautica, un altro ancora teneva corsi di formazione per ingegneri di volo.

Ulteriori dipartimenti e sezioni dell'Istituto furono dedicati alla ricerca in tecnica aeronautica, compresi i test nella galleria del vento e gli esperimenti con velivoli radiocomandati.

Ho fatto parte dell'Istituto per undici anni, fino al maggio 1945.

Quando vi entrai per la prima volta era ancora ai suoi primordi, e il lavoro non si era ancora specializzato nei dipartimenti che ho citato. Noi piloti a quei tempi non avevamo quindi compiti nettamente distinti e ci occupavamo di tutto ciò che era necessario. Insieme a Heini Dittmar io mi occupavo principalmente di voli meteorologici, voli a lunga distanza e voli in quota. Qui ero nel mio elemento, e difficilmente sarei riuscita a concepire una felicità maggiore di quella che questi compiti procuravano.

Durante le mie prime settimane a Darmstadt riuscii, nelle ore fuori servizio, a stabilire un nuovo record mondiale femminile nel volo a lunga distanza, coprendo una distanza di oltre 160 chilometri.

11.
ADDESTRANDO PILOTI D'ALIANTE IN FINLANDIA

Dopo meno di tre mesi mi fu chiesto di nuovo di prendere parte a una spedizione, questa volta in Finlandia. Il governo finlandese aveva invitato un gruppo di piloti d'aliante tedeschi nel loro paese per tenere voli dimostrativi e corsi di addestramento, con l'obiettivo di stimolare l'interesse per il volo a vela tra i giovani finlandesi.
La nostra spedizione era guidata da Graf Ysenburg, e tra i membri vi erano il professor Rheindorf e, come piloti, il dottor Küttner da Breslavia, Philipp da Berlino e Utech ed io da Darmstadt.
Raggiungemmo la Finlandia a settembre e, a parte le caratteristiche ben note del paesaggio finlandese – la sua ampiezza, gli innumerevoli laghi, le sue fitte foreste nere – fui subito colpita dall'intensità dei colori puri e luminosi e dalla meravigliosa chiarezza della luce e dell'aria. Ma il paese nel suo insieme sembrava dimorare nella solitudine, silenzioso come se custodisse un segreto. Il silenzio qui sembrava non solo assenza di suono, ma qualcosa di concreto, quasi palpabile. Le infinite strade di campagna erano silenziose, silenziosi gli stretti sentieri che erano l'unico collegamento tra borghi solitari sparpagliati nel territorio. Di tanto in tanto in inverno giungeva il suono del campanello di una slitta, poi ancora una volta il silenzio si chiudeva sulla terra.
I finlandesi erano come il loro paese, taciturni, quasi orientali nel loro riserbo, formando un contrasto straniante con la civiltà occidentale delle loro città. Erano anche orgogliosi e onesti e, soprattutto, sani.
Il popolo finlandese deve la propria salute, principalmente, allo stile di vita naturale e semplice. Essi consentono alla luce e all'aria di entrare nei loro corpi e riservano allo sport un posto d'onore nella loro vita nazionale. Non c'è quasi un solo villaggio, una scuola o una fabbrica in Finlandia che non possieda le strutture più moderne e generose per lo sport. Un'altra causa della stupefacente forma fisica dei finlandesi è quell'istituzione nazionale, la sauna.
La sauna è realizzata all'interno di una casa in legno composta di due stanze, nella prima delle quali si trova una stufa, rivestita con piastrelle appositamente realizzate per trasmettere il calore. Appena sotto le travi del soffitto c'è una piattaforma rialzata, o una panca sospesa, raggiungibile da una scala dall'interno della stanza. Qui si fa il bagno di sudore mentre l'aria si riempie del profumo incredibilmente gradevole e rinfrescante di giovani germogli di betulla i quali, dopo essere stati essiccati con le loro foglie per un anno, vengono immersi in acqua fredda e tenuti contro la stufa. Queste stesse verghe di betulla vengono

poi nuovamente immerse e utilizzate per frustare leggermente la pelle fino a quando tutto il corpo risplende e frizza con una meravigliosa sensazione di benessere.

Dopo essere rimasto alcuni minuti al caldo sulla panca il bagnante scende, si pulisce con una spazzola con setole dure, si bagna con secchi d'acqua di varia temperatura, quindi torna sulla panca per qualche altro minuto.

Questo processo viene ripetuto due o tre volte e poi – essendo quasi tutte le saune costruite in riva ad un lago – il bagnante scende nella seconda stanza e da lì si tuffa direttamente nelle gelide acque del lago, nuota un paio di bracciate e poi esce di nuovo. Se invece la superficie del lago è ghiacciata, si rotola nella neve.

Ci si può forse meravigliare se facendo queste saune i finlandesi sono un popolo robusto e sano?

Ad ogni giro in Finlandia, vedevamo come le persone vivevano a stretto contatto con la natura, e ai nostri occhi anche la più umile di quelle case di legno, con i loro infissi rossi e bianchi, dava un'impressione di ampiezza, posta com'era in mezzo a distese quasi illimitate di scenari naturali. Sebbene gli edifici nelle città siano relativamente moderni, anche loro mancavano d'ogni senso di isolamento opprimente, grazie alla campagna meravigliosamente pulita e incontaminata che si stende proprio davanti alla loro porta.

Sebbene i finlandesi siano poco numerosi, hanno un orgoglioso record di risultati sportivi e scoprimmo che, come i sudamericani, avevano iniziato a planare con un ardente entusiasmo che si mostrò non solo nel gran numero di lettere che ricevemmo durante la nostra visita e il numero ancora maggiore che ci seguì a casa, ma anche nel calore e apprezzamento con cui i relatori fecero riferimento alle nostre attività nelle più svariate occasioni ufficiali.

Fu così che, dopo la nostra partenza, una squadra di tecnici tedeschi si recò ad insegnare ai finlandesi come costruire gli alianti da addestramento, e per aiutarli ad allestire le officine necessarie. Significativa dello spirito con cui i membri del governo finlandese affrontarono l'intera questione del volo a vela, era la loro convinzione che ogni villaggio in tutto il paese dovesse essere incoraggiato a prenderla in considerazione, mentre i regolamenti emanati riguardanti l'addestramento dei piloti di alianti stabilivano che un candidato doveva aver dedicato almeno centocinquanta ore alla costruzione di alianti prima di poter essere ammesso all'addestramento. Le ragazze dovevano fare la metà di quel numero di ore nei lavori di costruzione, ma lo stesso totale doveva essere recuperato in comuni doveri domestici.

Potemmo sentirci soddisfatti dei risultati dei nostri sforzi in Finlandia. Questi non furono sensazionali, ma formarono legami di vera amicizia, grazie ad un comune entusiasmo per il volo a vela, al nostro genuino amore per il nostro compito e, non ultimo, al fatto che tutte le nostre imprese ebbero successo e non si verificò un solo incidente durante tutto il nostro soggiorno. Questo fatto da solo ci fece guadagnare una certa ammirazione.
Organizzammo, ad esempio, una Giornata del volo in un luogo a circa 150 chilometri da Helsinki, dove a quel tempo non c'era una pista regolare e piana che potessimo usare per un decollo trainato, ma solo una radura sul pendio boscoso di una collina e un tratto di brughiera ai suoi piedi. Tuttavia riuscimmo a lanciare i nostri alianti dalla radura e a farli atterrare nuovamente sul terreno accidentato sottostante.
Per la nostra successiva Giornata del volo scegliemmo un sito diverso e le persone accorrevano, come sempre, a vedere lo spettacolo. Questa volta avevamo un aeroporto. Il giorno prima però c'era stata una pioggia torrenziale che aveva trasformato la pista in un mare di fango e quando andammo ad ispezionarlo, i nostri stivali semplicemente affondarono nel fango lì rimasero incollati. Qualsiasi aereo che avesse tentato di decollare o atterrare in quel pantano sarebbe finito sul proprio muso. Sembrava una situazione senza speranza, finché non pensammo alla staccionata che circondava l'aerodromo. La strappammo e disponemmo le parti una accanto all'altra lungo il terreno, in modo da formare una pista di atterraggio abbastanza solida da poter essere utilizzata.
Per il resto il nostro programma di voli dimostrativi e istruzioni di volo a vela proseguì abbastanza bene, trovandoci ogni giorno impegnati dalla mattina presto fino a tarda notte.
I nostri allievi erano sia civili che militari, e li assegnammo a classi per principianti o a classi avanzate. L'insegnamento dei principianti era il compito infinitamente più impegnativo. Per il nostro addestramento non avevamo aerei da traino e dovevamo fare affidamento su dei verricelli.
Nel decollo con verricello, la fune di lancio è fissata al tamburo del verricello da un lato dell'aerodromo e all'aliante dall'altro. Il verricello inizia a ruotare, trascinando l'aliante verso di esso. Nel frattempo il pilota deve tenere il muso dell'aereo su diritto in assetto di stallo completo, come un aquilone, fino a quando il manovratore del verricello gli fa cenno di sganciare il traino. Ma prima di farlo, il pilota deve ricordarsi di abbassare il muso dell'aereo premendo la cloche in avanti e questo, per un principiante, richiede una certa concentrazione. Nell'insegnare questo ai miei allievi, imparavo di nuovo quanto fosse

utile l'allenamento mentale alla concentrazione che avevo svolto quando anch'io ero una principiante. Lo scopo era imparare, ripetendoli più volte nella propria immaginazione, come eseguire i movimenti corretti per controllare l'aereo in modo assolutamente automatico e senza pensare, come una forma di azione riflessa, per superare il momento pericoloso nel quale il pilota è incerto o impaurito o per qualsiasi altro motivo incapace di pensiero rapido e lucido.

Non lasciai nulla d'intentato per convincere i miei allievi del valore di questo addestramento, o della desiderabilità dell'obiettivo per cui era stato ideato, e ripetevo continuamente con loro nel tempo libero le azioni corrette da intraprendere in varie situazioni finché, qualunque fosse il loro stato emotivo, avrebbero potuto eseguirle con la sicurezza e la regolarità di un orologio. Prima che ciascuno dei miei allievi decollasse durante l'addestramento, ripetevo intensamente questi movimenti di controllo con lui.

Grazie alla buona sorte – e a questo mezzo d'insegnamento – non ci furono disastri aerei o incidenti di alcun genere durante i corsi di formazione che tenemmo in Finlandia.

12.
ALLIEVA IN UNA SCUOLA DI VOLO CIVILE

Alla conclusione coronata dal successo della spedizione in Finlandia, il Ministero dell'aeronautica del Reich (*Reichsluftfahrtministerium*) propose di conferirci una decorazione, ma poiché per me le decorazioni non contavano poi molto chiesi invece di essere inviata alla Scuola di volo civile (*Verkehrsfliegerschule*) a Stettino. La mia licenza di volo era stata fino ad allora limitata ai piccoli aerei sportivi, e qui sarei stata in grado di soddisfare il mio desiderio di pilotare i tipi di aeromobili più grandi.

La mia richiesta era insolita, poiché a quel tempo la Scuola di volo civile accettava solo reclute maschili ed era gestita su linee rigorose e semi-militari. Per una ragazza l'andarci avrebbe provocato uno scalpore indubbiamente molto spiacevole. Tuttavia, la mia richiesta fu accolta.

Così arrivai a Stettino, senza sospettare che la scuola fosse composta da ufficiali per i quali una donna su un campo d'aviazione era come uno straccio rosso per un toro. Comunque, il comandante, il Colonnello Pasewald, decise di trarne il meglio facendomi fare tutta la trafila nel modo più dignitoso e rapido possibile.

All'arrivo dovetti fare rapporto al Colonnello Pasewald. L'incontro fu breve da parte sua, un misto di colloquio privato e istruzione militare.

"Quindi sei venuta qui per unirti a noi?"

Annuii.

"Capisci, spero, cosa significa?"

Restai in silenzio.

"Significa che obbedisci ai tuoi ordini di servizio. Il corso inizia domani, alle ore 06:00..." ecc., ecc.

Mi trovavo ora coinvolta in un meccanismo militare che funzionava con una precisione allarmante. Ogni volta che facevo un passo avevo la fastidiosa sensazione di aver sbagliato piede – come in effetti era!

La mattina del primo giorno di corso fummo radunati secondo l'altezza. Con la mia altezza di 1,55 difficilmente avrei potuto rivendicare una posizione preferenziale nella linea, ma fortunatamente per me fummo prima divisi in gruppi in base all'esperienza di volo e, avendo io già superato il corso a Staaken, non fui costretta ad unirmi al gruppo dei principianti in fondo alla fila, fatto che mi causò un po' di segreta soddisfazione. Ma questo non poteva impedirmi di essere al centro dell'interesse, e ovunque io guardassi mi sembrava d'incontrare una faccia che sghignazzava. Tutti sembravano aspettarsi del divertimento a mie spese.

Apparve il Colonnello e con lui il Maggiore incaricato del corso e un intero sciame di altre persone. Il comandante si pose di fronte a noi e poi procedette alle esercitazioni.
Ho dimenticato la maggior parte delle parole di comando, ma so che ognuna mi attraversava come una scossa elettrica. Mentre mi guardavo velocemente intorno – in maniera inosservata, pensavo – per vedere cosa stavano facendo gli altri, si udì un boato di fronte:
"Petto in dentro!"
Stavo rovinando l'allineamento. Naturalmente, ci fu uno scoppio di risate da parte delle reclute e da quel momento in poi mi presi cura di mantenermi rigida come una tavola in modo da non sentire più "Petto in fuori" o "Stomaco in dentro" o qualunque cosa disturbasse gli splendori del profilo maschile.
Tuttavia, continuai ad essere additata come un trasgressore, perché naturalmente mi ci volle del tempo per scoprire cosa dovevo fare, per distinguere, ad esempio, tra "Attenti a destr'!" e "Allinearsi!"[5]. Anche qui cercai di copiare gli altri ma sembrava impossibile nascondere qualcosa, perfino i propri pensieri. Dovetti fare esercizi extra e si può immaginare cosa significasse davanti a questa compagnia. Ma mi ripresi, decisa a non lasciarmi intimidire perché sentivo, più di quanto non me ne rendessi conto, che stavano solo cercando una scusa per rimandarmi a casa.
Ma nel tempo le mie difficoltà diminuirono, anche se non ero mai del tutto certa che non si stesse escogitando qualche complotto per farmi sbagliare, non per cattiveria ma come parte di uno scherzo permanente che sollazzava di continuo gli ufficiali e gli uomini. Io la presi positivamente, così andammo tutti d'accordo.
Nel compito di affermarmi fui aiutata dalla mia esperienza di volo, nella quale avevo un vantaggio su molte delle altre reclute. Il fatto di aver dimostrato le mie capacità in questo campo fu, forse, il fattore decisivo per essere infine accettata senza riserve su un piano di parità con gli uomini.
Guardando indietro, credo persino che la presenza di una ragazza sinceramente devota al volo come ognuno di loro, e lungi dall'avere un'influenza di disturbo in questa vita di disciplina spartana, agì come una sorta di collante, in particolare perché la disciplina rimase intatta. La dimostrazione di ciò si vide non solo nell'atteggiamento delle altre reclute, ma anche in quello degli istruttori, degli ufficiali e, soprattutto, dello stesso comandante con la cui famiglia fui presto in rapporti di amicizia.

---

[5] Nell'originale, *"Augen rechts"* e *"Richt euch"*, NdE.

Così, mentre intanto le settimane a Stettino volavano, ogni pensiero di escludermi dal corso fu abbandonato.

Poi arrivò il giorno in cui dovetti pilotare un aereo bimotore in un volo di addestramento attraverso il paese. Il Colonnello Pasewald mi diede Cottbus come obiettivo. Cottbus aveva un comandante che avrebbe potuto diventare violento al solo pensiero di una "*Fräulein* volante". Lui ed io stavamo per venire ora coinvolti in una piccola commedia per il divertimento del Colonnello Pasewald e del suo staff e prima della mia partenza, il Colonnello mi chiamò quindi nel suo ufficio.
"Stai per volare a Cottbus. Conosci la procedura per un volo attraverso il paese?"
"Normalmente sì – in questo caso no."
Era vero; il nostro Colonnello dal volto cupo nientedimeno rise! Poi mi diede "la procedura":
All'arrivo a Cottbus devo fare rapporto al comandante della stazione. Avrei dovuto stare rigidamente sull'attenti e dire:
"L'allievo di volo Hanna Reitsch della Scuola di Addestramento delle Linee Aeree Civili Tedesche di Stettin riferisce del volo Stettin–Cottbus e ritorno…"
Avendo scoperto di non essere in grado, in un primo momento, di recitare questa tiritera come richiesto, senza pause o errori, provai il mio piccolo discorso durante il volo per Cottbus fino a quando ho mi resi conto che potevo srotolarlo come un pezzo di nastro. Naturalmente mi ripromettevo di fare del mio ingresso — e della mia uscita — un modello di correttezza militare, attirando così la minor attenzione possibile.
Riguardo il mio aspetto esteriore ero completamente fiduciosa. Ero avvolta in una tuta da volo foderata di pelliccia e sarebbe stato impossibile capire se fossi un ragazzo o una ragazza. Ma era troppo grande per me sotto ogni aspetto. Il berretto di pelliccia mi scendeva così in basso sugli occhi che questi erano appena visibili. Gli stivali erano così grandi che, per tenerli ai piedi, avevo dovuto riempirli di giornali e altre cianfrusaglie. Con la mia altezza modesta, in questo vestiario sembravo larga quasi quanto ero alta e l'effetto doveva essere grottesco al massimo. C'era un altro punto, la mia voce, e mi esercitai a parlare in un rauco tono basso.
Era mio sincero desiderio non creare vergogna alla mia Scuola di Addestramento e a tal fine ero determinata a non lasciare nulla di incompiuto. Il nocciolo della questione secondo me era ottenere il corretto effetto "staccato" del vero soldato. Anche questo speravo di poterlo eseguire con successo.

Arrivata a Cottbus andai direttamente nell'ufficio del comandante e, senza sospettare la sua reputazione misogina, battei i tacchi con un trasporto da vero guerriero prima di recitare il mio ben collaudato discorso.
Dopodiché ci fu una pausa, durante la quale indulsi in sentimenti di autocompiacimento. Poi, sorpresa, notai l'aiutante che mi fissava come se all'improvviso fosse stato privato del principio vitale. Ebbi la forte sensazione che sarebbe stato prudente ritirarmi, e senza indugiare, dimenticando completamente che non avrei potuto farlo fino a quando il comandante non mi avesse dato licenza e sapendo soltanto che sentivo un crescente bisogno di fare dietrofront e "schiodare", come si dice nel gergo dei soldati.
Quindi girai sui tacchi, senza notare che c'era una striscia di tappeto sul pavimento che si avvolse intorno ai miei piedi facendomi cadere lunga distesa per terra. Naturalmente, con tutta la giusta militare rapidità tentai di rialzarmi, scoprendo che i miei piedi si stavano sempre più avviluppando nel tappeto mentre io ero ancora prostrata a terra. Quando un ruggito di risate maschili risuonò sopra la mia testa, cominciai a sentirmi estremamente ridicola. Grazie a Dio nessuno dei ragazzi di Stettin mi vide in quella situazione, o non avrei mai più avuto un momento di pace!
Quando atterrai di nuovo a Stettin la storia era già nota a tutti, dal colonnello fino al tirocinante più giovane del corso. Io invece credevo che nessuno ne avesse sentito parlare ed ero decisa a mantenere la cosa segreta.
All'atterraggio mi fu ordinato di fare rapporto al colonnello Pasewald. Egli mi ricevette nella sua stanza circondato dagli ufficiali del proprio staff, corretto, come sempre, ma di umore inspiegabilmente gioviale.
"Ebbene, com'è andata?"
"Grazie, molto bene."
Poi feci il mio rapporto, saltando deliberatamente la storia della mia vergogna.
"Non si sono verificati altri incidenti? Avanti! È tutto qui? Nient'altro da segnalare?"
"Cosa vuole dire, quali altri incidenti?"
"Durante il volo, per esempio?"
"No."
Non ero sicura di dove volesse arrivare. Sapeva qualcosa, dopotutto? Elusi con cautela le sue domande per non portarlo sulle tracce. Era come un'altalena gentile, un innocuo gioco del gatto e del topo finché, all'improvviso, scoppiarono tutti in uno boato di risate. Così capii che il gioco era finito.

Quell'incidente mi rese doppiamente attenta ad evitare di fare ulteriori esibizioni di me stessa.
Un giorno mi venne permesso di fare le mie prime acrobazie aeree. Tutti si rallegrarono con me per questa prospettiva. L'istruttore di volo decollò con me in un biplano "Stieglitz" e mi insegnò il volo acrobatico con looping, virate e rollate. Poi atterrammo e io decollai di nuovo per provarli da sola. Beatamente, volai a breve distanza dall'aeroporto e feci il mio primo looping. Poi un secondo e un terzo e un'intera serie, uno dopo l'altro in successione ininterrotta. Dopo i looping vennero le virate, dopo le virate le rollate. Ero raggiante di entusiasmo perché qui non c'era nessuno che mi dicesse di no, potevo volare a mio piacimento. Ma non stavo eseguendo le rollate correttamente, me ne rovesciavo proprio fuori. Con un rumore assordante andavo giù e su, giù ancora – e su, e continuai questo gioco per una buona mezz'ora senza pause. Poi improvvisamente cominciai a sentirmi male, così male che in qualsiasi momento... –. In tali situazioni l'unico aiuto è l'aria fresca, quindi, essendo seduta in un aereo con abitacolo aperto, misi fuori la testa nella speranza di sentirmi meglio. Ma sentivo che stava per succedere, qualunque cosa avessi fatto, anche se ebbi il tempo di rendermi conto che a tutti i costi non dovevo rigettare oltre il bordo, o quando sarei atterrata avrebbero visto i segni rivelatori sulla fusoliera. In un lampo strappai via un guanto, poi l'altro: erano gli unici contenitori che trovai...
Quando atterrai i miei compagni si affrettarono, amichevoli e premurosi, a congratularsi con me e lanciando, mentre lo facevano, uno sguardo di sbieco alla fusoliera, – senza macchia! Scrutarono il mio viso: sembravo un poco scolorita, ero sicura di sentirmi bene? Sì, grazie, va tutto assai bene, non è stato affatto male. Si strizzarono l'occhio l'un l'altro: "Non preoccupatevi, la beccheremo!"
Poi m'invitarono alla mensa. Ci voleva una celebrazione! Montagne di pasticcini furono ammucchiati rapidamente nel mio piatto. La sola loro visione sarebbe stata sufficiente per farmi vacillare la testa, se il disastro non fosse già stato alle mie spalle. Così, con occhio sereno e una fame vorace, divorai ogni prelibatezza che mi veniva messa davanti. E i miei ospiti avevano dovuto aspettare così a lungo per questo momento – *quel dommage!*

13.
VOLARE DI NOTTE

L'Istituto tedesco di ricerca sugli alianti a Darmstadt aveva acquistato nel frattempo un *Heinkel 46*, un velivolo a motore da utilizzare per i voli meteorologici. Dopo essere tornata da Stettin, mi fu affidato il compito di effettuare voli notturni con questa macchina, salendo ogni due ore ad altezze comprese tra i 2.000 e 3.000 metri, portando con me un "quintuplicatore", uno strumento che registra contemporaneamente la forza del vento, la pressione atmosferica, l'umidità e la temperatura, insieme all'ora in cui vengono registrate.

Ogni volo ha la sua bellezza unica, ma per me questi voli notturni, i primi che avessi mai fatto, furono particolarmente meravigliosi.

Sarei decollata al crepuscolo, proprio quando le luci rosse erano accese all'aeroporto per guidare gli aerei in arrivo. Poi in un diadema sfavillante, le luci di Darmstadt sarebbero cadute in basso. Salendo più in alto avrei veduto Francoforte scintillare in un doppio anello contro un fondo vellutato, poi, più lontano, altri grappoli di luci che sembravano riflessi specchiati dalla grande e silenziosa sala delle stelle.

Quando dopo due ore decollai di nuovo salendo questa volta a 3.000 metri, la quiete era ancora più profonda, mentre sotto l'oscurità si era insinuata spegnendo tutto tranne, qua e là, un faro solitario in una stazione o una piazza. Due ore dopo, anche loro se n'erano andate.

Alle quattro del mattino decollai per la terza volta, e ora tutta la terra giaceva avvolta nella morbida notte, mentre molto al di sopra io mi libravo solitaria, al suono ritmico del motore attraverso le regioni illimitate del cielo, le mie ali sembravano penne d'uccello distese a guardia del sonno della terra.

14.
ATTRAVERSO L'EUROPA FINO A LISBONA

Nel maggio del 1935 si tenne a Lisbona un festival popolare, chiamato *"Festivas Lisboa"*. Il festival, durato diversi giorni, prevedeva una serie di mostre, intrattenimenti e divertimenti e anche, in questa occasione, un'esibizione aerea internazionale nel corso della quale doveva essere data una dimostrazione di volo a vela.

Insieme ad altri piloti di alianti mi fu chiesto di rappresentare la Germania in questo evento, e poiché un aereo da rimorchio sarebbe stato necessario per le nostre dimostrazioni, toccò a me volare a Lisbona con il piccolo *"Sport-Klemm"* che era stato scelto per il compito. Uno dei piloti d'aliante mi accompagnò come passeggero mentre il resto viaggiava per mare. Il nostro percorso passava per Ginevra, Lione, Avignone, Perpignan, Barcellona e Madrid. Per poter vedere qualcosa del paese per il quale saremmo passati, programmai di ripartire il volo in quattro giorni.

La coscrizione generale in tempo di pace era stata recentemente ripristinata in Germania e l'atmosfera internazionale era in quel momento estremamente tesa. Mi resi conto sin dall'inizio, quindi, che una notevole importanza sarebbe stata attribuita non solo al nostro successo negli eventi aerei a Lisbona e al nostro contributo efficace, anche se piccolo, per attenuare l'allarme generale, ma anche al completamento senza incidenti del mio volo attraverso tre frontiere internazionali.

Prima di partire, incisi bene nella mente del mio compagno la necessità di aderire rigorosamente alle istruzioni che avevamo ricevuto, tra le altre quella di non portare con noi articoli di contrabbando, ed egli mi fece la sua solenne e sacra promessa di non farlo.

Quando raggiungemmo Ginevra le condizioni meteorologiche erano così cattive che sembrava sconsigliabile continuare il volo. Ma non avevo scelta. Dovevo essere a Barcellona entro una data precisa e mi era stato detto che dovevo raggiungere a tutti i costi Lisbona in tempo per l'esibizione aerea. Lasciai però al mio compagno la possibilità di scegliere se desiderava venire con me ed egli non ebbe esitazioni nel decidere di proseguire.

Partimmo da Ginevra sotto una pioggia torrenziale in un mondo di grigio su grigio. Sotto di noi le Alpi e il Giura giacevano avvolti dalla foschia. Con molta cautela, e "strisciai" attraverso le valli montuose fino a quando scendemmo nella pianura alla periferia di Lione. Qui la visibilità si era ridotta a zero, e il tempo era diventato così brutto che qualsiasi tentativo di atterrare a Lione era fuori discussione. Quindi, letteralmente saltellando su tetti e siepi, decisi di dirigermi verso l'aeroporto più vicino.

Quando finalmente ne raggiunsi uno, vidi che era un aeroporto militare. Sebbene normalmente non mi sarebbe stato permesso di atterrare lì io sentivo che, date le circostanze, non avevo altra scelta. Non appena toccammo terra e ci fermammo, chiesi al mio compagno di permettermi di fare da portavoce, poiché con la mia migliore conoscenza del francese avrei avuto meno probabilità di creare qualche sfortunato malinteso.

Avendo riconosciuto la svastica sull'aereo, numerosi ufficiali francesi arrivarono di corsa in uno stato di notevole agitazione. Chiesi di essere portata dal comandante e fummo puntualmente condotti nel suo ufficio. Il comandante ci salutò con estremo ritegno. Mi scusai per essere atterrata senza permesso e cercai di spiegare la situazione. Quando ebbi finito, era un uomo diverso. Con il massimo del fascino e della cortesia egli espresse, secondo i modi cavallereschi della sua razza, la più viva comprensione per noi in questo frangente e ci assicurò che gli rincresceva doverlo fare, ma sfortunatamente il suo dovere non gli lasciava scelta – sarebbe stato necessario far esaminare il nostro bagaglio per confermare che non trasportavamo articoli proibiti.

Quali articoli erano proibiti?

"Beh, per esempio, attrezzatura fotografica."

"No," dissi enfaticamente, "posso darvi la mia parola che non abbiamo niente del genere con noi."

Scortati da alcuni soldati, fummo poi mandati in aeroporto a ritirare i nostri bagagli. Al ritorno ricordai di aver dimenticato qualcosa e tornai all'aereo per prenderlo. Quando, dopo gli altri, entrai nella baracca, mi trovai di fronte a un gelido silenzio: con passi rapidi e rabbiosi, il comandante si avvicinò e si pose davanti a me:

"Dite di non portare con voi apparecchi fotografici?"

"No."

Immediatamente, come se la parola avesse toccato un riflesso nascosto, il comandante produsse e tenne davanti ai miei occhi — una fotocamera Leica!

Il mio compagno era un eccellente pilota di alianti e sapevo che aveva ricevuto in premio la Leica in una delle Gare di volo del Rhön. Ma, irritata dalla sua azione, la quale mi aveva già dimostrato come egli fosse un palese bugiardo e una probabile spia, e dal fatto che la cosa avrebbe potuto avere ulteriori, anche più gravi ripercussioni, sentivo che una dimostrazione di cameratismo sentimentale sarebbe stata sia imprudente che fuori luogo ed ero determinata a far gravare la colpa in modo equo e chiaro sulle spalle di colui al quale apparteneva.

Assicurai quindi il comandante che non sapevo nulla della macchina fotografica e che, in effetti, ci erano state date rigorose istruzioni di non portare con noi alcuna attrezzatura fotografica, ma il mio collega non era mai stato all'estero prima e per questo, presumibilmente, non aveva compreso la gravità della sua azione.

Ascoltando senza commenti, il comandante passò ora all'esame del nostro bagaglio a mano, trovando nella cartella del mio compagno – progetti e specifiche d'aeronautica...

A questo punto per un momento pensai che stavo per svenire. Sebbene sapessi che il mio passeggero era uno studente dell'Istituto Tecnico e stava per sostenere i suoi esami per il diploma, ero anche ben consapevole che nelle attuali circostanze la spiegazione non sarebbe suonata né credibile né adeguata.

Il comandante, infatti, non avrebbe ascoltato da me ulteriori spiegazioni di alcun genere ed era ovvio chi considerava fosse il vero colpevole. Nel frattempo, sopraffatto e prostrato dalla vergogna, il mio collega stava seduto senza dire una parola in un angolo della stanza e il suo stato di collasso morale sembrava poter fare, semmai, un'impressione favorevole, se si poteva ancora dire che tale possibilità esistesse. Quanto a me, era chiaro che i miei tentativi di spiegazione venivano interpretati come nient'altro che un vivace brano di recitazione e che ero considerata un cliente particolarmente pieno di risorse e pericoloso.

I peggiori sospetti del comandante sembrarono confermarsi quando esaminò i nostri documenti e scoprì che anche il mio compagno era un pilota – prova decisiva che io, in realtà, non ero affatto un pilota ma una spia.

Anche se cercavo di non darlo a vedere ora ero disperata, incapace di vedere come avremmo potuto riuscire a districarci. Allo stesso tempo ero determinata, qualunque cosa accadesse, a non abbandonare il mio programma di volo stabilito.

La nostra situazione adesso peggiorò ulteriormente quando, per ordine del comandante, le porte furono chiuse e fummo posti sotto scorta armata. Alcuni funzionari si alternavano per interrogarci. Questo era il primo controinterrogatorio militare che dovetti sostenere e sembrava un terribile calvario. Solo nel 1945 mi resi conto che l'interrogatorio poteva assumere forme molto più sottili e spiacevoli.

In un primo momento non riuscii a notare l'abilità e la cura con cui erano state preparate le domande. Avevo persino immaginato che sarei stata in grado di dirigere la conversazione, fino a quando l'ambiguità di ogni domanda mi fece capire che non ero la guida ma il guidato. Siccome però stavo davanti ai miei giudici con la coscienza del tutto pulita, nessuna manovra per quanto abilmente artificiosa sarebbe riuscita a mettermi alle strette.

Ma avrebbero potuto e voluto impedire a me e al mio compagno di continuare il nostro volo. Nel corso della conversazione seppi che il nostro aereo doveva essere smantellato e perquisito. Ciò avrebbe significato giorni o addirittura settimane di ritardo prima che ci fosse restituito. Nel frattempo i festeggiamenti a Lisbona si sarebbero svolti senza la partecipazione della Germania poiché, a parte l'assenza del mio compagno e mia, senza l'aereo da rimorchio l'intero programma di volo a vela sarebbe stato cancellato.
Mi venne chiesto se qualcuno dei nostri averi fosse ancora nell'aereo e mi ricordai di alcune mappe aeree. Il funzionario interrogante mi ordinò di prenderle e incaricò un soldato di scortarmi all'aereo.
Nel frattempo si era sparsa la voce che due spie tedesche erano atterrate ed erano in arresto e quando arrivammo all'aeroporto trovammo un vasto assortimento di soldati e civili affamati di sensazione: marocchini, neri, mezzi bianchi e bianchi. Non avevo mai visto una collezione così colorata ma non mi fu lasciato il tempo di guardarli perché, mentre la mia guardia e io ci avvicinavamo, cominciarono a sputarmi addosso come spia e ad usare epiteti osceni, non limitandosi alla mia persona ma attaccando anche il governo tedesco con offese dure e provocatorie.
Potei soltanto proseguire verso l'aereo, facendo un silenzioso ma deciso passaggio attraverso la calca. Mentre salivo per prendere le mappe le offese continuavano senza sosta, seguendoci anche nel nostro viaggio di ritorno attraverso l'aerodromo. Ero bianca di rabbia ma mi trattenni dal parlare per non peggiorare le cose. In ogni nervo sentivo l'umiliazione della mia situazione, anche se mi era risparmiata ogni ragione di vergognarmi.
Ma il piccolo soldato francese che mi accompagnava si vergognava e provava imbarazzo per il comportamento dei suoi connazionali.
"Noi giovani possiamo capirvi", disse, "perché siete giovani in Germania. Queste persone sono vecchie e cieche".
Mi sentii meglio per queste parole di sentimento umano e vidi anche un raggio di speranza.
"Devi aiutarmi", dissi. "Devi fare in modo che io possa telefonare."
Non dissi altro e lui non rispose.
Al mio ritorno nella baracca, dopo un po' a me e al mio collega fu chiesto se volevamo qualcosa da mangiare. Lui disse che non aveva fame ma siccome era pomeriggio e io non avevo mangiato nulla tutto il giorno, accettai volentieri, soprattutto perché sospettavo che il mio piccolo amico avesse qualcosa a che fare con questo. Sotto la sua scorta fui mandata alla mensa, che a quell'ora del giorno era vuota. Ne approfittai per chiedergli se volesse chiamare al telefono per me il

console tedesco a Lione. Assai sorprendentemente accettò di provare e riuscì a farcela.

Il Console era appena rientrato nel suo ufficio, dopo averci aspettato alcune ore all'aeroporto. Aveva saputo che eravamo decollati da Ginevra nonostante il maltempo e, non essendoci più notizie di noi, dopo un certo tempo aveva informato il servizio di soccorso in modo che si potesse fare una ricerca. Fu quindi molto sollevato di sapere che eravamo al sicuro e che effettivamente eravamo atterrati nei dintorni di Lione.

Il suo buon umore tuttavia svanì rapidamente, mentre gli raccontavo il resto della nostra storia ed iniziò a scaricare una serie di suoni fragorosi e incomprensibili nel telefono dai quali capii che era fuori di sé dalla furia e dalla paura. Quella era comunque una faccenda sua e mi accontentai di chiedergli di venire subito da noi, con urgenza, e poi riattaccai.

Dopo il pasto l'interrogatorio proseguì. Si stavano prendendo un sacco di disturbo per me, pensai con un poco di amarezza, anche se in tutta onestà dovevo ammettere che, dal loro punto di vista, avevano tutte le ragioni per farlo. Nella consapevolezza che qualcosa stava finalmente per accadere, ora mi sentivo in ogni caso molto più a mio agio.

Nel giro di mezz'ora il comandante fu chiamato al telefono.

Quando, dopo un considerevole lasso di tempo, tornò, davanti a noi c'era di nuovo l'affascinante e premuroso ufficiale che avevamo conosciuto all'inizio: e questa volta, inoltre, si scusò. Ci disse che il Ministero stesso dell'Aviazione francese era intervenuto con un ordine per il nostro rilascio immediato.

Ora toccava a lui preoccuparsi che l'incidente non avesse ripercussioni politiche e si sforzava strenuamente di cancellare le impressioni sfavorevoli delle ultime ore. Ma avevo un solo desiderio – non vedere mai più quel posto.

La macchina fu autorizzata a decollare. Naturalmente il comandante e il suo entourage ci accompagnarono all'aerodromo. Da qualche parte mi capitò di scorgere il mio piccolo soldato francese; sentii che lui meritava un regalo così chiesi al comandante se, prima di partire, potevo offrirgli un giro di piacere in segno di gratitudine per il suo tempestivo gesto di aiuto.

La delizia del piccolo uomo fu grande. Mentre lo allacciavo dentro l'aereo, gli dissi che proponevo di far volare la macchina al limite delle sue prestazioni e chiesi il suo consenso. Poi decollammo e la macchina mostrò cosa potesse fare: in picchiata, così vicino al suolo che le ruote quasi sfioravano l'erba, poi dritti come una freccia verso il gruppo di astanti che si gettarono a terra l'ultimo secondo prima che tirassi su il muso e, per finire, una giravolta ben eseguita!

Il mio passeggero sembrava non aver subito effetti negativi e scese dall'aereo raggiante di gioia. Prendemmo quindi congedo dagli ufficiali che sembravano compiaciuti quanto noi di questa amichevole conclusione di tutta l'infelice vicenda, ed avendo il mio collega tedesco preso posto sull'aereo proseguimmo il nostro viaggio.
Raggiungemmo l'aeroporto civile di Lione prima che facesse buio e andai a trovare il console tedesco. Non fu facile calmarlo e dovetti trascorrere la maggior parte della notte in discussioni, spiegazioni e liti.
Ripartimmo da Lione nelle prime ore del mattino e proseguimmo fino ad Avignone, dove dovetti atterrare per fare carburante. Dopo aver fatto il pieno chiesi al mio collega di pagare, poiché lui era responsabile del lato finanziario del nostro viaggio e aveva tutti i nostri soldi. Il nostro viaggio a Lisbona era stato organizzato all'ultimo momento e non c'era stato tempo per ottenere più del minimo indispensabile in valuta estera per coprire il nostro fabbisogno di carburante ed era quindi meglio che uno di noi tenesse i soldi e controllasse le spese piuttosto che dividerci il compito in due. Avevo ceduto volentieri questa responsabilità al mio collega, in quanto ero inesperta in tali questioni.
Quindi adesso doveva pagare lui il carburante. Si mise la mano in tasca, – nessun borsellino. Si frugò nelle altre tasche, – ancora niente borsellino! Le esaminò tutte di nuovo, poi ancora nervosamente, ma per quanto spesso vi affondasse la mano, sempre ostinatamente la borsa rifiutò di farsi vedere, finché alla fine dovette ammettere di averla persa.
Quindi ora, oltre che una spia, ero una truffatrice.
Ma l'addetto alla pompa non si dimostrò né ostinato né truculento e ci concesse credito fino a quando, nel giro di due settimane, avremmo potuto pagare il conto nel nostro viaggio di ritorno. Nel frattempo, gli detti un documento di debito che, se necessario, avrebbe potuto riscattare presso il Consolato tedesco a Lione.
Quell'ostacolo lo avevamo superato, ma ce n'era un altro in arrivo. Prima di raggiungere Barcellona, avremmo dovuto atterrare di nuovo per il carburante a Perpignan. Essendo fuori dalle principali rotte aeree, il locale campo d'aviazione era molto poco utilizzato e il nostro arrivo si rivelò un vero evento. Questo alleggerì il mio spiacevole compito di dover fare rifornimento senza soldi. L'addetto alla pompa si rivelò essere il pastore del luogo e accettò la situazione con calma filosofica, senza mai dubitare che a Dio piacendo, i soldi sarebbero stati pagati. Grazie a lui, arrivammo a Barcellona come da programma.

Le esibizioni aeree a Lisbona furono per organizzatori e partecipanti un completo successo. Furono date magnifiche esibizioni, mentre la compagnia dei grandi aviatori di altre nazioni accresceva il piacere dell'intero evento e si aggiungeva al gusto della propria partecipazione. Le nostre menti erano in armonia, non toccate dalle tensioni del mondo esterno, perché comune a tutti noi era un unico prepotente desiderio: librarci nella bellezza del volo.

Ma oltre a queste Lisbona avrebbe fornito altre esperienze felici. Ho già detto che le "*Festivas Lisboa*" rappresentavano una sorta di festa popolare portoghese. Per l'occasione era stata costruita appositamente una città espositiva, la "Vecchia Lisbona", in cui le case erano realizzate in antico stile portoghese e gli abitanti vestiti con i costumi dell'epoca. C'era una prigione medievale e nella città avrebbe dovuto predominare la giustizia medievale.

Volevo vedere questa città e chiesi ad una coppia di miei amici portoghesi di accompagnarmici. Dato che ero uscita direttamente dall'aereo, ero ancora vestita da pilota con pantaloni e giacca corta rossa. In Germania sarebbero passati inosservati ma avevo dimenticato che l'usanza portoghese richiede che le donne siano vestite in pubblico con la massima modestia. Nel 1935, una donna che indossasse pantaloni per le strade era inaudita.

Per cui, quando entrammo nell'area espositiva, fui subito notata e in poco tempo eravamo seguiti da uno sciame di entusiasti del volo rumorosi e applaudenti. Tra loro c'erano due soldati, mercenari in costume medievale. Facendosi strada tra la folla, mi raggiunsero con il brusco annuncio che, essendo apparsa nelle pubbliche strade in pigiama, sfidando così le consuetudini di decoro e appropriata condotta, mi ero resa passibile di subire i massimi rigori della legge – ed ero ora in arresto.

Mi sentivo a disagio e confusa. Era uno scherzo o facevano sul serio? Non ero sicura e chiesi aiuto ai miei amici portoghesi. Il loro unico consiglio fu di non fare la guastafeste.

Fui condotta in una cella minuscola e stretta, completamente spoglia tranne che per una panca di legno e una brocca d'acqua. La porta si chiuse dietro di me. La folla che ci aveva seguiti ora si disperse gradualmente e io rimasi sola con i miei pensieri. Dubbi e congetture cominciarono ad attraversarmi la mente: dopotutto, come membro della delegazione tedesca, non mi era forse stato detto di evitare di provocare spiacevoli incidenti?

Dopo un po' sentii di nuovo avvicinarsi dei passi. Di nuovo, un flusso di persone passò in fila scrutando con curiosità la prigioniera straniera attraverso la grata. Adesso rimpiangevo amaramente di avere accettato lo scherzo.

Poco dopo i due soldati tornarono per condurmi davanti al tribunale. Fui portata in un tendone gremito di gente. In fondo, sedeva un giudice dalla barba bianca con un lungo abito nero, davanti a lui c'era un banco per il prigioniero e su entrambi i lati una fila di banchi per i testimoni. Fui condotta al banco del prigioniero dove già mi aspettava il mio difensore. Una campana suonò e subito un silenzio mortale cadde sull'assemblea.
Il mio avvocato aprì il procedimento. In un lungo ed elegante discorso, egli si dichiarò onorato d'avere ricevuto l'incarico di difendere un aviatore il cui nome era già ben noto ai suoi ascoltatori. Disse molto di più ancora e concluse, infine, impostando il suo mandato sulla base del fatto che il reato che avevo commesso era troppo grave per consentire qualsiasi redenzione. Poi mi abbandonò alla clemenza della Corte. Il pubblico espresse la sua approvazione con fragorosi applausi. Con la dovuta solennità il giudice si alzò e si rivolse alla Corte. In primo luogo, delineò i fatti del caso e richiamò l'attenzione sulla gravità del reato. Poi, voltandosi verso di me, si occupò della fedina penale del prigioniero, parlando con un così abile miscuglio di fantasia e verità che cominciai a pensare che ne sapesse più lui di me che io stessa. In ogni caso era ormai chiaro che stavo partecipando ad una brillante e incantevole commedia e mi sentivo molto sollevata, oltre che contenta nel pensare di non aver guastato il divertimento.
Il giudice non parlò solo di me, ma della Germania e del popolo tedesco che elogiò per il suo coraggio ed energia nel risorgere dopo la sconfitta in guerra. Ci si può stupire che mi sentissi felice e orgogliosa? Dalla serietà si volse ora di nuovo a scherzare, affermando che le virtù che aveva appena scelto come lode gli rendevano impossibile condannarmi. Infine invitò il pubblico a levarsi in saluto a me stessa e al popolo tedesco.
Nel lasciare la tenda la mia mano era quasi intorpidita dalle congratulazioni che mi venivano rivolte, ma io lo sentivo a malapena nella mia gratitudine verso queste persone affascinanti e amichevoli.

Per il mio ritorno in Germania feci lo stesso itinerario che io e il mio compagno avevamo seguito all'andata. Ma lui questa volta viaggiò per mare.
A Barcellona ricevetti un'accoglienza particolarmente calorosa e interrompendo il mio viaggio vi trascorsi alcuni giorni piacevoli. Come dovunque nel mio volo di ritorno trovai un gran numero di persone riunite per salutarmi, non solo miei amici personali ma appassionati di volo a vela, rappresentanti di uffici pubblici ed organizzazioni ufficiali.

A Barcellona, ero così assorbita nella conversazione con questi sostenitori che prestai poca attenzione quando mi fu chiesto il mio "*Carnet de Passage*", o documento di bordo, in modo che potesse essere timbrato con la mia uscita dal territorio spagnolo, mi limitai a consegnarlo rimettendolo subito in tasca quando mi fu restituito. Poi decollai per un meraviglioso volo sui Pirenei.

In Francia dovetti atterrare di nuovo a Perpignan per fare rifornimento e anche per pagare i miei debiti. L'addetto alla pompa fu felicissimo di rivedermi, soprattutto perché nel frattempo aveva letto sui giornali francesi delle nostre attività a Lisbona. Poiché questo era il primo punto che toccavo sul suolo francese durante il mio volo di ritorno, toccò a lui fare la necessaria registrazione nel mio documento di bordo, compito che svolse con la massima solennità e zelo. Mentre lui era così impegnato mi capitò di guardargli sopra la spalla – per ricevere un terribile shock. Le lettere d'identificazione del mio aereo erano "D–EJEN" ma lì, sulla pagina davanti a lui, in lettere chiare e in grassetto era scritto: "D–AJEX", e poi: "Pilota e proprietario dell'aereo: Dr. W—, Stoccarda." Il funzionario di Barcellona mi aveva consegnato il documento di bordo sbagliato…

Il mio primo pensiero fu che dovevo ad ogni costo nascondere l'errore al simpatico pastore e addetto alla pompa, perché una volta che egli lo avesse individuato, sarebbe stato sicuro di diventare un funzionario della dogana in piena regola e mi avrebbe trattenuta lì a tempo indeterminato finché l'intera faccenda non fosse stata accuratamente regolarizzata.

Quindi usando il pretesto che il mio prossimo atterraggio sarebbe stato in Svizzera, gli chiesi se potesse timbrare non solo il mio ingresso in Francia ma anche la mia uscita. Sapevo che quest'ultima gli conferiva il diritto di esaminare il mio bagaglio ed intuii – correttamente, come si dimostrò – che lui avrebbe trovato quell'occasione troppo ghiotta per essere persa. In questo modo riuscii a distogliere la sua attenzione dal fatale "*Carnet de Passage*".

Il mio successivo atterraggio fu ad Avignone. Qui le foto degli eventi di volo a vela di Lisbona poterono fare la loro parte. Mentre ero ancora in volo le feci scivolare tra le pagine del documento di bordo, per presentare il tutto all'ufficiale che avrebbe chiesto i miei documenti all'arrivo ad Avignone. Come mi aspettavo, lui esaminò prima le foto e dovetti dargli un resoconto dettagliato di tutto ciò ch'era accaduto a Lisbona. Ma alla fine arrivò il momento critico e iniziò ad esaminare il documento. Anche in questo caso la fortuna mi venne in aiuto ed egli non guardò oltre le registrazioni che erano già state fatte a Perpignan. Ero libera di continuare il mio volo.

A Lione dovetti di nuovo atterrare e fare rifornimento. Questa volta, per essere certa di poter ripartire la mattina dopo senza difficoltà, passai la notte in dogana.

Ma c'era un altro ostacolo: Ginevra. Là la mia fortuna mi abbandonò. Il funzionario che si occupò di me evitò scrupolosamente di pronunciare una sola parola di tedesco ed esaminò coscienziosamente ogni singola voce del documento di bordo.

"Quindi ha deciso di cambiare aereo lungo la rotta?"

"No."

"La sua macchina laggiù è "D–EJEN." Nel libro qui c'è scritto "D–AJEX."

"Mi faccia vedere."

Mi mostrò l'annotazione.

"Quello non è il mio documento!"

"Oh, quindi non è il suo documento?"

"No, non lo è," dissi. "Guardi qui: 'D–AJEX' invece di 'D–EJEN.' 'Tipo: Siemens-Motor,' il mio è un Hirth-Klemm..."

Così proseguii punto per punto: pensavo che non l'avrei mai convinto. Ma alla fine dovette ammetterlo, l'aereo era mio ma il famoso "Carnet de Passage" no.

Una volta stabilito questo, i suoi modi cambiarono. Concentrato ora sul sorprendente fatto che i suoi colleghi francesi a Perpignan, Avignone e Lione non fossero riusciti a rilevare l'errore, era troppo contento per preoccuparsi di come questo fosse accaduto. Con me fu estremamente generoso e dopo aver confermato i miei dati via radio con Barcellona, mi autorizzò a decollare.

Il mio successivo atterraggio fu in Germania, a Friburgo. Finalmente a casa! Sì, – ma con il documento di bordo sbagliato... E adesso, ancora una volta nella cara, vecchia Germania, nessuna mia spiegazione fu di alcun aiuto. I regolamenti erano i regolamenti e la questione avrebbe dovuto fare il suo corso. Così rimasi a Friburgo fino a quando l'ultimo, gigantesco ostacolo non venne ufficialmente rimosso e fui libera di tornare a Darmstadt.

15.
PROVE DI VOLO A VELA

Quando entrai a far parte dell'Istituto di ricerca sugli alianti le mie mansioni erano di tipo generale, ma nel 1935 divenni membro del Dipartimento sotto la direzione di Hans Jacobs, specializzato in volo a vela.

La mia nomina fu dovuta a un colpo di fortuna. Il noto aviatore Ludwig Hoffmann era stato inizialmente scelto come pilota collaudatore per l'Istituto, ma siccome una grave malattia gli impediva di assumere l'incarico mi fu chiesto di prendere il suo posto.

Sebbene portassi nel mio nuovo compito molta determinazione ed entusiasmo, le mie conoscenze tecniche, inclusa quella della costruzione di aeromobili, erano inesistenti e all'inizio dovetti fare affidamento sul mio istinto di volo e sulla mia capacità di osservazione.

In che cosa consiste dunque, in termini semplici, il compito del pilota collaudatore?

Il collaudo di nuovi tipi di aerei, sia con motore che alianti, o di qualche modifica a un progetto esistente, comporta naturalmente un maggiore elemento di rischio poiché il pilota sta introducendo l'aereo nel suo elemento per la prima volta e, nonostante ogni attenzione posta nella progettazione e nella costruzione, non si può escludere la possibilità di difetti che portino all'insuccesso dell'aeromobile. La stabilità longitudinale, ad esempio, può essere inadeguata, in modo che non si riesca a mantenere l'aereo su un percorso piano, o una parte della sovrastruttura può causare la deviazione del flusso d'aria con conseguenti vibrazioni o movimenti oscillanti, in modo che il pilota è impotente a prevenire l'eventuale guasto di qualche componente vitale. Naturalmente tenterà di ridurre la velocità dell'aria, ma questi fenomeni tendono a verificarsi con tale rapidità che i suoi sforzi arrivano spesso troppo tardi per salvare l'aereo. In tal caso la sua unica risorsa è paracadutarsi, ma non è sempre una cosa facile quando l'aereo sta precipitando a velocità crescente.

Ma il collaudatore coscienzioso testerà il suo aereo passo dopo passo, in modo da avvicinarsi solo gradualmente alla zona di pericolo e non tenterà, ad esempio, di raggiungere la massima velocità al suo primo volo. Vortici nel flusso d'aria di solito possono essere rilevati da un leggero tremolio nella barra e nelle superfici di controllo, il pilota collaudatore è tenuto non solo a notare che tali fenomeni si stanno verificando ma anche, se possibile, a stabilirne l'origine e questo richiede poteri acuti di osservazione.

Nella successiva discussione con il costruttore dell'aeromobile e lo specialista in aerodinamica, il pilota collaudatore tenterà quindi di trovare la causa dei difetti in modo che possano essere apportate le modifiche necessarie, ad esempio, il miglioramento del progetto di una carenatura, un timone più efficacemente bilanciato, l'eliminazione del gioco nei comandi o dell'eccessiva morbidezza del timone.

Dopo essersi accertato che l'aereo si comporti in modo impeccabile alle velocità previste e alle normali altitudini di volo, il pilota collaudatore procederà quindi a testarlo in tutti gli altri assetti, sul dorso, quando ruota sul suo asse longitudinale ossia rullando, e quando si esegue l'anello della morte sia verso avanti che all'indietro. Solo quando tutti questi aspetti delle prestazioni di un velivolo vengono trovati soddisfacenti, è possibile effettuare le regolazioni più sensibili, ad esempio l'equazione del carico di controllo con l'efficienza di controllo, in cui la riduzione dell'attrito nei cavi di controllo gioca un ruolo importante.

Sarebbe troppo lungo elencare tutto ciò che un pilota collaudatore deve controllare e, se necessario, rettificare durante la prova di un singolo velivolo. I test vengono raramente completati nel giro di pochi giorni e possono durare anche diversi mesi, continuando a volte dopo che la produzione in serie dell'aereo è già iniziata, in modo che i miglioramenti possano essere introdotti con il minimo ritardo.

Il lavoro del collaudatore non si limita solo a nuovi tipi di velivolo. In caso di incidente ad esempio, nel quale il pilota ha perso la vita senza commettere alcun errore apparente da parte sua, la produzione di quel particolare tipo di aereo può essere sospesa fino a quando non si conosce il motivo preciso del disastro. Scoprirlo è compito comune del progettista e del collaudatore e può essere un processo molto laborioso e pericoloso. Dopo aver esaminato tutti i resoconti disponibili di testimoni oculari, il pilota collaudatore tenterà di sottoporre un aereo identico alla stessa serie di manovre che hanno preceduto lo schianto, ad un'altitudine molto elevata in modo che, in caso si verifichi un guasto strutturale o meccanico, possa usare il suo paracadute.

Ulteriore dovere di un pilota può essere quello di sottoporre alcuni tipi di aeromobili già collaudati a test speciali per scopi di ricerca. Tornerò su questo argomento più tardi.

Il primo velivolo che fui chiamata a testare, presso l'Istituto per la ricerca sugli alianti, fu il nuovo aliante chiamato *"Kranich"* ("Gru").
Ogni giorno, mentre il *"Kranich"* era in costruzione, sono stata nelle officine imparandone i comandi, il campo visivo, la quantità di spazio che avrei avuto come pilota, finché non potei dire di essere già parte dell'aereo – mentre era a terra.

Ma finora l'avevo pilotato solo con l'immaginazione, essendo stata soltanto in grado di indovinare quali effetti avrebbero avuto i movimenti del timone, come si sarebbe comportato l'aereo in aria. Quindi il mio primo volo sarebbe stato fatto con prudenza.

Adesso, tesa in ogni nervo, aspetto sul campo d'aviazione il decollo. Gli operai e i tecnici sono venuti dalle botteghe e attendono, non meno tesi, il momento in cui il loro uccello lascerà per la prima volta il terreno.

Il rimorchiatore è in posizione, il cavo di traino è assestato velocemente e un uomo si posiziona all'estremità dell'ala per mantenere il mio aereo diritto.

Ora l'aereo davanti accende, la fune inizia a sollevarsi e il *"Kranich"* a rollare sempre più veloce sul terreno. All'inizio l'uomo corre con me tenendo ancora la punta dell'ala, ma ora resta indietro e, nello stesso momento, sento una pressione sufficiente sulla barra per bilanciare le ali. Quindi sono in volo, a pochi metri da terra.

A non più di quattro o cinque metri, in modo che, se necessario, io possa sganciare il traino ed atterrare immediatamente, comincio a testare la stabilità del velivolo, attorno al suo asse laterale con l'elevatore, al suo asse longitudinale con gli alettoni e al suo asse verticale con il timone.

Quando ho la certezza che l'aereo sia stabile e possa essere controllato senza pericoli mi lascio trainare a quote più elevate, salendo dolcemente fino a raggiungere un'altezza sufficiente per potermi paracadutare fuori in caso di spiacevoli sorprese.

Mi sgancio dal rimorchio a 2.000 metri, per prima cosa cerco di farmi un'impressione generale dell'aereo. C'è un campo visivo adeguato? Il timone può essere spostato senza sforzi eccessivi? L'aereo risponde in modo intelligente al timone? Quindi provo con cautela a scoprire l'angolo di stallo dell'aereo, cioè a quale angolo di incidenza delle ali e in quale parte del loro bordo d'attacco, il flusso d'aria inizia per primo a "staccarsi" dalla loro superficie superiore. Se questo fenomeno inizia dalla punta dell'ala l'aereo si inclinerà leggermente di lato e andrà in avvitamento. L'ala cadrà improvvisamente o gradualmente? Si può rimediare facilmente all'avvitamento?

A queste domande si può rispondere soltanto con una cauta esplorazione combinata con la più intensa e concentrata attenzione ad ogni suono e movimento fatto dall'aereo e, così facendo, ho costantemente perso quota fino a dovere adesso atterrare.

Sotto, il progettista, i disegnatori e i costruttori aspettano con ansia la mia relazione, ma all'inizio non c'è altro che gioia per questo primo volo concluso con successo. Poi, sobriamente, ci rimettiamo al lavoro.

Si discutono le mie osservazioni, si decidono le modifiche necessarie e si passano i dettagli alle officine.
Non appena le modifiche vengono completate, decollo nuovamente. E così si continua, volo dopo volo, raggiungendo ogni volta una velocità più alta, ogni incremento di velocità potrà forse rivelare qualche ulteriore difetto o debolezza, finché il mio dovere di testare l'aereo è portato ai suoi limiti estremi, in condizioni meteorologiche sia avverse che serene, in modo che quando finalmente lo consegno, non possano verificarsi ulteriori sorprese.

Sarebbe troppo lungo descrivere ogni test che eseguii all'Istituto per la ricerca sugli alianti, mi limiterò quindi ad uno o due ulteriori esempi, illustrando sia la varietà che la natura complessa, piena di responsabilità ed esigente del lavoro di un pilota collaudatore.
Dopo avere testato il "*Kranich*" fui chiamata, nell'estate del 1935, a provare il "*Seeadler*" ("Aquila di mare"), il primo idroaliante progettato da Hans Jacobs.
Sebbene l'idea di un aliante anfibio non fosse nuova, il "*Seeadler*" rappresentò il primo tentativo di costruire un aereo ad alte prestazioni di questo tipo, da utilizzare principalmente nelle spedizioni di ricerca scientifica.
Il primo test, effettuato sul lago Chiemsee a sud-est di Monaco, fallì poiché la barca a motore che era stata procurata per fungere da rimorchio non riuscì a raggiungere la velocità di decollo. Ci trasferimmo poi al Lago di Costanza (Bodensee), dove il motoscafo *Maybach* che *Dornier* mise a nostra disposizione si rivelò adeguato al compito.
Questa cosa può sembrare semplice, ma in realtà il problema del decollo si rivelò sia difficile che pericoloso. All'inizio usammo una fune da traino di cento metri, ma il suo peso e la sua resistenza nell'acqua erano così grandi che, quando raggiunti i 60 chilometri l'ora decollai e salii ad un'altezza di circa dieci metri, la fune mi trascinò di nuovo giù bruscamente, e mi sganciai in fretta per paura di colpire l'acqua e andare in pezzi.
I miei amici che guardavano dalla barca erano però dell'opinione che avrei dovuto resistere, e così provai una seconda volta, facendo come suggerivano fino a quando non arrivò un urto improvviso, lo specchio d'acqua passò sull'aereo e insieme ci tuffammo sotto come un sottomarino, per riemergere, pochi secondi dopo, del tutto incolumi.
Sebbene questa esperienza fornisce una prova decisiva della solidità di costruzione della macchina, i miei amici furono unanimi nel considerarla insoddisfacente come metodo standard di decollo.

La fune di traino fu ora accorciata a settanta metri, e dotata di piccoli galleggianti aerodinamici in legno di balsa. In questo modo potevo decollare con il *"Seeadler"* senza essere immediatamente trascinata giù di nuovo. Questo espediente si rivelò praticabile, anche al limite delle condizioni meteorologiche che il motoscafo potesse tollerare.
Successivamente, continuammo i test utilizzando come traino un idrovolante anfibio *Dornier*, il *"Libelle"* ("Libellula"), che apparteneva alla MIVA di Aquisgrana. Il Padre Schulte, il noto direttore della MIVA[6], ce lo mise gentilmente a disposizione prestandoci anche il suo pilota, Sepp Gertis.
Gertis si dimostrò un pilota eccellente nel compito di rimorchiare l'aliante, in particolare quando stavamo determinando le peggiori condizioni meteorologiche nelle quali poteva operare la "Libellula", impresa che svolse con un ammirevole insieme di cautela e audace sangue freddo.
Per quanto mi riguarda, trovai che fosse un grande vantaggio che la scia dell'elica dell'aereo anfibio lasciasse una striscia d'acqua relativamente calma dietro l'aereo, sulla quale potevo tenere facilmente la *"Seeadler"* anche in condizioni di vento che costringevano l'aereo da rimorchio a combattere contro le onde. Il decollo al traino dietro l'anfibio Dornier si rivelò altrettanto semplice.
Mi lasciai trainare ad un'altezza considerevole prima di sganciare.
Le previsioni del tempo prevedevano tempesta e le nuvole si stavano già addensando nel cielo. Ma questo era proprio il tempo nel quale avevamo sperato, in modo da poter testare il comportamento della *"Seeadler"* nell'ammarare su acque agitate. Ogni genere di dispositivo salvavita era pronto a terra per me, anche se al momento i miei pensieri non andavano in quella direzione!
Per prima cosa cercai una nuvola che mi assicurasse un sopravento. Presi quota, lottando continuamente contro la tempesta in arrivo, per non essere spinta troppo lontano dal mio obiettivo di ammaraggio.
Sotto di me, le creste schiumose delle onde aumentavano costantemente e tutte le barche erano da tempo tornate a riva per ripararsi.
Devo aver volato per un'ora buona prima di scendere. Il *"Seeadler"* aveva uno scafo come quello di una barca e, ad una velocità di atterraggio di appena 60 chilometri all'ora, gli feci toccare dolcemente l'acqua. Immediatamente le onde iniziarono a far becheggiare l'aereo mentre ci rotolavano addosso e ci passavano sopra in infinita successione.

---

[6] Padre Paul Schulte (1896-1975), aviatore nella prima guerra mondiale in Palestina e prete missionario, fondatore della MIVA (*Missions-Verkehrs-Arbeitsgemeinschaft*, Associazione missionaria per la motorizzazione), creata per istruire i missionari nella tecnica e guida dei mezzi di trasporto moderni, tutt'ora in attività, NdE.

Ma l'aereo le cavalcò, placido e imperturbabile nella furia degli elementi. Nessuna barca era in grado di uscire per venire a prenderci e per tali occasioni gli hangar degli aerei che si trovavano a riva erano dotati di gru. Trovai che l'unico modo per fissare il gancio della gru all'aereo era stare in piedi su una delle ali per aiutarla a stare in equilibrio. Ma tutto andò bene e il *"Seeadler"* fu issata senza danni. L'aereo aveva certamente resistito al suo battesimo e con questo il nostro compito era stato completato.

Dal Lago di Costanza tornammo quindi al Chiemsee per testare un nuovo dispositivo di lancio di catapulte. Questa catapulta, progettata dal professor Madelung, aveva lo scopo di consentire agli aerei da trasporto con carichi pesanti di decollare in un piccolo spazio invece che dalla pista immensamente lunga normalmente necessaria. La catapulta era già stata provata a terra e si trattava ora di stabilire se si sarebbe dimostrata ugualmente utile per un decollo dall'acqua. Per questi test il *"Seeadler"* fu considerato un aereo adatto.
La catapulta fu montata sulle rive del lago. In sostanza, consisteva in un dispositivo per trasferire all'aereo l'energia di un volano rotante per mezzo di una fune d'acciaio condotta su un tamburo a forma di cono.
Man mano che la fune veniva ripresa dal tamburo a velocità crescente, strappò me e il mio aliante direttamente verso l'impalcatura della catapulta eretta sulla riva. La sensazione era decisamente spiacevole. Il nocciolo della questione era attendere il momento precisamente giusto in cui sganciare il rimorchio, quindi eseguire una virata netta e rapida e ammarare di nuovo sull'acqua. Come in tanti test, un compito simile richiedeva la massima diligenza e concentrazione se si voleva evitare il disastro.
Le prove si conclusero con successo, aprendo così la via ad ulteriori test con velivoli a motore.

Il nostro lavoro presso l'Istituto consisteva non solo nel testare nuovi tipi di velivoli, ma anche nel migliorare i tipi esistenti. Ad esempio, se qualche particolare progetto di aliante fosse stato coinvolto in una serie di incidenti fatali, il suo certificato di aeronavigabilità sarebbe prima stato sospeso dalla Direzione della sicurezza aerea e poi una macchina di quel tipo inviata a noi presso l'Istituto per essere esaminata.
Durante l'anno 1936, un maggiore numero di incidenti mortali si verificò a causa di piloti d'aliante con inadeguata esperienza di volo alla cieca che tentavano di volare tra le nuvole, con il risultato che imponevano uno sforzo eccessivo alle loro macchine.

Queste ultime subivano danni strutturali e andavano in pezzi, spesso in circostanze che impedivano ai piloti di usare i loro paracadute.
A tempo debito, la Stazione sperimentale tedesca per la ricerca aeronautica di Berlino-Adlershof intervenne con l'ordine di preparare nuove specifiche per la stabilità strutturale dei velivoli alianti.
Ma Hans Jacobs, il capo progettista e direttore dell'Istituto, ritenendo che qualsiasi aereo, non importa quanto forte sia la sua costruzione, possa rompersi sotto un trattamento sufficientemente brutale e irresponsabile, decise di non aumentare la rigidità strutturale che avrebbe di certo comportato una notevole riduzione delle prestazioni, e scelse invece di montare un dispositivo frenante, con il duplice scopo di aumentare la stabilità dell'aeromobile e di porre un limite definito alla sua velocità massima, anche in picchiata verticale. A tale scopo montò dei freni di picchiata automatici sulla superficie superiore e inferiore di ciascuna ala, un gruppo che si apriva con il vento e l'altro contro di esso. Per i test selezionammo l'aliante "*Sperber*".

Decollai con tempo sereno e, ad un'altezza 4-5.000 metri, sgancia il rimorchio e volando a velocità normale azionai i freni. Immediatamente l'aliante iniziò a perdere quota e velocità così che, quasi senza pensarci, spostai l'elevatore per contrastare l'effetto d'entrambi. Poi con i freni ancora aperti mi tuffai aumentando lentamente la velocità:
10 chilometri orari, più veloce...
20 chilometri orari, più veloce...
ed ora la forte turbolenza creata dai freni aperti contro il vento iniziò a colpire gli alettoni e l'elevatore, in modo che l'intero aereo inizia a tremare. Premo me stessa contro il lato dell'aereo e ascolto, con ogni senso attento a cercare di determinare la fonte e la causa della vibrazione. Poi chiudo i freni per un attimo mentre annoto brevemente quello che ho ascoltato, sentito e visto. Quindi aumentando la velocità apro di nuovo i freni e, come previsto, la vibrazione ora è così forte che la cloche mi viene strappata dalle mani. Chiaramente i freni di picchiata non sono soddisfacenti nella loro forma attuale, quindi atterrai e discussi con Hans Jacobs ciò che ho osservato. Per ridurre il disturbo che provocavano nel flusso aerodinamico, decidemmo di smorzare i freni con una serie di fori e fessure.
Così, giorno dopo giorno, settimana dopo settimana, i test continuano e ogni mattina una lettera di mia madre mi accompagna, dandomi la perfetta pace interiore. La sua convinzione che io sia nelle mani di Dio e che nulla potrà mai accadermi se non per Sua volontà è talmente profonda, che la sua fede diventa gradualmente una parte di me stessa. Se la mia fine sta nella Sua volontà, allora la mia fine mi raggiungerà,

anche nell'angolo più sicuro del globo. Posso sentire come, attraverso i suoi pensieri, io sono positivamente spinta all'atteggiamento di essere umilmente pronta.
Lei sa che io vivo per volare. Sa quanto io ami la mia vita, il mio lavoro, i test nei quali sono impegnata. Ma per lei, più grande del pericolo di volare è il pericolo che il successo può portare e non si stanca mai di mettermi in guardia contro la cecità della vanità e il presuntuoso orgoglio.
E c'è qualcos'altro che lei esprime nelle lettere che mi scrive di notte, quando tutta la famiglia è andata a letto: la felicità che condivide con me nel sapere che ogni test che facciamo è per la causa della Germania e la salvezza di vite umane.
Nel frattempo, planando dopo essermi fatta trainare da altezze di 4.000, 5.000, 6.000 metri, continuo a sperimentare i nuovi freni di picchiata fino a quando, finalmente, arriva la fase finale – testarli in picchiata verticale.
Ho imparato per esperienza che, sebbene l'aereo possa rimanere stabile ad alta velocità, un solo minuscolo aumento di quella velocità può improvvisamente produrre una forte vibrazione alare. Se ciò dovesse accadere durante una picchiata verticale, la macchina potrebbe non sopportare lo sforzo. Per un momento sono tentata di atterrare e di rimandare l'ultimo test a domani. Dopotutto, non sono obbligata a farlo.
E poi, all'improvviso, mentre la mia attenzione è ancora concentrata sull'aereo, vedo davanti a me la foto di mia madre. Io so che lei sente, più forte di ogni altra cosa, che io devo vivere la vita che mi è stata assegnata, e quindi, tesa in ogni nervo, metto l'aereo in picchiata verticale e lo tengo così attraverso 1.000, 2.000, 3.000 metri mentre la macchina, che per tutto il tempo rimane stabile come una tavola, non supera mai una volta la velocità di 200 chilometri all'ora.
A circa 200 metri dal suolo livello l'aereo, chiudo i freni di picchiata e atterro, e mentre il sangue batte ancora nelle mie tempie, Hans Jacobs, il professor Georgii, i miei compagni piloti e i montatori di aeromobili vengono correndo, felicissimi, per offrire le loro congratulazioni. Abbiamo raggiunto il nostro obiettivo.
Anche se nel XX Secolo il flusso di nuove invenzioni è stato tale che la meraviglia di oggi è la banalità di domani, tuttavia l'introduzione dei freni di picchiata come risultato dei nostri test nel 1936 si è rivelata un'importante pietra miliare nella storia dell'aeronautica — per quanto possa essere una cosa difficile da concepire, per noi che siamo abituati a pensare in termini di missili, jet e astronavi.

Dopo la conclusione positiva dei test, ebbe luogo una dimostrazione dei freni di picchiata su iniziativa del professor Georgii, davanti a Udet, al Generale von Greim e ad altri Generali della *Luftwaffe* presso l'aeroporto di Darmstadt-Griesheim.

Debitamente impressionato dall'efficacia dei freni come dispositivo di sicurezza, Udet desiderava vederli montati su alcuni velivoli militari e su sua richiesta, quindi, ripetei la mia dimostrazione nella primavera del 1937 davanti ai capi progettisti delle principali case aeronautiche tedesche. Anche qui, questa prima esperienza del vedere un aliante in picchiata verticale lasciò una profonda impressione sul mio pubblico e, di conseguenza, l'Istituto per la ricerca sugli alianti acquistò un nuovo interesse ed importanza agli occhi di coloro che in Germania si occupavano ufficialmente dello sviluppo aeronautico.

Dopo la mia dimostrazione a Darmstadt-Griesheim, Udet mi conferì – prima donna in assoluto a riceverlo – il titolo onorifico di "*Flugkapitän*" ("Capitano di Volo"). Il titolo era stato precedentemente conferito, al compimento di alcune condizioni prescritte, esclusivamente ai piloti della *Lufthansa*, le Linee aeree civili tedesche, ma la mia nomina ora stabiliva il precedente per la sua concessione anche ai piloti impegnati nella ricerca aeronautica.

16.
IN VOLO A VELA SOPRA LE ALPI

Nel maggio del 1937 i giornali titolarono: "IL TRIONFANTE SUCCESSO DEI PILOTI TEDESCHI – CINQUE TEDESCHI PRIMI AD ATTRAVERSARE LE ALPI IN ALIANTE"; ed io ero una di loro.

Il mio aereo era uno "*Sperber Junior*", costruito, o meglio "cucito su misura" da Hans Jacobs per adattarmisi esattamente, e tanto esattamente che una volta salita al posto di pilota nemmeno io potevo quasi muovermi, e soltanto io potevo prendervi posto. Mi sentivo così tanto parte dell'aereo che le ali sembravano crescere dalle mie spalle.

A Salisburgo, quel mese, la Commissione internazionale di studio per il volo senza motore era presieduta dal Professor Georgii e, in concomitanza con essa, si sarebbe tenuto un incontro internazionale di piloti d'aliante. Per quest'ultimo erano state organizzate una serie di gare, voli da luogo a luogo, voli attraverso il paese e voli in quota, nel corso delle quali dovevamo addentrarci il più possibile nell'area delle Alpi. A tale scopo ci furono fornite razioni di emergenza, razzi Very, fischi trillanti e appunto tutto ciò che avrebbe potuto essere necessario in caso di atterraggio di emergenza in montagna.

Le gare iniziarono con il meteo migliore. Il sole ardeva da un cielo azzurro intenso riscaldando le colline pedemontane e le pendici più basse delle montagne, mentre le correnti di risalita ci erano visibili dai delicati veli che si stavano formando sopra le vette e le creste più alte in piccole palline di nuvole bianche. Non c'era praticamente vento e le condizioni erano quindi ideali per il nostro primo volo in montagna. Il mio turno di decollo dall'aerodromo di Salisburgo arrivò verso le dieci del mattino. I concorrenti dovevano sganciarsi dal traino a 500 metri e non appena lo feci, mi diressi lungo le pendici orientali dell'Untersberg in quanto era il lato che avrebbe catturato più calore dal sole.

All'inizio non incontrai nient'altro che sottovento e tenni in vista il campo d'aviazione in modo che, se necessario, potessi planare a terra. Stavo per tornare indietro quando notai che l'aereo iniziava a tremare leggermente, il variometro indicava una velocità di salita appena sopra lo zero, tra i dieci e i venti centimetri al secondo. Girando in cerchio per non perdere la leggera corrente ascendente iniziai quindi a salire più velocemente, mezzo metro, un metro, un metro e mezzo al secondo. Sopra di me si stava formando rapidamente una nuvola che nel suo estendersi pareva tirarmi su verso di sè. Girai in cerchio sempre più in alto finché, a circa 2.000 metri, raggiunsi il bordo inferiore della nuvola.

L'Untersberg giaceva adesso sotto di me e, vedendo una nuvola che cominciava a formarsi al suo bordo occidentale, volai lungo la cresta verso di essa. Nessuno degli altri concorrenti che erano partiti prima di me era visibile e pensai che fossero tornati all'aeroporto di Salisburgo. Era ancora relativamente presto e, poiché le correnti in salita erano deboli e difficili da trovare, ero assai contenta di viaggiare ad istinto sopra le vette, girando sotto piccoli brandelli di nuvole e guardando bene tutt'attorno.

Le Alpi, viste dall'alto, erano per me una novità, e lo spettacolo era infatti diverso dal panorama fisso di vette al quale è abituato l'alpinista. All'aviatore esse sembrano essere in continuo movimento, alternativamente invitanti e minacciose mentre si aprono, per poi richiudersi quando il contrasto di luci e ombre si sposta attraverso loro. A volte, sembrano perfino scambiarsi di posto l'una con l'altra.

Da 2.000 metri potevo vedere in profondità nelle montagne. In lontananza, il Großglockner e il Großvenediger[7] scintillavano nella neve eterna, mentre le valli sotto di me giacevano fumanti, le nebbie si spalmavano sui loro pendii boscosi. A sud, davanti a me, la vetta innevata del Watzmann[8] brillava di solitaria bellezza e ad est il lago Königssee, come uno smeraldo avvolto da una nebbia di seta.

Nel frattempo sopra il Watzmann si stava formando una grande e invitante nuvola. Avrei potuto raggiungere le correnti ascensionali sotto di essa? Volai verso questa lungo la cresta del Lattengebirge[9], ma avevo appena lasciato la cresta quando venni colpita ancora una volta da un sottovento. Cominciai a cadere, quattro, cinque, sei metri al secondo e nella mia preoccupazione mi sentivo tentata di esplorare a destra e a sinistra in cerca di galleggiamento. Ma sapevo che c'era solo una cosa da fare: puntare dritta al picco più vicino.

La mia orgogliosa altitudine era rapidamente andata persa ed ero già sotto i 1.000 metri. Il Königssee con i boschi e i paesi circostanti salì ad incontrarmi: ero adesso all'altezza del limite degli alberi ai piedi del Watzmann. Questo era il momento cruciale. Dovevo arrendermi e provare ad atterrare su un prato da qualche parte? All'improvviso l'aereo si alzò, prima piano, poi sempre più velocemente, – il variometro saliva a un metro, poi a due, poi tre metri al secondo. Continuai a salire ripidamente in virate strette, così aderente al pendio della montagna che le mie ali quasi sfioravano gli alberi. Eravamo stati salvati — e il

---

[7] Monti di 3.798 e 3.666 metri d'altezza rispettivamente. Il Großglockner è il monte più alto dell'Austria, NdE.
[8] Monte di 2.713 metri d'altezza, NdE.
[9] Catena montuosa delle Alpi di Berchtesgaden, con altitudine sino a 1.738 metri, NdE.

mio uccello sembrava gioire con me. Salivo sulla stessa corrente che si allargava man mano che guadagnavo altezza in modo da poter descrivere una circonferenza più grande. L'aereo passò presso la capanna vicina alla cima del Watzmann e potevo vedere figure che salutavano l'uccello silenzioso mentre, trasportato dall'aria invisibile, volava via svanendo negli spazi solitari. Non lo avranno trovato uno spettacolo strano e commovente–?

Adesso sono all'altezza della vetta del Watzmann e continuo a volteggiare più in alto. La base delle nuvole si estende lungo il crinale della montagna. 2.750 metri, – 2.800 metri, 2.900 metri, 3.000 metri! Ora le prime ciocche di nuvole si arricciano attorno a me. Ma la corrente in ascesa sta perdendo forza – la nuvola non mi attirerà al suo centro. Ho tempo per guardarmi intorno. Il Watzmann luccica e risplende sotto di me. Da qui, anche se non è più visibile, potrei facilmente dirigermi a nord e planare fino all'aerodromo di Salisburgo. Ma ora che le grandi regioni glaciali mi stanno facendo cenno chiamandomi non ho intenzione di tornare indietro. C'è ancora un erto ostacolo da superare, la catena montuosa chiamata Steinernes Meer[10].

Ma appena il Watzmann è dietro di me comincio a calare velocemente dai dodici ai quindici piedi al secondo. Il sottovento è inesorabile: ogni secondo aumenta l'incertezza. La superbia della mia quota conquistata con difficoltà crolla, mentre affondo sotto la cresta dello Steinernes Meer e vedo le grandi pareti rocciose impennarsi sempre più vicine. E il mio uccello continua a precipitare con il muso verso quei dirupi sfregiati e afflitti dal vento, quel massiccio, calante, atto finale di roccia. Deve dunque essere questa la fine,– un grido, un crepitio di legni?

Mentre la paura mi brucia in gola, vedo a meno di trenta metri di distanza un paio di taccole in bilico contro il fianco della montagna. Volo vicino a loro, tanto vicino che quasi sfioro la parete di roccia con la mia ala. Ora anch'io sento la corrente ascensionale e con molta cautela comincio a girare a cerchio, come gli uccelli, pronta in qualsiasi momento a virate ripide se il vento mi porta troppo vicina. Le tengo d'occhio, perché in questo sono più brave di me e mi sono già al di sopra. Seguo la loro scia, notando che la corrente è più forte vicino ai punti in cui le fenditure nella roccia corrono verticalmente.

Dopo aver faticosamente girato per mezz'ora, finalmente mi librai sulla cresta luccicante e innevata dello Steinernes Meer. Avevo perso di vista le mie due amiche perché ora un panorama meraviglioso si spiegava – vetta dopo vetta, ammantati di neve e ghiaccio, gli Alti

---

[10] Letteralmente "Mare roccioso"; plateau con cime sui 2.000-2.600 metri d'altezza, NdT.

Tauri, lo Zillertaler, le Alpi Otztaler. A sud, sotto di me, si stendeva la valle del Salzach e vicino, scintillante di imponente maestà, il Großglockner stesso.

Volai di nuvola in nuvola, esplorando il sopravento fino ai suoi limiti più alti e raggiungendo, oltre la vetta dell'Hochkönig, un'altezza di 3.500 metri. Dirigendomi quindi verso gli Alti Tauri, sorvolai il Pinzgau e un piccolo banco di nuvole mi aiutò a riguadagnare l'altezza che avevo perso.

Quando uscii dalla nuvola l'altimetro segnava 4.000 metri. I miei occhi registrarono questo fatto poi si rivolsero alla scena sottostante. Vestito come per un'eterna festa, tutto il mondo montano giaceva intorno a me in un'abbagliante veste bianca, tempestata dei gioielli dei ghiacciai, ardente di fuoco verde-azzurro. Tutto era silenzioso, senza tempo e in pace e mentre guardavo sembrava che la mortalità cadesse da me, tutti i pensieri meschini e ansiosi si dissolsero ed improvvisamente ero di nuovo una bambina, unendo le mie mani nella meraviglia e piangendo nel vedere la Gloria di Dio.

Nella mia emozione, avevo dimenticato tutto della competizione alla quale stavo prendendo parte e non riuscii neanche a notare che, senza guanti e nei miei pantaloni bianchi e sottili, stavo gelando dal freddo. Ora, risvegliandomi dal mio sogno, potei sentire i miei denti battere mentre le mie mani e i miei piedi erano così doloranti che ebbi difficoltà ad usarli.

Ma adesso che la parte più difficile del volo era alle mie spalle, non sarei stata sconfitta dal freddo. Così rivolsi di nuovo il naso verso sud, dove si stendevano le cime dentellate e le punte di lancia spaventose delle Dolomiti come se aspettassero d'impalarmi. Non avrei mai immaginato che il mio primo volo mi avrebbe portato così lontano e la mia mappa aerea non andava oltre le parti meridionali del Großglockner, ma in ogni caso le mie dita erano ormai troppo rigide per fermarmi.

Così continuai a volare, sfruttando quanto potevo delle limitate correnti sopra le Dolomiti. A sud-ovest brillavano le striature verdazzurre dei ghiacciai alle pendici della Marmolada, ma per il freddo assoluto non potei quasi apprezzarne la bellezza. Una coltre di nuvole in rapido movimento si stava alzando da sud-est, minacciando di tagliarmi fuori dalla terra. La valle del Piave si apriva ora davanti a me e cominciai a scivolare lungo il corso sassoso del letto del fiume, fiancheggiato su entrambi i lati da innumerevoli campi bordati di ulivi. Sentii che non sarebbe stato un piacere tentare un atterraggio lì.

Mentre comincio rapidamente a perdere quota la nuvola dispiega un muro di pioggia, interrompendo la mia rotta verso sud, e le gocce iniziano a martellarmi sulle ali. La valle si restringe continuamente e siccome il letto del fiume non invita all'approdo, torno indietro e mi dirigo verso l'ultimo villaggio che avevo sorvolato. Mentre mi avvicino vedo con mio terrore che non c'è un solo tratto d'erba dove posso atterrare. Ma tra le case riconosco un quadrato di baracche. Tre lati sono racchiusi da edifici e il quarto si apre su un campo di calcio adiacente.

Questo dovrà andare. Plano giù e sto per sorvolare una fila di pioppi che segna il bordo del campo quando vengo improvvisamente presa da una sacca d'aria e spinta giù sotto le cime degli alberi. L'aereo sembra già perso e tutto quello che posso fare è cercare di salvarmi. Metto giù la barra finché non sfioro il terreno e miro allo spazio tra due alberi. Forse alla velocità in cui sto volando le ali dell'aereo verranno spezzate di netto dai tronchi degli alberi, lasciando la fusoliera scivolare da sola sul terreno.

Poi, a poche iarde dalla fine, vengo improvvisamente colpita da una folata di vento. In un lampo tiro indietro la barra – l'aereo si solleva sfiorando le punte dei pioppi – poi atterra pesantemente, ma ancora intatto, al suolo – e io siedo lì, intorpidita – e grata.

Dev'essere trascorso del tempo prima che uno stridere di voci e piedi che correvano portassero un poco di languida vita al mio cervello.

Erano soldati italiani – io non riuscivo a parlare per il freddo, né a muovermi – ma mi sollevarono fuori – poi portarono il mio aereo e me in caserma, in trionfo, sulle loro spalle.

Ero a Pieve di Cadore, e Salisburgo si trovava a più di 160 chilometri di distanza, dall'altra parte delle Alpi.

Settimane dopo ero tornata da tempo a Darmstadt per fare le mie ricerche. Ogni mattina, però, mi intrufolavo nell'hangar dove era il mio *"Sperber Junior"*, gli accarezzavo teneramente la fusoliera e gli parlavo piano. Ti ricordi...

Era il mio compagno più fedele e aveva sperimentato con me ciò che nessuno aveva sperimentato prima. Aveva portato un cucciolo d'uomo sopra le Alpi in un aliante.

17.
PRIMI VOLI PER LA LUFTWAFFE

Trascorsero le settimane e i mesi, i test sui freni di picchiata si conclusero, e l'atmosfera gioiosa della festa celebrativa tenutasi presso l'Istituto in onore della mia nomina a *Flugkapitän* svanì, mentre ci mettevamo a lavorare su nuovi progetti e nuovi esperimenti.

L'industria aeronautica tedesca aveva, nel frattempo, seguito il suggerimento di Udet e stava adottando i freni di picchiata ad alcuni velivoli militari. La stazione di collaudo della *Luftwaffe* era a Rechlin, e, nel settembre del 1937, Udet mi ordinò di presentarmi lì per prendervi servizio come pilota collaudatore. Questa era la mia prima incursione nella sfera militare, e non sospettai che ciò dovesse segnare l'inizio di un nuovo capitolo della mia vita, nel quale sarei stata sempre più coinvolta nel volo militare.

Davanti a me si stendeva il grande campo d'aviazione di Rechlin, che ora per alcune settimane sarebbe stata la mia "casa," – un'immagine molto diversa da quella di Darmstadt-Griesheim. Là si sarebbero assembrati gli uccelli sottili e argentati, leggeri come rondini o come le nuvole che solcano i cieli estivi. Ma a Rechlin certe similitudini erano fuori luogo. Qui non c'erano che aerei militari, bombardieri, *Stuka* e caccia che sembravano agili frecce, tese verso il loro bersaglio. Per me, che naturalmente sentivo queste cose più intensamente di un uomo, Rechlin aveva un'aria di cupa e risoluta minaccia, con i suoi continui tuoni e sibili dei motori degli aerei.

La Germania si stava riarmando. Lo vedevamo. Il mondo lo vedeva. Ma noi lo vedemmo con occhi diversi dal resto del mondo.

Noi giovani uomini e donne volevamo la pace – ma una pace giusta, che ci permettesse di vivere. E il popolo tedesco la voleva, anche se oggi il mondo non lo crederà mai più. Ma era un popolo che occupava un piccolo spazio vitale con vicini da entrambi le parti, che cominciava ora, dopo anni di povertà e insicurezza, ad avere di nuovo pane e prosperità, un popolo che sapeva che i deboli sono sempre minacciati e, credendo anch'esso di condividere il diritto universale all'autodifesa, vedeva quindi nella crescente forza nazionale un aumento del proprio potere di mantenere la pace. Quale paese al mondo non avrebbe provato un giustificato orgoglio per questa conquista?

Vissi così questi anni, senza sospettare la tragedia che si stava preparando. "Se desideri la pace preparati alla guerra" – così la vedevo io, anche se non precisamente con quelle parole. *Stuka* – bombardieri – caccia! Guardiani ai portali della Pace! E con questo spirito li pilotai, sempre con la sensazione che, attraverso la mia cautela e accuratezza,

le vite di coloro che volavano dopo di me sarebbero state protette e che, con la sola loro esistenza, avrebbero contribuito alla protezione della terra che vedevo sotto di me mentre volavo: terra arata e prati, montagne e colline, foreste e laghi – la terra che, sebbene potessero essercene altre più splendide al mondo, era l'unica terra per me – perché era la mia casa. Non valeva la pena di volare per tutto questo?
Mai avevo avuto prima l'opportunità di provare una macchina militare, ma ora, a Rechlin, pilotai un'ampia varietà di tipi, in effetti qualunque cosa vi fosse lì. Il mio cuore e la mia anima non sarebbero stati nel volare, se non l'avessi considerata una grande e memorabile esperienza.
Qui per la prima volta stavo sconfinando in un dominio esclusivamente maschile e sentivo che il ricevere l'incarico di un compito patriottico di tale importanza e responsabilità, era un onore più grande di quello conferito da qualsiasi titolo o decorazione.
Che questo onore non piacesse a tutti lo scoprii presto, perché tra lo staff di Rechlin la mia nomina suscitò non solo sorpresa ma anche la più forte riprovazione. Questo divenne palese solo per gradi, perché quando atterrai per la prima volta a Rechlin fui accolta molto calorosamente da Karl Franke, il miglior pilota collaudatore tedesco che avevo già incontrato il mese prima, nell'agosto del 1937, ad un raduno aereo internazionale a Zurigo. Ma una volta che iniziai i voli di prova giornalieri, non potei fare a meno di notare in ogni sorta di piccole forme la tacita ostilità di coloro che sostenevano che "non è roba da donne giocare ai soldati" e per i quali il semplice fatto della mia presenza sul campo d'aviazione era un oltraggio.
Ma infine, il comune compito trionfò anche sui loro pregiudizi, in modo che il mio rapporto con Rechlin non si concluse con il mio ritorno all'Istituto di ricerca di Darmstadt, ma fu ripreso durante la guerra, quando fui chiamata a intraprendere alcune importanti serie di test per la *Luftwaffe*.

18.
IN VOLO AL CHIUSO CON L'ELICOTTERO FOCKE

Sebbene volare sia uno dei sogni più antichi dell'umanità, sembra straordinario che il problema dell'elicottero abbia occupato i pensieri degli uomini per secoli prima di venire finalmente risolto. Possiamo vedere, ad esempio, dai disegni che Leonardo da Vinci realizzò intorno all'anno 1500 come egli si occupasse non solo della questione del volo in generale, ma anche dei problemi dell'ascesa verticale, dello stazionamento in volo, del movimento all'indietro e in avanti nell'aria. Tuttavia queste domande rimasero nel regno della teoria fino a quando, nel 1937, il professor Focke di Brema costruì il primo elicottero. Usando la fusoliera di un'altra macchina, egli adattò, al posto delle normali ali, due eliche di sostentamento e propulsione montate verticalmente, o "rotori". Questi rotori, collegati a un motore, durante la rotazione potevano essere inclinati tramite camme, consentendo così alla macchina di sollevarsi verticalmente da terra, rimanere ferma a mezz'aria e volare avanti o indietro.

Se ci si vuole rendere conto dello scalpore che questo aereo provocò alla sua prima apparizione, è necessario ricordare a chi ha esperienza di volo che un aereo il quale potesse librarsi a mezz'aria senza muoversi sembrava allora un'assoluta impossibilità. Ci si domandava, come potrebbe una macchina restare su senza la portanza impartitagli dal suo movimento attraverso l'aria? Certamente, per il pilota una velocità dell'aria sufficiente era essenziale quanto la vita stessa, poiché senza di essa il suo aereo non si sarebbe inevitabilmente bloccato e schiantato al suolo?

Non c'è quindi da meravigliarsi se Udet, in qualità di capo del Dipartimento tecnico del Ministero dell'aviazione, fosse profondamente turbato ed eccitato da questo nuovo sviluppo e in verità non ricordo di averlo mai visto così agitato come in quel momento.

Il pilota collaudatore del professor Focke, Rolf, aveva pilotato il prototipo dell'elicottero e per gli ulteriori test Focke mandò a chiamare Karl Franke da Rechlin. Dato che mi trovavo a Rechlin in quel momento, Franke suggerì che io lo portassi a Brema con un *Dornier 17*, un tipo di aereo che sapeva piacermi particolarmente pilotare. Questo si rivelò essere di nuovo un altro di quei colpi di fortuna che mi sono capitati così spesso, perché al nostro arrivo il professor Focke ritenne subito che Franke mi avesse portato con sé come suo copilota e mi accolse di conseguenza. Naturalmente io ero traboccante di gioia e Franke fu abbastanza generoso da accettare la situazione così com'era.

Mi preparai al compito di pilotare l'elicottero effettuando un attento studio del materiale tecnico, compresi i disegni. Ben presto mi fu chiaro che, sia nella costruzione che nel metodo di controllo, l'aereo era qualcosa di completamente nuovo e richiedeva al suo pilota l'abbandono di tutte quelle abitudini di volo che diventano una seconda natura e la capacità di ricominciare completamente da capo.
Franke salì per primo. Per ridurre al minimo il pericolo, l'elicottero era stato ancorato al suolo con una fune, ma essendo questa lunga solo pochi metri, il dispositivo mi sembrava avesse il grande svantaggio di non concedere al pilota sufficiente libertà per riuscire a sentire il suo aereo e ad esplorarne gradualmente le caratteristiche.
Quando venne il mio turno, l'elicottero fu prima staccato dalla fune su mia richiesta e poi posto al centro di un grande cerchio bianco disegnato in terra. Non c'era vetratura sopra l'abitacolo del pilota e quando guardai fuori dalla macchina aperta, scoprii che allineando le punte delle eliche con la circonferenza del cerchio potevo rilevare e regolare il più piccolo movimento in avanti o all'indietro dell'aereo.
Ora aprii lentamente l'acceleratore per aumentare la velocità dei rotori, facendo nel frattempo attenzione a tenere la barra nella posizione normale. Poi aprii ancora di più, mandando su di giri il motore a raffiche sinché alla fine accadde il miracolo e l'elicottero iniziò a sollevarsi verticalmente da terra, dieci metri, venti metri e più, come un rapido ascensore. Il professor Focke ed i suoi tecnici giù in piedi diventavano sempre più piccoli mentre io continuavo a salire dritto in alto, 50 metri, 80 metri, 100 metri. Quindi iniziai a rallentare dolcemente e la velocità di risalita diminuì sino a farmi rimanere sospesa a mezz'aria. Questo era elettrizzante! Pensai all'allodola, così leggera e d'ala piccola, che volteggia sui campi estivi. Ora l'Uomo le aveva strappato il suo adorabile segreto, come salire nel cielo e restare lì, nella corte del sole, a metà strada tra il cielo e la terra.
Feci un respiro profondo e fui di nuovo all'acceleratore e alla barra, volando all'indietro, di lato e di nuovo in avanti, finendo al centro del cerchio. Poi discesi quasi verticalmente, per atterrare nello stesso punto dal quale ero partita.
Franke fu il primo a stringermi la mano e congratularsi con me, dicendo nella sua maniera generosa e amichevole: "Basta test di volo con te, Hanna, la mia reputazione non li sopporterà!"
Poche settimane dopo il famoso aviatore americano, il Colonnello Lindbergh[11], venne in visita in Germania.

---

[11] Charles Lindbergh (1902-1974), aviatore, esploratore e primo trasvolatore atlantico in solitaria, NdE.

Toccò a me mostrargli l'elicottero a Brema e mi premurai di elaborare in suo favore un programma davvero efficace. Lindbergh, la cui semplicità di modi conquistava i cuori di tutti ovunque egli andasse, rimase così colpito che definì l'elicottero lo sviluppo aeronautico più impressionante che avesse mai visto, un tributo che ci fece sentire molto fieri.

Poco dopo mi fu affidato il compito di far volare l'elicottero fino a Staaken, uno dei sobborghi occidentali di Berlino, dove avrei dovuto pilotarlo davanti a un gruppo di rappresentanti dei Generali dell'Esercito. Il volo fu effettuato in diverse tappe, ognuna delle quali stabilì un nuovo record mondiale per questo tipo di aereo.

Nel frattempo la notizia della macchina–delle–meraviglie si era diffusa nei circoli dell'Esercito e il giorno della manifestazione era atteso con un misto di scetticismo e tesa aspettativa.

Ma come appresi presto non avrebbe dovuto essere un Concerto di Celebrità: doveva esserci un altro interprete sul palco, Ernst Udet nel suo *Fieseler "Storch"*. Infatti Udet, molto interessato com'era all'elicottero e responsabile dell'imminente manifestazione, si era sentito avverso fin dall'inizio a questa nuova forma di volo e, anzi, non lo si poté mai convincere a pilotarlo lui stesso. E così, essendo stato il primo a sfoggiare il *Fieseler "Storch"* al pubblico di Zurigo l'anno precedente, aveva deciso – con umore tipicamente fanciullesco – di metterlo in competizione non ufficiale contro l'elicottero.

Il giorno della manifestazione c'era una fitta nebbia con visibilità fino a meno di cinquanta metri. Fare una dimostrazione con qualsiasi velivolo normale, che richiedesse migliaia di metri per manovrare, sarebbe stato impossibile, ma cinquanta metri erano un ampio spazio nel quale mettere alla prova l'elicottero e così mi dichiarai disposta a volare. A quel punto, Udet annunciò la sua intenzione di adempiere alla sua parte del programma e volare sul *Fieseler "Storch"*!

Salì sulla sua macchina, diede gas e dopo una breve corsa decollò per dirigersi direttamente verso la torre di controllo, nascosto dietro una coltre di nebbia a circa ottanta metri di distanza. Gli spettatori fecero un profondo respiro, aspettandosi di sentire da un momento all'altro il fragore dell'impatto, ma il brusio del suo motore continuò senza interruzione svanendo rapidamente nella nebbia e noi intuimmo che, magistrale aviatore quale lui era, Udet era riuscito nel sollevare il suo aereo quasi verticalmente lungo il lato dell'edificio.

Poi decollai io con l'elicottero, salita a cinque metri lo librai un poco in modo che i Generali potessero guardarmi bene, poi discesi accanto a loro, feci un inchino con la macchina in forma di riverenza, mi rialzai verticalmente, questa volta per restare in bilico sopra le loro teste, poi sempre alla stessa altezza come su una pista da ballo, volai all'indietro, di lato e in ogni figura immaginabile, scendendo di nuovo verticalmente in un atterraggio leggero come una piuma proprio di fronte a loro.

Applaudirono tutti vigorosamente e poiché erano presenti anche il Comandante in capo della *Wehrmacht* e altri ufficiali di alto rango, in riconoscimento di questo evento e del mio precedente volo di prova fui insignita del Distintivo da pilota militare – la prima donna in assoluto a riceverla.

Nel frattempo, alcuni giornali stranieri avevano cercato di screditare le storie sull'elicottero *Focke* e Udet era ansioso di trovare qualche mezzo per dimostrare la verità dell'affermazione che la Germania fosse il primo paese ad aver trovato la soluzione a questo problema secolare.

Un evento annuale primaverile a Berlino era l'Esposizione Internazionale dell'Automobile, che si teneva nello stadio della Deutschlandhalle. Durava tre settimane, era frequentata da un gran numero di visitatori stranieri e ogni sera durante il suo svolgimento veniva offerto uno spettacolo di varietà nello stadio come attrazione speciale. Nell'ambito di questo programma Udet concepì adesso l'idea di far volare l'elicottero all'interno della Deutschlandhalle, dimostrando così davanti ad un pubblico internazionale che questo tipo di velivolo era davvero diventato una realtà.

Il primo passo era determinare se il volo proposto potesse essere effettuato senza rischi superflui e Udet mi chiese di fare gli esperimenti necessari. Se questi avessero avuto successo, l'aereo sarebbe stato pilotato da me come prima attrazione notturna e poi, per il resto delle tre settimane, da un altro pilota.

Il mio copilota e io testammo insieme il comportamento dell'elicottero all'interno della Deutschlandhalle e presto divenne chiaro che il piano di Udet era abbastanza fattibile. Allo stesso tempo, i metodi adottati dal mio partner e da me furono alquanto diversi.

A mio avviso, l'efficacia della dimostrazione dal punto di vista degli spettatori sarebbe dipesa dal fatto che l'aereo volasse sopra o sotto di loro, e se avesse volato sotto, allora senza dubbio a molti la macchina sarebbe parsa non aver mai lasciato il suolo. Quindi io volai il più vicino possibile al tetto.

Il mio partner invece pensava che fosse troppo pericoloso e decise per principio di non volare a più di poche iarde dal suolo. Il mio atteggiamento era il seguente: ero assolutamente certa della mia capacità di pilotare l'aereo e quindi l'unica possibile fonte di pericolo poteva essere l'elicottero stesso. Se era tecnicamente pericoloso, l'altezza alla quale sarebbe volato era irrilevante – il rischio della vita di migliaia di spettatori non doveva essere assolutamente corso. L'aspetto tecnico, però, non era una responsabilità mia, come pilota, ma del progettista. Dopo esserci allenati su queste linee per alcuni giorni restammo sorpresi, una domenica mattina, nel trovare i sedili anteriori dello stadio gremiti di Generali della *Luftwaffe*. Il mio copilota salì per primo, mantenendosi come al solito entro sette metri da terra. Ma a questa altezza, le correnti d'aria create dalle pale dei rotori si ripercuotevano al suolo in vortici turbolenti, facendo oscillare l'aereo in modo apparentemente pericoloso. Questo, sommato al guasto di uno dei rinforzi in acciaio del rotore al secondo volo del mio partner, indusse Göring, a torto o a ragione, a consentire la dimostrazione pubblica dell'elicottero solo a condizione che durante il periodo delle tre settimane io stessa pilotassi l'aereo ad ogni spettacolo.

Devo ammettere che questa prospettiva mi sconvolse. In primo luogo, avrei dovuto diventare un'artista di varietà! Ogni giorno nel febbraio del 1938, sembrava che a tutti gli angoli di strada a Berlino mi imbattessi in un gran manifesto dai colori sgargianti che recava a lettere giganti la parola: "KISUAHELI!"[12] — e sotto: "*Deutschlandhalle–Kisuaheli* – Attraverso i Tropici a 300 chilometri all'ora!" Poi c'era un elenco di attrazioni: Ragazze Danzanti, Fachiri, Clown, Negri e, "Gran finale: HANNA REITSCH FARÀ VOLARE L'ELICOTTERO".

Quando i miei amici aviatori lo seppero rimasero francamente scandalizzati, mentre immaginavo che i miei avversari avrebbero fatto un sorriso di superiorità, affermando con sicurezza che la prossima volta che si sarebbe sentito parlare di me sarebbe stato in un night–club cabaret. Ma non era per notorietà a buon mercato che avevo accettato, con il consenso dei miei genitori, di pilotare l'elicottero in quella strana ambientazione, bensì perché mi ero resa conto che era in gioco la reputazione dell'abilità tecnica tedesca.

Per quanto riguarda l'ambientazione, si rivelò ancora più strana di quanto mi aspettassi. Durante le prove i tecnici stavano appollaiati sulle loro scale contro l'elicottero, calcolando con i loro regoli il corretto angolo di inclinazione dei rotori, mentre tutt'intorno a loro nell'arena della Deutschlandhalle, una variopinta folla di gente del Circo si esercitava a turno – magri ginnasti con bicipiti come palle da tennis che scalavano corde o roteavano sulle parallele, ballerine

---

[12] "Swahili". Tra le principali lingue africane, lo Swahili è diffuso nell'Africa centro-orientale, regione comprendente la Tanzania, il Ruanda e il Burundi, ossia l'ex Africa Orientale Tedesca, colonia della Germania dal 1885 al 1919, NdT.

seminude che pestavano con le gambe con energica precisione e un clown, che ogni tanto arrivava trotterellando, faceva una doppia capriola, e continuava a sgambettare.

I più intriganti di tutti erano i negri – una novità in Germania prima del 1945. Quando non stavano a guardarci lavorare, gli piaceva sedersi intorno all'elicottero a leggere il giornale, perché la maggior parte di loro erano nati in una compagnia circense e della giungla ne sapevano di meno di me!

Con l'avvicinarsi della serata di apertura, la tensione aumentava costantemente e sebbene io cercassi di rimanere calma e distaccata ed evitare di soccombere alla "febbre della ribalta", tutto sembrava cospirare per logorarmi i nervi. C'erano i poster, ad esempio. Provate voi a tornare al mio hotel dopo le prove senza vederne uno! Prima o poi, attraverso il finestrino della mia automobile, ero costretta ad intravedere quell'orrenda parola: KISUAHELI!

Poi c'erano i miei amici e colleghi aviatori, che in qualche modo s'incrociavano con me, pieni della loro stridula oratoria di rimprovero. C'era mio fratello nella *Kriegsmarine*, che non smetteva di scongiurarmi e implorarmi di ritirarmi dallo spettacolo. Infine si aggiunse una complicazione alla performance stessa. Al finale, mi fu detto di congedarmi dal pubblico con un saluto nazista, perfettamente cronometrato e perfettamente eseguito. Feci le prove di questo davanti a Udet, comodamente sistemato su una poltrona a fumare un sigaro, ed ebbi molte opportunità di rendermi conto, prima che lui fosse finalmente soddisfatto, che pilotare l'elicottero nella Deutschlandhalle non era, come avevo immaginato, la cosa più difficile nel mondo.

Arrivò la prima notte e mi trovavo seduta accanto a Udet nel suo palco nella Deutschlandhalle, a guardare la prima metà dello spettacolo. Ufficialmente fumare era severamente vietato, ma Udet si accendeva nervosamente una sigaretta dopo l'altra, girandosi verso di me tra un momento e l'altro per chiedermi ancora e ancora come mi sentivo. Dopo un po' non ce la feci più e durante il primo intervallo scivolai inosservata fuori dal palco ed osservai le esibizioni da un'altra parte dello stadio.

Finalmente verso le undici e mezzo venne il momento di prepararmi. Il tema del programma erano le colonie perdute della Germania, a quel tempo un torto molto discusso, e lo stadio era stato arredato con palme, un villaggio di negri e altri accessori esotici per dare al pubblico l'illusione di un paesaggio africano.

In questo contesto la mia dimostrazione con l'elicottero fu inserita ingegnosamente. L'aereo stesso era alloggiato, celato alla vista, in una tenda nativa. Alla fine del Programma di Varietà vero e proprio, ci fu un black-out completo per alcuni secondi, poi i riflettori giganti individuarono la tenda mentre si apriva lentamente per rivelare l'elicottero che venne poi spinto nell'arena dai meccanici in tuta bianca immacolata.

C'era un'atmosfera di tensione quasi solenne tra gli spettatori, come se si aspettassero una grande sensazione. La parola "Deutschland" era scritta, chiara e bella, sulla fusoliera d'argento dell'aereo e mentre i miei occhi la leggevano il mio cuore si sollevò in saluto al mio paese, prima di salire in cabina di pilotaggio e prepararmi per il mio primo volo.

Nel frattempo, attraverso gli altoparlanti, venne data un'introduzione tecnica e storica all'elicottero. Alla fine, il pubblico fu istruito a tenersi saldamente i cappelli e altri oggetti leggeri, come potenziale fonte di pericolo sia per l'aereo che per se stessi e mentre decollavo, l'effetto di migliaia di persone al suolo e ai lati dell'arena, tutti che mi fissavano e si aggrappavano cupamente a qualche oggetto o altro era nettamente comico.

Ma la mia attenzione fu presto attirata dal motore dell'elicottero, che in qualche modo mancava di potenza. All'inizio non riuscivo a trovare spiegazioni e fu solo dopo che il fenomeno si ripeté la seconda sera che mi venne in mente un possibile motivo – parte dell'ossigeno richiesto dal motore veniva consumato dal vasto pubblico nello stadio. Anche se all'inizio i tecnici derisero questa spiegazione, essa si rivelò corretta e da allora in poi, ogni sera prima del volo, facevo spalancare tutte le porte d'ingresso per riempire nuovamente di ossigeno l'atmosfera. Solo in questo modo potei garantire la necessaria riserva di potenza per superare le lievi sacche d'aria che erano continuamente presenti nell'arena.

In un primo momento il pubblico seguiva attentamente il volo ma ben presto il loro entusiasmo cominciava a scemare fino a quando, alla fine dell'esibizione, c'erano solo moderati applausi.

I buoni berlinesi erano delusi perché, a loro avviso, gli dovevo l'emozione sensazionale che era stata promessa nel programma – "Attraverso i Tropici a 300 chilometri all'ora" – e invece di questo, l'aereo si alzava lentamente, rimaneva fermo nell'aria e, sempre lento, si muoveva di lato, avanti e indietro, poi scendeva di nuovo comodamente a terra.

"Det sollen dreihundert Sachen sin?" mugugnavano – "E chiamano quelli trecento CHE?"

"Chiunque potrebbe fare *quello*! Ma sta qua non sa mica far volare *vee–lo–ce* quel coso lì — perché non ce lo fa vedere *sul serio*?"

Non solo i berlinesi furono delusi. Udet si aspettava un fragoroso applauso, ma ora fu costretto a rendersi conto di aver grossolanamente sopravvalutato la capacità del pubblico in generale di apprezzare un risultato puramente tecnico.

L'entusiasmo e l'interesse suscitati nel mondo aeronautico e tecnico, invece, furono immediati e lì, sia le difficoltà di far volare l'elicottero in interni che l'importanza di questo nuovo tipo di aereo furono pienamente apprezzate.

In quanto a me, mi importava poco di come fosse accolta quella prima rappresentazione, perché appena finì desideravo solo tornare in albergo e starmene da sola.

La mattina dopo andai dalla parrucchiera. La donna dietro il bancone mi guardò bene, poi:
"*Ach, Fräuleinchen,*" disse, in tono di amichevole confidenza, "ma io la conosco da ieri sera, no? Era nello spettacolo, vero?"
Lo ero...
Questo genere di cose si ripeteva ovunque andassi. Per strada, il mio braccio fu improvvisamente afferrato da una femmina d'aspetto bizzarro.
"Sei Hanna Reitsch, vero?" Mi raggiunse una voce energica. "Siamo colleghe," continuò, "sorelle, si potrebbe dire! Io lavoro nello stesso spettacolo con te – ho visto la tua scena – quella che fai lassù sulla corda alta con il *girin girello* (l'elicottero!), io ho fatto qualcosa di molto simile a quello tre anni fa con la bicicletta, sai – sono della tua stessa professione, equilibrista e artista trapezista"
Non trovai risposta, quindi continuò a farfugliare:
"Conosci la Machowskan – viene appena prima del tuo numero?"
Ci pensai bene per un momento e poi azzardai: "Vuoi dire quella specie di strana donna–fachiro?"
Lei annuì, gonfiandosi d'orgoglio: "– Mia cugina!"

Le esibizioni nella Deutschlandhalle continuarono e gradualmente, con il passare dei giorni, l'entusiasmo degli esperti di tecnologia fece breccia nel grande pubblico, ma esattamente quanto fosse profonda l'impressione che il mio volo con l'elicottero aveva fatto sul mondo in generale non lo compresi che molti anni dopo, nel 1945, quando mi imbattei in una rivista per soldati americani distribuita alle truppe di occupazione. La prima cosa che attirò la mia attenzione fu il mio nome, poi vidi che conteneva un articolo che descriveva in termini popolari il mio volo con l'elicottero. E iniziando a leggere pensai a Udet, al quale la Germania doveva questo e molto altro ancora.

19.
RAPPRESENTANDO UDET ALLE "AIR RACES" USA

Nell'agosto del 1938, Udet doveva prendere parte alle "Air Races" (Gare aeree) internazionali a Cleveland, Ohio, ma non potendo partecipare suggerì ai suoi amici americani che dovessi andarvi io al suo posto. Altri due tedeschi vi presero parte oltre a me, Graf Hagenburg ed Emil Kropf.
"Andiamo a vedere l'America", ricordai di aver sentito cantare una volta a dei bambini di strada ed ecco lì davanti a me – l'isola di Manhattan, la Statua della Libertà, il muro di grattacieli – quello spettacolo, tante volte descritto, il cui primo sguardo non manca mai di emozionare, stupire e commuovere il cuore di ogni europeo.
Non appena la nave attraccò mi ritrovai trascinata qua e là impotente in una moltitudine di persone, passeggeri, polizia, funzionari, facchini e portuali, alcuni che cercavano di lasciare la nave, altri che spingevano per salire a bordo ardentemente impazienti di salutare i propri amici. Mi venivano lanciate domande in quella strana lingua e, rispondendo come meglio potevo, aggiunsi il mio inglese incerto alla babele di lingue attorno a me. Migliaia di nuove impressioni lottavano per entrare nella mia mente, spingendo e sgomitando in un diluvio casuale e caleidoscopico.
Mentre giacevo sul mio letto d'albergo — al chissà quale piano— e mi riprendevo dall'esaurimento del mio arrivo, una frase che avevo sentito gridarsi l'un l'altro dai facchini continuava a correre nella mia testa –
What a hell goes on here... What a hell goes on!"
("Che casino c'è qui... Che casino che c'è!")
Mi era piaciuta; colorata, ma non volgare, una frase, pensai, che i portuali di Amburgo e Brema farebbero bene a studiare...
Trascorremmo una settimana a New York, un tempo troppo breve per apprezzare anche solo una frazione di quella vasta città, per fare di più che restare a bocca aperta davanti alla sua immensità. Grattacieli alti 300 metri! Era l'altezza alla quale avevo volato per il mio certificato di pilota, assai alta per un pilota inesperto. Ma un muro alto 300 metri! Quando mi fermai alla base e guardai su, cercando con gli occhi la pietra posta più in alto, mi sembrò improvvisamente di diventare più piccola, di ridurmi alle dimensioni di fungo, quasi a un nulla. E sebbene ti elettrizzasse, questa città uscita da Jules Verne, spietatamente funzionale come un cervello meccanico, severa e risoluta nelle sue stupende vedute di cemento nudo e acciaio, allo stesso tempo ti faceva sentire oppresso, come appesantito da qualche imponderabile lastra di pietra.

Ma New York poteva essere anche bellissima. La sera, prima di andare a letto, quando gli ultimi visitatori si erano accomiatati, salivo con l'ascensore sul tetto del mio albergo. Da lì tutta New York giaceva ai miei piedi, tappezzata di miriadi di luci scintillanti e pulsanti con, qua e là, stagliata contro di loro, l'oscura massa di sentinella d'uno dei grattacieli, irreali come ombre in un paesaggio lunare.
Da tutte le parti le luci scintillanti si estendevano fino a dove, in lontananza, l'azzurro cielo notturno si chinava sull'orlo del mondo. E lì, oltre la portata del cervello inquieto della città e del rumore del traffico, mentre rimbombava riverberando attraverso cavernosi solchi di cemento, si alzava il magnifico baldacchino di stelle di Dio. Quello, pensai, doveva essere il punto nel quale iniziano le pianure aperte, dove l'Hudson traccia il suo corso argenteo lungo rive verdi e attraverso boschi ombrosi carichi di mistero, dove la primavera viene ancora a danzare tra gli alberi e dove, quando l'autunno arriva, piove oro puro, – là dove ora la Terra giace addormentata tra le braccia della Notte.
Tale era il potente incantesimo che ogni notte la città stendeva sui suoi visitatori e tuttavia, come la maggior parte degli europei che si reca per la prima volta in America, avevo immaginato di sapere cosa aspettarmi. Non avevo letto cento volte su giornali, riviste e libri, che sebbene il paese sia la Mecca dell'Era delle Macchine, non ha né un'anima né una mente ed è quindi privo di qualsiasi tipo di cultura? La vita in America è affari e gli affari sono soldi,– così ci viene detto e così pensavano tutti i miei amici tedeschi. La notizia che stavo andando in America li lasciò sinceramente inorriditi. Mia madre condivideva i loro sentimenti. "Potrei quasi arrivare," scrisse, "a pregare Dio che nessuna nave sia disposta a prendere il tuo aereo a bordo".
Solo Udet la pensava diversamente, perché conosceva l'America e con il suo umorismo, spontaneità e spiccato senso della pubblicità, si sentiva là completamente a suo agio — e così, pensava, avrei fatto io.
Udet aveva ragione. Fin dal primo giorno l'America mi ha attrasse irresistibilmente, come una calamita, questa terra di facile informalità che portava così tante tracce della vecchia Europa e tuttavia, in ogni aspetto della sua vita, era così completamente nuova e diversa da tutto ciò che avevo conosciuto.
Questo mi fu reso perfettamente chiaro quando, durante i primi giorni in America, un grande ricevimento fu dato in nostro onore a New York. Si tenne in una sala la cui dimensione da sola superava quella di qualsiasi edificio simile che avessi mai visto. Fummo accolti da una grande folla con applausi entusiasti. Striscioni luminosi ci davano il benvenuto, una banda iniziò a suonare e ci furono poi moltissimi

discorsi nei quali, sebbene potessimo capirne solo in parte il senso, i relatori si riferivano chiaramente a noi nel modo più amichevole.
Quando venne il nostro turno di rispondere, i miei due compagni mi esortarono a fare un passo avanti sostenendo che parlavo il migliore inglese. Non avevo altra alternativa che accondiscendere, sebbene la mia conoscenza della lingua fosse in effetti così grottescamente inadeguata che il solo pensiero mi fece scoppiare a ridere. A quel punto il pubblico iniziò a ridere e presto, senza una ragione particolare, l'intera sala sembrava risuonare di allegria. In questa atmosfera gioviale pronunciai il mio discorso. Di certo non fui né profonda, né arguta, né grammaticalmente corretta, ma dissi quello che sentivo. Mi piaceva l'America, mi piaceva moltissimo – così tanto in realtà che, dopo solo poche ore sul suolo americano, stavo cominciando a chiedermi — e improvvisamente la frase fu sulle mie labbra –
"What a hell goes on in future then?"
"Che casino succederà in futuro allora?"
L'effetto fu indescrivibile!
Un gran fragore di risate e applausi si scatenò su me, sembrando non finire mai. In mezzo a questo tonante scoppio, ristetti stupita chiedendomi cosa avessi mai detto di così divertente e dopo un po', mentre le risate persistevano, cominciai a sentirmi leggermente imbarazzata. Ma l'imbarazzo sembrava essere un'emozione puramente europea e qui del tutto fuori luogo, quindi scelsi invece di unirmi, chiedendomi ancora mentre ridevo perché tutti si divertissero…
Quando tornai al mio posto me lo dissero. "Che casino succede" era considerata un'espressione estremamente volgare, del tutto inadatta ad essere usata da una signora!
Ma nessuno sembrava darmi contro per questo fatto che mi portò al contrario una popolarità inaspettata. Il giorno dopo, i giornali raccontarono la storia a caratteri cubitali e dovunque andassi, la gente mi accoglieva con un sorriso e la domanda entusiasta: "Oh, allora lei è la signora che…?" Perché l'americano possiede in piena misura ciò che al tedesco così spesso manca: il senso dell'umorismo. Chiunque abbia preso un omnibus di prima mattina a New York riconoscerà questa immagine: giovani e anziani, lavoratori, impiegati, tecnici, uomini d'affari, sono tutti sepolti, invisibili, dietro un muro continuo di notizie stampate. All'improvviso, una delle sue sezioni inizia a tremare, mentre da dietro arriva un crescendo di risa. Poi la sezione successiva inizia ad oscillare in simpatia finché, quando arrivi a destinazione, le risate sembrano aver fatto il giro dell'autobus tornando a dove erano partite. Potevo crederci pienamente quando qualcuno in seguito mi disse che, leggendo il suo giornale del mattino, nessun americano, non

importa chi sia, si sognerebbe mai di perdersi la pagina dei fumetti.
Udet aveva ragione – l'America mi piacque e c'erano molte cose nel modo di vivere americano che mi sembravano degne di essere imitate e che avrei voluto portarmi dietro in Germania. In America, ad esempio, il marito tiene la borsa della spesa della moglie e quando portano fuori il bambino è lui che spinge la carrozzina. A casa lui aiuta a lavare i piatti. Questa è una concezione molto lontana dall'ideale di cavalleria comune alla maggior parte degli uomini tedeschi, ma anche se non si può dire che sia per maleducazione che essi mancano nel dare il loro aiuto nel lavare, il fatto di lasciare tutta l'incombenza alle mogli, diciamolo, non li rende doppiamente uomini!
In America è il sesso femminile ad affermare più ad alta voce i propri diritti, eppure da nessun'altra parte ho visto donne così ben vestite o così abili nel mostrarsi con profitto. Erano decisamente una gioia per gli occhi. Gli uomini americani mi piacquero per la loro spontanea cavalleria e per la loro mancanza di aggressiva autoaffermazione. La relazione tra i sessi in America mi sembrò una delle caratteristiche più importanti del Paese.
Per mio desiderio, volai da Chicago a Washington come un normale passeggero senza alcuna delle cerimonie ufficiali che normalmente ci accompagnavano come ospiti del paese. Ero ansiosa di vedere com'era. Mi sedetti nell'ultima fila in modo da poter osservare gli altri passeggeri. L'aereo aveva appena lasciato il suolo quando un'hostess dall'aspetto estremamente piacevole e attraente offerse in giro giornali e riviste, ci chiese se eravamo a nostro agio, rispose alle nostre domande e fu generalmente attenta ai nostri desideri. Ma sebbene fosse amichevole con tutti, i suoi modi erano abbastanza lontani da escludere familiarità.
Di fronte a me dall'altra parte del corridoio, sedeva un uomo che evidentemente viaggiava da solo. La hostess sembrava aver fatto una forte impressione su di lui perché, con una scusa o l'altra, riusciva a pretendere le sue attenzioni ad intervalli notevolmente frequenti. Lei lo servì con immutabile cortesia fino al momento in cui – eravamo in aria da appena dieci minuti – incapace di trattenersi ulteriormente, le diede una manata amichevole. La reazione fu immediata. Senza dire una parola lei si voltò e scomparve nella cabina dei piloti. Un attimo dopo anche l'aereo virò di 180° e iniziò a tornare indietro. Gli altri passeggeri cominciavano appena a sembrare perplessi quando atterrammo. Non appena l'aereo si fermò, uno dei piloti apparve davanti all'uomo e gli disse qualcosa a bassa voce. Al che, rosso per l'imbarazzo, l'uomo si alzò dal suo posto – le sue borse erano già sull'asfalto della pista – e uscì dall'aereo.

Poi decollammo nuovamente e continuammo il nostro viaggio verso Washington. Tutto era finito prima che la maggior parte dei passeggeri potesse rendersi conto di quello che era accaduto e, sebbene non si potesse immaginare un modo più drastico di affrontare una simile scortesia, la situazione era stata gestita con una tale economia di emozioni che alla hostess fu risparmiato ogni imbarazzo di fronte agli altri passeggeri.
Sto lodando troppo l'America?
Il capo dell'*American Airlines* si offrì di mostrarmi l'aeroporto di Chicago. La mia prima impressione fu di delusione. A parte gli hangar per aerei raggruppati ai margini della pista e un edificio amministrativo dall'aspetto molto modesto, non c'era nulla che indicasse trattarsi di un terminale aereo mondiale e non avrebbe certamente potuto confrontarsi con la grandiosa concezione dell'aeroporto Tempelhof di Berlino, come l'avevo visto dai progetti. Tempelhof in proporzione sarebbe stato degno di una grande città – Chicago avrebbe dovuto esserlo, ma non lo era. Questa banale conclusione mi riempì di disprezzo arrogante e, come si dimostrò, del tutto ingiustificato.
In questo stato d'animo seguii il mio compagno nell'edificio dell'amministrazione. Qui veniva svolto l'intero servizio clienti, dalla prima provvisoria richiesta d'informazioni del potenziale passeggero al completamento finale del suo biglietto aereo. Il sistema includeva le idee più aggiornate sulla tecnica organizzativa. Ogni parola pronunciata durante il giorno sia dai clienti che dai funzionari veniva registrata da macchine invisibili. Al termine della giornata di lavoro, ogni dipendente della compagnia aerea era tenuto a riprodurre almeno una parte della registrazione, ottenendo così un'impressione oggettiva del suo modo di trattare con i clienti che gli avrebbe consentito di correggere, a seconda delle necessità, difetti di impazienza, scortesia o mancata fornitura di informazioni complete e accurate.
Il mio umore mutò in quello di un'incondizionata ammirazione. Mi immaginavo nell'ufficio informazioni di una compagnia aerea tedesca, a chiedere informazioni. Immaginavo di guardare un funzionario dall'aria acida, ricevere la sua risposta forzata e andarmene con la sensazione di aver commesso un delitto innominabile. A Chicago simili esperienze erano sconosciute. Qui non c'erano risposte impazienti nemmeno alle domande più sciocche, nessun funzionario dalle labbra sottili e dall'aspetto dispeptico, nessuna informazione fuorviante o imprecisa. Qui tutto e tutti avevano un solo scopo — aiutare il cliente.
"Ma," potrebbe obiettare una voce tedesca, "tutto questo spettacolo di buone maniere e disponibilità, è per il bene degli affari, tutto qui. Non è genuino, è solo ossequio al servizio del dollaro..."

È così importante il motivo? Non devi amare qualcuno per essere cortese con lui, anche se i tedeschi potrebbero pensarlo, e in ogni caso, chi non preferirebbe una maschera di buone maniere al più sinceramente seccato dei volti?
Andai sulle carrozze ferroviarie *Pullman* a Cleveland, dove si sarebbero svolte le gare aeree. Abituata ai modesti servizi delle ferrovie continentali rimasi molto colpita dalle lussuose poltrone, dai vagoni letto perfettamente puliti, dagli ampi guardaroba e dal servizio ottimamente efficiente nel torpedone. Ecco un'altra sfera della vita americana che sembrava funzionare con una precisione quasi matematica.
Certamente, la civiltà materiale altamente sviluppata dell'America ha profondamente influenzato la sua popolazione e l'europeo, intellettualmente oberato da un'eredità culturale vecchia di secoli, è spesso sorpreso dalla mancanza di preoccupazione degli americani per i problemi del pensiero astratto. Ma aspettarsi di trovare Faust in America sarebbe vano. L'americano ha altri problemi, i problemi che una giovane nazione si è creata per la sovrabbondanza della sua energia nel sottomettere alla sua volontà un continente vasto e vergine. Gli europei tendono a giudicare il mondo dal suo riflesso nello specchio delle proprie menti costantemente critiche, nelle quali valutano, confrontano e analizzano le loro esperienze fino a che spesso non rimane altro che il guscio. In tempi normali quindi, nei quali nessuno dei due continenti soffra dei postumi della guerra, dovrebbe essere molto più piacevole visitare l'America che l'Europa, perché lo straniero è accolto in America senza pregiudizi o idee preconcette, mentre in Europa si ritrova di fronte a giudizio condizionale e riserve critiche.
D'altra parte, la semplice accettazione della vita così come viene da parte dell'americano lo espone al pericolo di assorbire acriticamente le opinioni fornitegli dalla stampa e dalla radio, acquisendo così una falsa scala di valori e un'uniformità di pensiero sbalorditiva per gli europei.
Durante le gare aeree a Cleveland, le bandiere di tutte le nazioni partecipanti venivano issate ogni mattina da reginette di bellezza in costume da bagno – una procedura quasi sacrilega per la mente tedesca. Ma gli americani – per i quali issare le stelle e strisce era un momento non meno solenne – evidentemente consideravano una bella donna il simbolo più appropriato dei loro valori nazionali, poiché lei, non meno dell'America, era stata scelta dalla Natura con favore speciale. Anche qui si mostrava la spensierata spontaneità del carattere americano. La quale ha i suoi pericoli e può, quando avrà imparato a conoscerla meglio, colpire l'Europeo come una risposta un poco inadeguata alla vita, ma nondimeno in molte situazioni il suo effetto su di lui è quello di

una gradita e benefica liberazione dalle sue abitudini di pensiero troppo rigide.
Graf Hagenburg, che era un eccellente pilota acrobatico, aveva partecipato a precedenti Gare Aeree Internazionali. In questa occasione, mentre faceva volare la sua macchina sul dorso a bassa quota, colpì una sacca d'aria, la macchina sfiorò il terreno e poi, lacerandosi per l'impatto, fece capriole e si schiantò. Schegge volarono in ogni direzione e una grande nuvola di polvere si alzò per rivelare, quando diminuì, un patetico e silenzioso ammasso di rottami. La musica si interruppe bruscamente, le bandiere furono abbassate a mezz'asta e gli spettatori si alzarono in massa, alzando la testa e mettendosi sull'attenti mentre si suonava "*Deutschland über alles*". Poi, con loro grande stupore, dal mucchio di frantumi del suo aereo, uscì fuori... Graf Hagenburg!
Sebbene fosse ferito si fece bendare sul posto, chiese un altro aereo e continuò le sue acrobazie come se nulla fosse accaduto. Nulla avrebbe potuto suscitare maggiore ammirazione ed entusiasmo tra gli spettatori americani. Graf Hagenburg divenne immediatamente la personalità più popolare delle *Air Races* e tale rimase, incontrastato e senza rivali, per tutto il resto del loro svolgimento.
Ma il governo tedesco la pensava diversamente. Ugualmente insensibile all'entusiasmo degli americani e alla popolarità della sua rappresentanza, ritenne opportuno richiamarlo immediatamente. Si era schiantato al suolo, quindi aveva fallito – era tutto quel che c'era da dire.
Prima della guerra le *Air Races* internazionali di Cleveland si tenevano ogni tre anni, e venivano considerate dagli americani come un evento di primaria importanza. Stampa e radio iniziavano la loro campagna di propaganda con largo anticipo e non lasciavano nulla d'intentato per renderla efficace. Anch'io fui chiamata a dare il mio contributo ed insieme a Cliff Henderson, l'organizzatore principale delle Gare Aeree, parlai alle riunioni del Rotary Club in diverse città. In genere ottenni una risposta entusiasta ma in alcuni luoghi riscontrai un forte sentimento anti-tedesco.
Le ombre del conflitto mondiale stavano già calando. Le vidi qui per la prima volta senza rendermi conto che significavano guerra, perché i miei pensieri appartenevano al vento, alle nuvole e alle stelle, dove la partita dell'intrigo politico è sconosciuta.
Le gare aeree durarono tre giorni e videro la partecipazione di oltre un milione di persone. Una varietà d'intrattenimenti popolari le divertì durante gli intervalli tra gli eventi, ma l'attrazione principale erano ovviamente le esibizioni aeree che, nel vero modello americano, erano progettate per ottenere il massimo dell'effetto sensazionale.

Ogni giorno l'enorme aeroporto era riempito dal continuo tuonare dei motori degli aerei. Per me l'evento più emozionante e innovativo furono le discese precise con il paracadute, così chiamate perché i concorrenti dovevano atterrare all'interno dell'area e preferibilmente al centro esatto di un cerchio tracciato nel terreno di fronte alla tribuna principale. Dato che il tempo era tempestoso molti di loro — in parte per evitare d'essere spazzati via dal loro obiettivo e in parte, senza dubbio, per ardore competitivo – fecero passare più aria nella calotta per aumentare la velocità di discesa, con il risultato che il primo uomo ad atterrare all'interno del cerchio rimase ucciso e diversi altri riportarono ossa rotte o ferite interne più o meno gravi.
Io stessa dovevo dare una dimostrazione di planata con lo "*Habicht*", il primo velivolo in grado di eseguire tutte le normali manovre acrobatiche e costruito da Hans Jacobs. I motori di tutti gli aerei avrebbero dovuto essere spenti per tutta la durata dell'evento, in modo da non rovinarne l'effetto, e anche se ebbi grandi difficoltà a convincere gli organizzatori della necessità di questa clausola ed essa fu estremamente difficile da attuare dato il gran numero di velivoli presenti e della loro ampia dispersione, il risultato che si ottenne fu un completo silenzio, grazie soprattutto all'aiuto dei miei colleghi piloti d'aliante americani.
Dopo diverse ore di eventi la cui efficacia era ritenuta direttamente proporzionale alla quantità di rumore che l'accompagnava, non si poteva immaginare un contrasto maggiore del muto librarsi di quell'uccello snello e luccicante, che scivolava giù come la vera colomba della pace piuttosto che come un falco dal quale prendeva il nome. Eseguii ogni figura acrobatica immaginabile, atterrando infine nell'area centrale del cerchio tra applausi frenetici.
Al termine delle *Air Races*, ricevetti un mucchio di inviti da cittadini di tutto il paese, ma la mia esperienza della grande ospitalità americana era destinata – con mia grande delusione – a limitarsi a questo primo allettante preludio, poiché un giorno, assieme a notizie inquietanti dalla Cecoslovacchia, arrivò un telegramma che ci richiamava in Germania.

20.
UNA SPEDIZIONE IN ALIANTE IN AFRICA

Africa! Sole accecante e sabbia rovente; il cammello solitario che arranca pazientemente attraverso la fornace del deserto; arabi nerboruti e dalla pelle dorata che procedono con volto greve a grandi passi accanto ai loro animali, il loro sguardo tagliente, a volte, come il lampo dei coltelli, altre minaccioso come il cielo del deserto, nauseante nel giallo solforoso prima della tempesta...
Sebbene il deserto fosse ancora davanti a noi e Tripoli, dove atterrammo, fosse a malapena ai margini, il suo alito caldo già colmava i giorni congelandosi di notte in un freddo pungente. Intanto, questa era una città africana e qui la parola "familiare" acquisiva per noi un significato nuovo e misterioso: Tripoli, con le sue case bianche ammucchiate come irregolari cubi di roccia, i suoi vicoli infestati d'umanità, i suoi bambini nudi dalla pelle di bronzo e le donne timidamente furtive, avvolte sino agli occhi nelle ampie pieghe delle loro vesti di lana, i suoi uomini accovacciati a terra per commerciare, filosofare o ruminare in silenzio, mentre oltre la città, sulla riva davanti al nostro albergo, l'azzurro e scintillante mare alzava, inascoltato, le sue onde dalla cresta d'argento.
Dopo Tripoli ci trasferimmo in un hotel ad una certa distanza da Homsk, il sito di una delle tre città sepolte della zona. Homsk è adesso soltanto un villaggio di poche capanne fatiscenti, con quel ritmo letargico dell'esistenza che si trova ovunque nell'est al di fuori della vivace ed irrequieta vita delle città.
Eravamo venuti, in una spedizione guidata dal professor Georgii, con tre alianti e quattro aerei da traino per studiare le correnti termiche del vento in Nord Africa, come già avevamo fatto in Sud America.
Sul nostro modesto approdo fuori dal villaggio rimontammo i nostri alianti. Poi iniziammo i nostri voli di ricognizione. Ma prima di prepararci a volare – cosa che facevamo quasi tutti i giorni – non mancavamo di farci una nuotata di primo mattino nel fresco blu zaffiro del mare. Quindi – essendo il calore del sole ancora tollerabile – facevamo colazione ai tavolini rotondi di ferro dipinto in bianco che a quell'ora del giorno si trovavano davanti all'albergo.
Per questa spedizione ogni aliante era stato dotato di un radiotrasmettitore, non solo come precauzione di sicurezza ma anche per testarne la portata e le prestazioni in condizioni tropicali.
Poiché la maggior parte di noi aveva iniziato ad imparare il codice Morse solamente durante il viaggio, la mia abilità come operatore radio era tutt'altro che perfetta, però mi avrebbe almeno permesso di

segnalare la mia posizione ogni mezz'ora al comandante della spedizione in modo che il camion potesse seguirmi.

Seduta nel mio aliante, guardavo quell'arnese dall'aspetto modesto quasi come un amico – un amico che in caso di bisogno avrei usato per combattere un nemico mortale, il deserto che tutto pervade, con il suo silenzio, sabbia, sete e morte –

Non avevo forse letto che gli uomini che muoiono nel deserto hanno strane allucinazioni: vedono cammelli che si avvicinano dall'orizzonte, sentono il richiamo di voci umane mentre, tra la sabbia soffocante, il bagliore di acque fresche ombreggiate dalle palme sembra invitare dalla foschia–?

Ma simili terrori dell'immaginazione si sarebbero presto dissolti nel canto del motore dell'aereo che mi trainava in alto con il mio aliante. Per me quel suono era confortante come una voce umana o la protezione di un forte braccio destro.

E tuttavia, non appena fui abbastanza in alto e sentii l'aereo sollevarsi sotto un buon sopravento, desideravo sganciare il rimorchio ed essere libera. Ancora per qualche ora avrei potuto navigare su correnti d'aria che salivano fino a quando, tra le 10 e le 11 del mattino, sarebbero cadute davanti alla fresca brezza marina.

Così sarei salpata, l'aereo da rimorchio si sarebbe rimpicciolito nel blu e finalmente avrei potuto essere sola con il mio uccello sopra le scintillanti distese di sabbia.

Avevamo rigorose istruzioni di dirigere la nostra rotta lungo le strade e le rotte delle carovane e di non volare nel deserto inesplorato per nessun motivo, ma ogni volo che facevamo toccava i suoi margini e navigando a quasi 1.500 metri sopra la terra nel mio aereo d'argento, ero sempre piena di desiderio di librarmi su quegli spazi vasti e desolati, dove gli uomini sono schiacciati come tanti moscerini tra le fornaci gemelle del sole e della sabbia.

Dopo alcune settimane di ricognizione nell'area fra Tripoli e Bengasi, spostammo il nostro quartier generale da Homsk a Garian, ad ovest di Tripoli in direzione Tunisi.

Toccava a me portare uno degli aerei a motore alla sua nuova base. Decollai sotto un impeccabile cielo africano e dirigendomi verso sud volai ora dopo ora al rombo ritmico del motore, sopra una distesa di sabbia che giaceva scolorita e torpida al sole.

Tutto sembrava sistemato in un pacifico splendore e nemmeno l'occhio più esperto avrebbe potuto rilevare un segno di pericolo. Poi all'improvviso, fu lì, quella striscia livida nel cielo che annunciava una tempesta e in pochi, brevi minuti, l'intera volta diventò di un giallo sulfureo, abbassandosi come se il Giudizio Universale fosse a portata di mano.

Quasi nello stesso momento la tempesta piombò giù sferzando il deserto in un mare ribollente di sabbia, facendo roteare in alto grandi stelle filanti a contorcersi e fluttuare nell'aria, sinché i granelli letali e soffocanti non avvolsero me e il mio aereo offuscando cielo, terra e mare. Mi entravano nelle narici, nelle orecchie e mi pungevano e tormentavano gli occhi, scavandosi una via dentro la mia bocca perfino attraverso le mie labbra serrate.

Pur ignorando il destino che poteva attendermi a terra, decisi che avrei dovuto provare ad atterrare l'aereo prima che il motore si intasasse di sabbia. Sapevo che il terreno di atterraggio a Garian era in qualche modo vicino e mentre il deserto, ululando con furia raddoppiata, sferzava su di me enormi sciarpe di sabbia, il pensiero che forse avrei potuto ancora essere in grado di raggiungerlo sfavillò in me con una costante e confortante fiamma. Un attimo dopo, proprio quando il motore si spense, avvistai il campo d'aviazione e riuscii planando ad atterrare in sicurezza.

Il giorno dopo tutto era nuovamente calmo e ordinato, come se nulla fosse successo, – la distesa immobile di sabbia gialla, il cielo ancora una volta addobbato con la sua volta di seta blu. Solo il relitto dell'aereo, con il motore insabbiato oltre ogni speranza di riparazione, rimase come segno della tempesta svanita.

Quando gli altri due aerei a motore atterrarono, i trasportatori erano arrivati con gli alianti e i nostri due Ford con i restanti membri della spedizione, iniziò una nuova fase del nostro lavoro e per me una nuova serie di avventure, perché in Africa lavoro e avventura sembravano andare mano nella mano.

I nostri voli ci portavano costantemente su distese ininterrotte e aride che solo raramente mostravano segni di insediamenti umani e qui, non più di un gruppo di capanne a contrassegnare il punto che i cartografi avevano adornato con un nome. Quando atterravo con il mio aliante vicino a questi luoghi solo una cosa era certa: ero pronta per una nuova e imprevedibile avventura.

Ci fu ad esempio l'occasione in cui, dopo un volo durato diverse ore, trascorsi una notte nel minuscolo villaggio di Buerat el Sun, con la sua popolazione di una donna e dieci uomini.

Ero atterrata vicino al villaggio con il mio aliante ed ero appena scesa dalla macchina quando vidi una donna avvicinarsi. Sembrava di mezza età ed era di considerevole corpulenza. Non appena fu a portata di voce cominciò a versare un flusso di italiano incomprensibile, mentre i suoi occhi mi osservavano con fredda, sfrontata valutazione. A parte il suo aspetto sciatto, c'era un'aria di depravazione in lei che mi ripugnava. Poi comparvero due soldati dei Carabinieri. Vedevo che erano italiani

del sud. Sebbene sembrassero di origine nient'altro che contadina, i loro modi avevano uno stile spavaldo degno di un imperatore e nelle loro uniformi nere dai bordi scarlatti, così incongrue in quell'ambiente, sembravano usciti da un'operetta. Parevano essere in termini di facile intesa con la donna e io già mi sentivo tutt'altro che rassicurata, quando apparvero un gruppo di otto operai italiani.
Dopo pochi minuti la donna scomparve lasciandomi sola con gli uomini. Che mi piacesse o no, avrei dovuto restare in loro compagnia per qualche ora e capii che dovevo nascondere a tutti i costi il mio timore e la mia apprensione. Nella maniera più indifferente che potevo fingere cercai di spiegare loro la situazione, colmando le abbondanti lacune del mio italiano con parole francesi e latine. Naturalmente feci capire loro che il camion che veniva a prendermi sarebbe dovuto arrivare da un momento all'altro.
Rendendosi conto che nel frattempo io ero vincolata unicamente alla loro protezione, i Carabinieri si fecero più galantemente ossequiosi che mai. A malincuore, assecondai il loro pressante invito ad accompagnarli in una primitiva capanna di pietra, delle quali potevo vederne tre vicine, poiché dopotutto difficilmente sarei riuscita a restare l'intera notte a scambiare convenevoli con loro dal mio aliante, mentre sapevo per esperienza che le notti in questo paese potevano essere estremamente fredde. In ogni caso, ovunque fossi, il loro senso di cavalleria sarebbe stata la mia unica protezione.
La capanna era divisa in due stanze, gli unici mobili erano poche sedie e un tavolo. Il minuscolo spazio in cui entrammo era nella semioscurità, illuminato solo da una singola lampada a paraffina. Notai che il muro interno aveva un buco rettangolare e in questa apertura, con mio notevole sgomento, apparve all'improvviso un lampo di denti e un negro che mi sorrideva. Mi chiesi come avrei potuto passare la notte in questo luogo.
I Carabinieri insistettero perché mi sedessi a tavola e gradualmente i loro modi cavallereschi assunsero un tono più intimo e non trattennero più i loro sguardi focosi o l'occasionale parola di appassionata richiesta. Era chiaro che con la mia scarsa conoscenza della loro lingua, non sarei stata in grado di mantenere i loro pensieri sul piano della conversazione all'infinito.
Poi, casualmente, un braccio si posò sullo schienale della mia sedia. Lo respinsi, leggermente ma con fermezza, con il sorriso che si riserva al fastidioso figlio d'uno sconosciuto. Funzionò, per un poco, fino a quando l'altro soldato decise di provare la stessa linea di approccio, – e allo stesso modo si lasciò respingere: questa volta sì, ma–? E la notte era appena iniziata…

Pensai che diventare apertamente ostile sarebbe stata una mossa disastrosa, quindi per mantenerli di buon umore e, se possibile, per deviare i loro pensieri provai a raccontare loro delle storie divertenti. Mentre cianciavo ridendo allegramente, comportandomi da autentico centro della festa, i miei occhi cercavano furtivamente le lancette del mio orologio da polso. Notando il loro modo strisciante tipo lumaca – mentre la mia bocca continuava a martellare senza sosta – mi aggrappai disperatamente al pensiero del camion che anche adesso doveva essere in viaggio per venirmi a prendere. Ma sarebbe mai riuscito, mi chiedevo, a trovarmi nel buio pesto e in questo luogo improbabile?

Di nuovo sentii un braccio premermi contro la schiena, poi una faccia si levò incombente verso me. Mi allontanai velocemente e, colti di sorpresa, i due uomini rimasero a fissarmi con espressione perplessa. No, di certo non erano cattivi ma erano "uomini del sud" e qui, dove le donne erano rare come rubini, davanti a questa opportunità inaspettata difficilmente ci si poteva aspettare che smentissero il loro temperamento. Solo il rispetto di se stessi li tratteneva ancora: ogni potere di influenzare la situazione non era in mano mia. A questo pensiero la mia spina dorsale divenne di ghiaccio.

E poi mi venne un'idea in mente. Guardai le loro facce e guardai le loro splendide uniformi, – e dissi loro che stavo andando a trovare il Maresciallo Balbo. Lo avrei incontrato il giorno successivo. Poi elogiai la loro cortesia, la loro considerazione, la loro – moderazione – il Maresciallo avrebbe voluto essere informato, ne ero certa – del loro eccezionale – meritorio – io avrei raccomandato e senza dubbio lui sarebbe stato d'accordo – degni – sì, ne ero sicura – di una decorazione!

Avevo trovato la parola. In un lampo divennero raggianti di gioia, aspettativa e risorgente vanità. Occhi rivolti al cielo e mano sul cuore, come visionari stavano lì accarezzando la medaglia ancora invisibile, che presto si sarebbe annidata sopra i loro petti. E io–? Adesso ero il più eminentemente rispettabile Personaggio di Stato, depositario delle loro più ardenti speranze!

L'incantesimo rimase intatto per il resto della notte e con la luce del giorno apparve un volto noto, incorniciato nella porta aperta – Otto Fuchs, il Comandante Aereo della nostra spedizione. Subito vidi tutto con occhi diversi, – la cameretta, i Carabinieri.

Si congedarono da noi con loquace ed esagerata cortesia, nella fiduciosa aspettativa di favori – che ahimè, non sarebbero arrivati mai!

La zona intorno a Garian era abitata solo dai suoi figli, gli Arabi, figure orgogliose e silenziose, che, quando atterrai vicino a loro dopo un volo a lunga distanza, mi si avvicinarono rispettosamente con l'invito ad essere loro ospite nella dimora vicina.

Il più vecchio tra loro mi ci condusse. Il suo viso rifletteva la saggezza e la nobiltà della sua razza e migliaia di anni di vita nel deserto sembravano esservi scritti. Ma sotto la superficie c'era un'audacia selvaggia di pantera che mi spaventò e allo stesso tempo suscitò la mia ammirazione.

La piccola capanna era fatta di calce e sabbia, l'unica fonte di luce all'interno era una stretta apertura laterale alta circa quanto un uomo. Venendo dalla luce sfolgorante del giorno all'inizio non potevo vedere nulla, poi gradualmente l'ambiente circostante si rivelò. La capanna era piena d'uomini che sedevano a gambe incrociate per terra e mi osservavano in silenzio.

Dovetti sedermi accanto a loro. Un paio di mani sottili e dall'aspetto distinto, chiaramente quelle di un uomo anziano, sistemarono accanto a me con movimenti precisi ed abili un apparato sotto al quale venne acceso un piccolo fuoco di sterco di cammello. Dall'oscurità apparve una brocca di metallo per il tè, che in seguito fu bevuto sotto forma di un dolce infuso zuccherino da piccole ciotole.

All'inizio mi sentii ansiosa e a disagio, perché i volti degli uomini sembravano sinistri e oppressivi e il vedermeli vicini richiamava alla mia mente immagini terrificanti. Ma le mie paure diminuirono nel restare seduta con loro.

Nel frattempo, la solenne regola del silenzio era stata infranta e sebbene non capissimo una parola uno della lingua dell'altro, iniziò una conversazione sotto forma di discorso e contro–discorso, sostenuta da segni e gesti e interrotta a intervalli da una pausa di riflessione. Ma non sembravano mai disorientati quando facevo una domanda che nessuno capiva, non sembravano mai annoiati, non vacillavano mai dal cerimoniale che l'ora richiedeva.

Gli Arabi sono famosi per la loro pazienza e la loro insondabile riservatezza, ma ciò che sperimentai quel giorno era qualcosa di più di queste qualità: era la Sacralità dell'ospitalità, universale ed assoluta, e i miei ospiti avrebbero preferito morire piuttosto che abusarne.

Quando me ne resi conto mi vergognai delle mie paure.

Fuori dalle mura di Garian lo straniero si imbatteva in uno spettacolo curioso. A perdita d'occhio, si stendeva sulla superficie terrestre una serie di increspature a forma di bastioni medievali, massicce e così alte che era impossibile vedere al di sopra.

In questo paesaggio Otto Fuchs trovava soggetti congeniali da dipingere e nei giorni in cui non volavamo di solito lo accompagnavo nella

sua ricerca di un motivo adatto. Non erano tanto i bastioni che mi interessavano quanto ciò che si trovava dall'altra parte – si diceva che la gente viveva lì in cunicoli nel terreno.
Ci era stato proibito di mostrarci in tali luoghi dove l'Arabo custodisce gelosamente la sua casa dagli occhi degli estranei e ci era stato detto di evitare spiacevoli incidenti. Ma io interpretai questo come applicabile principalmente agli uomini, poiché erano più fortemente mal sopportati delle donne nei quartieri arabi della città.
Così abbandonai Otto Fuchs che aveva occhi solo per la sua arte e scalai uno dei bastioni. Sotto di me c'era un pozzo, profondo una quarantina di piedi e lo stesso in larghezza, ai cui lati vi erano un certo numero di aperture che dall'alto sembravano enormi tane di conigli. Sul pavimento del pozzo c'era una grande pozzanghera nera dalla quale sorgeva un odore pungente e indescrivibile. Tutto era senza vita e mortalmente immobile e per un po' rimasi a fissare la scena come fossi intorpidita.
Poi scalai il bastione successivo e nei giorni seguenti quelli più avanti – e incontrai sempre la stessa vista: il pozzo spalancato, i tunnel scuri nelle sue pareti e, soprattutto, il silenzio di tomba.
Avevo quasi perduto la speranza di vedere un segno di vita quando, un giorno, mi imbattei in una scena affascinante. Sul pavimento del pozzo una donna snella e di carnagione scura era impegnata a macinare mais tra due pietre, mentre i suoi figli nudi dai capelli neri si divertivano e rotolavano intorno a lei, allegri come se il loro sterile campo da gioco fosse un prato di margherite.
La scena era stranamente emozionante, come se in questo buio pozzo senza gioia avesse improvvisamente scintillato un bagliore dai giorni luminosi della mia infanzia – risvegliando in me una corrispondente luce.
Con cautela, cercai di attirare la loro attenzione e poco dopo uno dei bambini mi vide. Dapprima mi guardò con gli occhi spalancati per la sorpresa, poi annunciò la sua scoperta agli altri. Immediatamente la madre lasciò il lavoro e, senza alzare lo sguardo, con un solo gesto del braccio si avvolse nel suo *burnus*, lasciando solamente una stretta fessura per gli occhi. Con angoscia capii che era terrorizzata. Feci un gesto amichevole per rassicurarla, – poi scomparvi rapidamente dietro il bastione.
Il giorno dopo, ero di nuovo lì. Questa volta avevo portato dei dolci che lanciai ai bambini. Li colsero con estatico piacere. Li salutai ridendo e loro mi risposero, roteando le braccia e sorridendo.
Dopodiché andai a trovarli tutti i giorni.

Poi, una mattina, assieme a loro c'era un uomo, ovviamente il padrone di casa. La sua presenza sembrava non fare differenza per i bambini e io conclusi che non aveva obiezioni alle mie visite.

Pochi giorni dopo, quando arrivai lui era in piedi in cima al bastione come se mi stesse aspettando. Sentii il mio cuore battere in gola. Di statura media, muscoloso, con i lineamenti audaci e tesi tipici dell'arabo, non aveva nulla della tenerezza d'occhi sognanti che si trovano nelle donne della sua razza. Eppure il suo sguardo non sembrava ostile, così mi feci coraggio e gli offrii le poche sigarette che avevo con me. Le prese con una parola o due che non riuscii a capire. Poi, a segni, mi comunicò che voleva portarmi da sua moglie e dai suoi figli. Scendemmo lungo il muro, poi seguimmo brevemente il fondo del pozzo sino a giungere ad un'apertura verticale quasi nascosta dietro un cespuglio che cresceva vicino al muro. L'uomo mi prese per mano e portandomi con sé si chinò attraverso l'apertura nell'oscurità di pece di uno stretto tunnel.

Mentre chiacchieravo, ridevo e incespicavo dietro di lui, la mia immaginazione era occupata dal sangue e dal luccichio dell'acciaio curvato. Ma la mano della mia guida mi condusse con sicurezza e i suoi passi non si fermarono mai finché un filo di luce non irruppe nell'oscurità ininterrotta, allargandosi ed illuminandosi finché non fummo di nuovo alla luce del giorno.

Avevamo raggiunto il pozzo successivo.

Non lasciandomi il tempo di riprendermi dalla sorpresa, l'arabo mi condusse ora da sua moglie che era lì vicino con i suoi figli. Lei si coprì il viso con il suo *burnus* mentre mi avvicinavo, ma questa volta io glielo levai via di nuovo delicatamente, non, mentre lo facevo, senza un sorriso interrogativo a suo marito per ottenerne il consenso.

I bambini osservavano tutto questo con grande attenzione, con i loro grandi occhi neri che brillavano fortemente sotto le contrastanti emozioni di timidezza e curiosità. Come al solito avevo portato con me dei cioccolatini e non appena questi comparvero, tutte le barriere caddero e i bambini mi gorgheggiavano e cinguettavano attorno come se fossimo amici da anni.

Ora fui condotta attraverso una stretta apertura in una stanza che in realtà non era altro che una cavità scavata nel muro del pozzo. Qui trovai l'indefinibile odore animale che l'arabo porta su di sé, particolarmente inquietante e anzi a volte quasi insopportabile.

Avevo notato quattro aperture simili, le quali significavano che questo arabo possedeva quattro mogli e, in quel paese, dove è dovere del marito mantenere le proprie mogli e i loro figli con le proprie risorse, ciò era indice di una notevole ricchezza. Ma delle altre tre mogli non vidi nulla.

La "stanza" aveva un certo aspetto confortevole. Anche se non c'erano né tavolo né sedie, le pareti erano ricoperte da tappeti dai colori vivaci e vi erano stuoie di paglia per terra, presumibilmente per dormire la notte. Alcuni orci di terracotta appoggiati alle pareti fornivano una decorazione sorprendentemente rimarchevole in questo ambiente semplice.

Ma quello che soprattutto attirò la mia attenzione, ora che potevo vederla da vicino, era la straordinaria bellezza della donna. Il suo viso scuro e ovale, ricoperto di orecchini scintillanti, i suoi polsi sottili, fruscianti di braccialetti d'oro puro, sembrava davvero l'incarnazione di quella avvenenza velata e sognante che da bambina avevo guardato, arrossendo, nelle immagini dell'Oriente, e che contrastava allora, come adesso, con la feroce figura guerriera che le stava accanto.

Sembrava felice, ma non potevo fare a meno di trovare triste che una bellezza così commovente fosse destinata a non mescolarsi mai nei flussi ampi e agitati della vita, e fosse dovuta nascere solo per invecchiare e appassire qui, in questa caverna scavata nella sabbia del deserto.

21.
CASA MIA

I due anni che terminarono nel settembre 1939 mi portarono molta fortuna nelle gare di volo a vela e in quota. Nel 1938 riuscii a stabilire un record mondiale di lunga distanza per un volo da luogo a luogo da Darmstadt al Wasserkuppe e ritorno e, nello stesso anno come unica concorrente donna, vinsi le grandi Gare di Volo ad Aliante con obiettivo a lunga distanza da Westerland, una delle Isole Frisone Settentrionali, situata a ovest del confine tedesco-danese, a Breslau in Slesia. Infine, nel luglio 1939, stabilii un record mondiale in un volo da Magdeburg, nel cuore della Germania, a Stettin, sulle rive meridionali del Mar Baltico.
Ed è quindi opportuno che in questo capitolo io dica qualcosa della mia vita familiare e di mia madre, poiché la sua influenza è stata decisiva nella mia carriera ed effettivamente in tutta la mia vita e lei ha avuto parte uguale in tutti i miei successi.
Nella nostra casa a Hirschberg in Slesia vivevamo in uno scenario magnifico, la città era delimitata a sud dalle vette del Riesengebirge, alte cinquemila piedi, a nord dai pendii della foresta della catena del Bober–Katzbach e, ad est e ovest, da boschi e colline che con i loro campi e castelli e ville di campagna scendono gradualmente nelle aperte pianure più in avanti. Io sono nata a Hirschberg e lì ho vissuto tutta la mia infanzia e per me il ricordo di quell'amata cittadina, ora tagliata fuori dal resto della Germania nella Zona Russa, non svanirà mai.
Ho detto altrove che mio padre era un oculista. A parte il suo lavoro, aveva un amore particolare per la musica e non passava giorno senza che noi bambini lo sentissimo suonare il violoncello, a volte tra una consultazione e l'altra con i suoi pazienti, altre per un quarto d'ora prima del pranzo di mezzogiorno. In queste occasioni noi aspettavamo in piedi dietro le nostre sedie al tavolo da pranzo, per salutarlo con una canzone tirolese quando entrava nella stanza. Ed ogni volta il suo viso si rilassava in un sorriso felice, uno spettacolo che tutti noi amavamo vedere.
Devo menzionare a questo punto le serate musicali a casa, nelle quali si suonavano quartetti o terzetti. Si svolgevano regolarmente una volta alla settimana ed erano sempre frequentati da un gran numero di amanti della musica.
A noi bambini era ora permesso di prendere parte a queste serate, rendendoci utili in piccoli modi, per esempio sfogliando le pagine della musica o distribuendo il tè nell'intervallo. Le serate portavano il marchio delle personalità dei miei genitori, perché per loro la cultura

interiore significava tutto e lo spettacolo esteriore nulla. Queste serate riuscivano a liberare mio padre in modo meraviglioso dalla severità e dall'autocontrollo che il suo senso del dovere gli imponeva normalmente, perché al contrario di mia madre, che era sempre allegra, di solito era tranquillo e serio. Su tutta la compagnia brillava mia madre che, gentile e comunicativa, piena di fascino e di accattivante calore, si interessava a ciascuno dei propri ospiti.

Queste serate riflettevano il tratto caratteristico della mia casa: l'umanità – semplice e genuina, basata in tutto e per tutto su sani principi morali.

Questi principi erano basati, nel loro aspetto spirituale, su determinati valori morali che si impressero in noi bambini sin dalla più tenera età. Oltre al rispetto per la dignità umana e al senso dell'onore, includevano la Patria. Per noi era tanto viva quanto la nostra casa — qualcosa a cui si era affidati con amore e responsabilità davanti a Dio. Dai nostri genitori apprendemmo che questo era lo stesso per tutti i popoli e per tutti gli uomini che vivevano nei legami spirituali e storici del loro paese, fossero essi tedeschi o inglesi o cittadini di qualsiasi nazione. Questa concezione non aveva assolutamente nulla a che fare con un gretto nazionalismo.

Ma nonostante questa benevolenza e la sua serietà, mio padre fece in modo che la nostra educazione non fosse priva di rigore. La semplicità, ad esempio, era la nota chiave della nostra esistenza. Essendo un medico, mio padre naturalmente si assicurava che ricevessimo una dieta sana e adeguata, ma non ammetteva ghiottonerie e i tanti pazienti che portavano dolci per noi bambini quando venivano a casa nostra restavano delusi nello scoprire che mio padre non ci permetteva di accettarli. A questa regola non fece quasi mai eccezione.

Noi bambini – mio fratello maggiore Kurt, mia sorella minore Heidi ed io – eravamo tutti di carattere vivace e si può quindi immaginare quale uso facessimo del grande giardino annesso alla nostra casa e del suo lungo androne, su un lato del quale mio padre fece installare per noi delle sbarre orizzontali. Sebbene naturalmente non ci fosse permesso di giocare lì durante le ore di consultazione, io e mio fratello spesso dimenticavamo questa regola, finché non venivamo raggiunti dalla mano vendicatrice di mio padre.

Ma da bambina io ero molto sensibile e possedevo un orgoglio quasi esagerato, con il risultato che dopo aver ricevuto la mia meritata punizione correvo nel bosco, tornando solo al calar della notte quando la paura, la solitudine e la contrizione si univano per riportarmi a casa. Era ancora mia madre ad accogliermi, dolcemente, amorevolmente, senza fare domande, senza raccontare storie, facendomi solo il segno della croce sulla fronte. La punizione peggiore di tutte era vedere nei suoi occhi quanto avesse temuto per me, perché questo mi faceva rigirare il cuore dal rimorso.

Quindi mio padre esercitò nella nostra famiglia un'autorità severa e incontrastata basata su saldi principi morali e spirituali, ma fu mia madre a rendere completa la nostra felicità. Non riesco a ricordarla se non come allegra e calma di spirito. La sua bontà nei nostri confronti era illimitata ed era molto intelligente. Da ragazza aveva avuto un'eccellente istruzione a Vienna presso il Collegio Femminile Imperiale Civile, acquisendo un solido fondo di apprendimento e una buona conoscenza di diverse lingue straniere. Per noi lei era instancabilmente paziente, amorevole, consolante ed edificante — come, nel loro cuore, tutte le madri sono con i propri figli, ma suo era anche il dono, non dato a tutti, di renderci sottilmente consapevoli di queste qualità, e così le nostre vite ne furono meravigliosamente arricchite.

Devo raccontare come, nelle passeggiate quotidiane che faceva con noi, ci insegnava a vedere i fiori, l'erba, i coleotteri e gli uccelli, il cielo e le nuvole, o come fece del sole, della luna e delle stelle una parte del nostro mondo d'infanzia? Come alla festa dell'Epifania ci mandava dai pazienti di mio padre vestiti come i tre re, Gaspare, Melchiorre e Baldassarre, con fogli e corone di carta d'oro? Quando da bambini giocavamo lei era vicina, ci osservava discretamente, pronta ad intervenire quando necessario per insegnarci ad essere autosufficienti e creativi.

In quei primi anni la mia educazione deve averle causato una certa preoccupazione, perché dei suoi tre figli ero di gran lunga la più sensibile e molto agitata, facendole affrontare l'imprevisto in molte occasioni.

Quando ad esempio, all'età di quattro anni, allargai le braccia e cercai di saltare giù da un balcone del primo piano, mia madre mi afferrò terrorizzata: "Bambina! Ti ucciderai!" "Quindi sarei morta?" Chiesi. "Sarei con nostro Padre? Lui direbbe: 'Hanna, facciamo grandinare?'" A quel tempo niente poteva deliziarmi più che una bella tempesta di grandine...

Il fatto che io scegliessi, in seguito, di fare i miei compiti seduta sulla biforcazione più alta di un albero poteva non incontrare la sua totale approvazione, ma questo almeno non le causava alcun eccessivo allarme, poiché sapeva che io ero forte e non soffrivo di vertigini.

I miei tentativi, invece, di superare mio fratello nell'arte del rigurgito le sembravano non avere nulla di consigliabile e quando un giorno, a tavola, diedi una dimostrazione non richiesta della mia bravura, ricevetti prontamente un ceffone sulle orecchie. Dopodiché, trasferii le mie esibizioni in cantina.

Mia madre era abile nell'arte di educare i suoi figli. Trovando, ad esempio, che io ero incline a formare le mie simpatie e antipatie tramite impressioni immediate ed ero troppo frettolosa nei miei giudizi, lei non ignorava semplicemente le mie opinioni, come spesso fanno stupidamente gli adulti quando trattano con i bambini, ma le lasciava indiscusse finché, io pensavo per caso, avrei scoperto il mio errore attraverso qualche illustrazione che lei si premurava di fornire.

A questo proposito, mia madre prese in modo particolarmente serio il compito di insegnarmi a trattare in modo equo e gentile i miei simili e alcuni anni dopo scoprii che aveva scritto le righe di Moltke nel suo diario:

Le autentiche buone maniere e l'eleganza sono gli effetti di una disposizione amichevole e benevola. La modestia sincera e la mancanza di pretese sono le uniche salvaguardie contro i dispetti e gli affronti di questo mondo. Finché non aspiriamo a sembrare diversi da quello che siamo realmente, né il rango né la nascita, la magnificenza o la moltitudine possono avere il potere di turbarci.

Tra mia madre e me il legame era particolarmente stretto. Già da bambina io lo sentivo, ma mi resi pienamente conto della sua particolare forza e intimità solo più tardi quando, dopo essermene andata di casa, mi scrisse ogni giorno durante la mia carriera di volo in modo che la sua influenza assunse un ruolo davvero fondamentale nella mia vita. In tutte le cose io la sentivo accanto a me e lei viveva con me così intensamente nell'immaginazione che quando avevo bisogno del suo aiuto, sebbene fossimo separate da mesi, poteva venire in mio soccorso in un attimo.

Accadde ripetutamente, anche nelle piccole cose. Se ad esempio, in qualche rara occasione, dovevo fare un discorso ma ero stata troppo occupata per preparare qualcosa, andavo semplicemente al telefono: "Madre, per favore pensa per me cosa dovrei dire questa sera," e le comunicavo le parti principali di ciò di cui volevo parlare. Poco dopo, in tempo utile per l'incontro, sarebbe arrivata l'attesa risposta. Mia madre mi raccontava velocemente al telefono cosa aveva messo insieme. I pensieri che suggeriva erano sempre altamente individuali ed insoliti. Eppure assai curiosamente, non ne usai mai alcuno, perché come mi trovavo a guardare in tanti occhi interessati ed interrogativi parlare mi riusciva sempre facilmente. Ma l'aiuto di mia madre era inestimabile, perché mi dava la calma della mente tramite la quale potevo produrre i miei pensieri senza difficoltà. Potrei raccontare innumerevoli episodi simili.

Discussi con lei della mia decisione di offrirmi volontaria come pilota suicida e qui, come sempre, rimase fedele a se stessa. Per anni aveva saputo che stavo esponendo la mia vita a pericoli sempre maggiori, eppure non si era mai lamentata – e, in ogni caso, a che cosa sarebbe servito? Capivo perfettamente come si sentiva, come ogni giorno lei dovesse vincere nuovamente le sue paure, perché non era in grado d'imparare ad accettare un simile stato di cose, come possono fare alcune persone. Eppure controllava la sua apprensione con tale forza d'animo e fede che la sua incrollabile fiducia divenne per me una specie di scudo.

Venne il momento in cui innumerevoli persone intorno a me incontrarono la morte nello svolgimento dei miei stessi doveri. Ma mia madre non permise che la sua fede venisse scossa, e resistette alle prove più dure. Allo stesso tempo, il suo giudizio rimase chiaro e sereno. Se mi trovavo a dover prendere una decisione e le chiedevo un consiglio, lei sceglieva invariabilmente il corso prescritto dalla sua coscienza, anche se per me poteva essere il più difficile e pericoloso. Le costò un'aspra lotta, ma lei era fatta così.

Un'altra cosa vorrei dire. Tra le rare qualità di cuore e spirito di mia madre, la più grande era il potere e la profondità del suo amore. Potevo chiederle qualsiasi cosa, qualunque cosa al mondo. Quando c'era bisogno di un vero aiuto, nulla era troppo difficile e il suo amore era così forte che il solo pensiero d'esso, anche se ero lontana da casa, mi appagava in calore e felicità. Sì, davvero; fintanto che lei era lì, nessun male poteva accadere a sua figlia.

E così, da quando lasciai Hirschberg alla fine dei miei anni di scuola, ovunque fossi le immagini e i suoni di casa mia sono venuti con me: il fruscio tremante degli alberi che costeggiavano l'ampia strada accanto a casa nostra, le grandi vette montane della Slesia, le nuvole che solcavano i cieli estivi – e poi immagine su immagine si affollano tornando da quella vita, così tanto amata e della quale sento così dolorosamente la mancanza.

22.
PILOTA COLLAUDATRICE IN TEMPO DI GUERRA

Avendo concluso il nostro lavoro sugli aerofreni di picchiata all'Istituto di ricerca sugli alianti, ci rivolgemmo ora al compito di costruire un aliante di dimensioni molto maggiori. Il nostro primo progetto fu quello di costruire una specie di osservatorio volante per ottenere dati meteorologici. Lo schema si sviluppò nel tentativo di costruire un aliante per il trasporto di merci, per essere ad esempio utilizzato dalle Poste per il trasporto della posta. In questo caso particolare, l'aliante sarebbe stato rimorchiato da un aereo postale e avrebbe potuto atterrare per consegne in luoghi dove il primo non faceva scalo.

Nello stato dell'arte allora predominante la costruzione di un aliante simile fu un'impresa ardita, poiché dipendeva dalla ricerca di soluzioni a vari nuovi problemi tecnici. Ad esempio, come poteva un aliante progettato per trasportare carichi pesanti essere trainato all'altezza necessaria? Come si comporterebbe al traino di un aereo plurimotore? Le risposte a questi e molti altri problemi potevano essere ottenute solo sperimentando.

Mi fu chiesto di testare il primo prototipo di aliante da trasporto costruito presso l'Istituto. Trainato da uno *Junkers 52*, provai l'aliante con cautela, fase dopo fase. Solo quando fui completamente soddisfatta dalle prestazioni dell'aereo iniziai a pilotarlo con un carico, prima un sacco di sabbia, poi due, aggiungendo un ulteriore sacco ad ogni volo fino a raggiungere il carico massimo per il quale l'aliante era stato progettato. Allora, e soltanto allora, presi a bordo il mio primo passeggero umano.

Dopo settimane e mesi di prove, modifiche e ulteriori test, fummo finalmente soddisfatti che l'aliante per il trasporto merci fosse pronto per essere utilizzato come aggiunta ai mezzi di trasporto aereo esistenti.

Questo fu davvero un punto di svolta nella storia del volo a vela, poiché in passato era stato considerato puramente come uno sport, essendo la sua utilità pratica oggetto di congetture. Ma ora che avevamo dimostrato di poter progettare alianti per una varietà di diversi usi con lo stesso grado di precisione degli aerei a motore, iniziò a esservi un interesse molto più ampio sul loro ulteriore sviluppo, in particolare da parte della *Wehrmacht*.

Essendo silenzioso in volo e in grado di lanciarsi in picchiata a forti angoli di discesa, l'aliante per il trasporto di merci parve all'Alto Comando dell'Esercito offrire un eccellente mezzo per sbarcare reparti di fanteria di sorpresa dietro le linee nemiche, e agli strateghi questo aprì nuove e affascinanti possibilità.

Di conseguenza, all'Istituto di ricerca sugli alianti fu chiesto di progettare un aliante per il trasporto di truppe[13]. L'aereo doveva caricare dieci fanti completamente equipaggiati, più il loro comandante, e il minimo dei materiali doveva essere utilizzato nella sua costruzione poiché era considerato come "a perdere" dopo l'atterraggio. Una caratteristica insolita era la fusoliera, che doveva essere fatta di tubi d'acciaio, ma per altri aspetti doveva soddisfare i requisiti di qualsiasi velivolo normale cioè un'adeguata rigidità, buone qualità di volo, un giusto margine di sicurezza e i mezzi per dare una certa protezione ai suoi passeggeri in caso di atterraggi pesanti su terreno accidentato.

Quando la costruzione e il collaudo furono completati, fu data dimostrazione dell'aliante per il trasporto di truppe davanti a rappresentanti dei Servizi. L'importanza che l'Alto Comando attribuiva al progetto può essere giudicata dal fatto che tra gli ufficiali di alto rango presenti vi erano Udet, Ritter von Greim, Kesselring, Model e Milch.

Sebbene l'intera questione fosse organizzata interamente dall'Esercito, mi venne chiesto di effettuare il volo dimostrativo poiché ero stata responsabile del test del prototipo. I Generali si appostarono ai margini dell'aerodromo, i dieci uomini con il loro comandante salirono sull'aereo e decollammo trainati da uno *Junkers Ju 52*. Poco sopra i 1.000 metri sganciai il cavo di traino, misi l'aliante in picchiata ripida e lo feci atterrare vicino ad alcuni alti cespugli, a pochi metri da dove si trovavano i Generali. Le truppe si gettarono fuori e in pochi secondi si misero al riparo scomparendo alla vista.

La velocità e la precisione dell'intera manovra accesero talmente l'entusiasmo dei Generali che uno di loro suggerì di ripeterla immediatamente, questa volta con se stesso e i suoi colleghi come passeggeri. L'idea fu calorosamente approvata da tutti, con una sola eccezione – io! In quanto a me, quasi svenni al pensiero della responsabilità davvero impressionante che mi veniva affidata.

Ma tutto andò bene ed io riuscii a riportare i miei preziosi passeggeri sani e salvi sulla terra. Dopo che i Generali mi ebbero calorosamente ringraziato e si allontanarono, raggianti di piacere, per parlare della propria esperienza, improvvisamente notai una forma umana che si levava fuori dalla coda dell'aliante – Hans Jacobs, il progettista!

---

[13] L'aliante da trasporto e assalto risultante fu il *Deutsche Forschungsanstalt für Segelflug DFS 230*. Lungo 11,24 metri e dall'apertura alare di 21,98 metri, poteva essere trainato alla velocità massima di 209 km/h. Trasportava un pilota, nove soldati equipaggiati e 270 kg di carico e poteva essere armato di una mitragliatrice *MG 15* da 7,92 mm e raramente anche di due *MG 34* dello stesso calibro; prodotto dal 1939 al 1943 fu costruito in più di 1.600 esemplari, servendo sino alla fine della guerra, NdT.

L'utilità dell'aliante dal punto di vista militare non rimase però indiscussa. L'obiezione principale veniva dalle formazioni di paracadutisti, che vedevano in essa una sgradita fonte di competizione e di conseguenza si sviluppò un'ampia divergenza di opinioni nei circoli dell'Esercito.

Si decise quindi di tenere una seconda dimostrazione, questa volta davanti allo Stato Maggiore dell'Esercito. Fu stabilito che dieci alianti con a bordo dei fanti, trainati da *Junkers Ju 52*, e dieci *Junkers Ju 52* con a bordo dei paracadutisti dovessero decollare insieme dallo stesso aeroporto e volare, mantenendo la stessa altezza, verso l'aeroporto di Stendal. Non essendo stata invitata come pilota in questa occasione, guardai gli aerei atterrare. Fu per me una sensazione curiosa vedere i nostri alianti sotto il controllo di estranei e provai qualcosa della stessa ansia che deve provare una madre, quando per la prima volta i suoi figli si avventurano oltre la protezione di casa.

Nei risultati, le truppe trasportate da alianti ebbero un netto vantaggio. Gli alianti si tuffarono ripidamente verso il campo d'aviazione, si fermarono in formazione ravvicinata e scaricarono i loro occupanti come un unico corpo d'uomini. I paracadutisti invece ebbero la sfortuna di incontrare una forte brezza – della quale gli alianti avevano effettivamente beneficiato – e atterrarono ampiamente dispersi, in alcuni casi a notevole distanza dai loro contenitori aviolanciabili di munizioni e equipaggiamenti. Sebbene questa esperienza non potesse ovviamente oscurare l'importanza dei paracadutisti in una guerra futura, dimostrò almeno in modo definitivo che l'aliante per trasporto truppe poteva diventare un'arma di grande valore.

Non appena scoppiò la guerra nel 1939, una forza di alianti per il trasporto truppe fu infatti costituita per un compito speciale, vale a dire per sbarcare truppe e equipaggiamenti in cima ai forti della Linea Maginot durante l'invasione della Francia. I forti – secondo il piano operativo – dovevano essere sopraffatti il più rapidamente possibile con un numero minimo di truppe, consentendo così il passaggio della forza principale con relativa facilità.

L'unità creata per questo scopo comprendeva la scelta dei piloti di alianti tedeschi, ma non essendo questi dei soldati professionisti, venne loro assegnato il grado di soldati di truppa e la disparità tra la loro classificazione militare e la loro abilità tecnica – riflessa al contrario in coloro che erano responsabili della loro formazione, che avevano il grado di ufficiale e poca conoscenza del volo – era destinato ad avere gli effetti più infelici sul modo in cui vennero preparati per il loro compito.

La data originariamente fissata per l'invasione della Francia fu posticipata più volte e nel frattempo i piloti d'aliante rimasero con la propria unità nel più stretto isolamento e gli fu vietato, per l'importanza del loro compito, di andare in licenza o anche di scrivere lettere a casa. Mentre il loro tempo trascorreva nell'inattività essi erano fin troppo ben consapevoli che il loro rischioso compito, pianificato e provato in maniera inadeguata, richiedeva nondimeno la più accurata preparazione se voleva avere successo, poiché nessuna impresa simile era mai stata tentata prima, in pace o in guerra.

Secondo il piano operativo gli alianti avrebbero dovuto decollare a brevi intervalli, poiché dovevano atterrare sui loro obiettivi quasi nello stesso momento. Dovevano essere schierati fianco a fianco sul campo d'aviazione, ogni aliante collegato con un cavo al proprio rimorchiatore.

Ma cosa sarebbe accaduto se nell'oscurità le funi di traino si fossero aggrovigliate?

Il piano specificava per ogni aliante il minuto preciso nel quale doveva atterrare sul suo bersaglio e l'intera operazione successiva era pianificata partendo dal presupposto che questo programma sarebbe stato eseguito con successo.

Ma come?

Sapendo che l'operazione avrebbe messo alla più dura prova la loro abilità e non avendo trovato risposta a queste domande, i piloti d'aliante provarono tutto ciò che poterono, o tutto ciò che l'etichetta militare poteva permettere, per inculcare nei loro ufficiali la necessità di eseguire dettagliati addestramenti.

La loro richiesta cadde su orecchie sorde: cosa ne potevano sapere dei semplici Caporali della pianificazione di operazioni militari?

Ci si può forse meravigliare se, con la consapevolezza che del prezioso tempo di addestramento veniva perso mentre aspettavano, condannati all'inattività, tagliati fuori dalle proprie famiglie, dai loro amici e dai compagni di volo, i piloti d'aliante si demoralizzarono e amareggiarono sempre più?

Quando venni a conoscenza di questa situazione, il pensiero che la pura ignoranza e la mancanza di preparazione avrebbero potuto far fallire l'intera impresa e costare la vita ai miei compagni non mi lasciò più. Per giorni e notti cercai di pensare cosa avrei potuto fare per aiutarli. Soprattutto volevo stabilire un contatto con i miei amici, in modo da provare ad alleviare la loro amarezza e depressione. Scrissi al Generale von Richtofen, ai numerosi comandi dai quali dipendeva l'Unità d'alianti, chiedendo di poter prendere parte all'operazione come pilota. Richtofen rifiutò. Sebbene ora mi sembrasse impossibile raggiungere i miei amici, non potevo rinunciare del tutto alla speranza di farlo, perché tante volte in passato qualche meraviglioso colpo di fortuna era venuto ad aiutarmi nei momenti di difficoltà.

Nel frattempo era arrivato l'inverno, portando brina e ghiaccio. L'invasione della Francia, fissata per novembre, fu rinviata al febbraio 1940 poiché la data precedente era diventata nota al nemico.

Per gli alianti questo portò il problema di come avrebbero potuto essere fermati rapidamente nell'atterrare su una superficie ghiacciata. Non c'era tempo per lunghi esperimenti e l'Istituto di ricerca sugli alianti ricevette semplicemente la laconica richiesta di costruire freni adatti allo scopo.

La soluzione fu trovata da Hans Jacobs, che ideò dei freni in forma di dei vomeri, da montare su entrambi i lati dei pattini di atterraggio ed azionati muovendo una leva. L'efficacia di questi freni restava da verificare, poiché variava con la natura del terreno e la velocità di atterraggio dell'aliante.

Che la loro potenza di frenata fosse molto maggiore di quanto avessimo immaginato, lo scoprii fin dal primo test. Per evitare che la colonna di controllo mi si piantasse contro se l'aliante si fosse fermato improvvisamente, mi ero imbottita con un certo numero di coperte, ma quando adoperai i freni il loro effetto fu così forte che venni sbalzata violentemente in avanti contro la cintura di sicurezza e rimasi completamente senza fiato. Per qualche minuto fui troppo stordita per muovermi e alla fine, bianca come la calce, dovetti essere aiutata ad uscire dalla macchina. Vennero quindi apportate modifiche ai freni per ridurre il loro effetto frenante. Volai prova dopo prova, dapprima a macchina vuota e poi a pieno carico, finché finalmente i freni furono dichiarati soddisfacenti.

Fu con grande gioia che ricevetti subito dopo la richiesta di mostrare i nuovi freni ai miei amici dell'Unità d'alianti a Hildesheim. Il mio desiderio di vederli veniva dopotutto esaudito ed ero sicura che, in questo modo, i loro problemi sarebbero stati risolti.

L'Ufficiale comandante mi accolse all'aeroporto di Hildesheim con molta cordialità e, tra le sue dimostrazioni di buona volontà, avrebbe avuto difficoltà a rifiutare la mia richiesta – che gli rivolsi non appena arrivata – di essere scusata per il pranzo nel refettorio degli Ufficiali e poter mangiare, invece, in mensa con i miei vecchi amici piloti. È vero che non poté trattenere del tutto una traccia di dispiacere nella sua espressione, ma questo mi lasciò indifferente.

Naturalmente al pasto di mezzogiorno non vidi altro che facce felici. Ma la mensa non era il luogo per discutere di ciò che avevamo in mente. Avremmo dovuto attendere un'opportunità migliore.

Ciò avvenne in serata, dopo un giorno trascorso a mostrare i nuovi freni ai membri della Unità d'alianti. Un'esercitazione notturna, alla quale ero stata invitata dal Comandante, dovette essere abbandonata a causa della nebbia e per alcune ore rimasi "fuori servizio" e libera di ricongiungermi ai miei amici.

Riuniti intorno a un semplice tavolo da baracca negli alloggi degli uomini, eravamo un piccolo gruppo di piloti, tutti con una lunga esperienza di volo a vela, guidati dallo splendido Otto Bräutigam. Per la prima volta sentii l'intera storia, in fatti e in dettagli. Per l'operazione contro la Linea Maginot, non era stato quasi svolto un solo volo di allenamento, figuriamoci una prova su vasta scala. Non contestavamo il fatto che gli atterraggi programmati al minuto fossero essenziali per il successo dell'operazione e per evitare inutili perdite di vite umane, ma per ottenere questo i voli di addestramento avrebbero dovuto essere effettuati di notte, sia a breve che a lunga distanza. Ogni possibile eventualità deve essere prevista e studiata in anticipo.

Otto Bräutigam era il più vivace tra noi, frizzante di vitalità, pieno di scherzi e battute, eppure parlava chiaramente, quasi aspramente dritto al punto e, oltre a tutto ciò, un aviatore abile e coraggioso. Ora il suo volto era indurito in un'amara e terribile serietà mentre si esprimeva contro il trattamento che lui e i suoi compagni stavano ricevendo. Sapevo che nessuno di loro poteva essere definito un codardo e che erano tutti pronti a dare la vita in battaglia. E non erano nemmeno semplici ammutinati, che scalciavano contro un necessario sistema di disciplina. Ma, certamente, nessuna organizzazione militare può mantenere un sistema di caste fossilizzato e formalistico con l'unico scopo di mascherare le proprie inadeguatezze nel condurre una guerra o permettersi di accettare con compiacenza il sacrificio di vite umane sulla base del fatto che la voce del Caporale Otto Bräutigam era troppo insignificante per essere ascoltata nelle sue questioni? Era contro questo che i miei amici si ribellavano e che fece insorgere tutto anche in me in segno di protesta.

Ma dove loro non erano riusciti ad ottenere un'udienza, una donna sicuramente avrebbe avuto ancora meno possibilità? I miei amici non mi credevano. Per loro, il fatto stesso che io fossi una donna e tanto al di fuori della sfera dell'autorità militare era un vantaggio.

Ma cosa avrei potuto fare esattamente? Sarebbe stato peggio che inutile per me cercare di intervenire personalmente, perché la mentalità dell'esercito non avrebbe concesso mai ad una donna il diritto d'essere ascoltata in questioni di interesse esclusivamente militare. La via d'uscita fu trovata da Otto Bräutigam, che alcuni giorni dopo riuscì ad ottenere un colloquio con il Generale von Greim.

Questo portò allo svolgimento di una prova su larga scala che confermò in modo catastrofico i dubbi che avevano nutrito i miei compagni. A parte le difficoltà al decollo, solo pochi degli alianti raggiunsero il loro obiettivo e anche questi con ore di ritardo. Ma almeno c'era ancora tempo perché queste cose venissero risolte con un adeguato programma di formazione.

I voli di prova che effettuavo per l'operazione di aviotrasporto, come del resto tutto il mio lavoro in quel momento, avevano per oggetto il salvataggio di vite umane e per questo solo motivo, a parte il mio amore per il volo, non avrei potuto desiderare un compito più soddisfacente.

L'intera ricerca aeronautica tedesca sarebbe stata presto sfruttata per esigenze militari e come pilota collaudatore ero sempre più in contatto con le Forze Armate. Quegli ufficiali per i quali il mantenimento dei privilegi maschili era più importante delle necessità del momento erano naturalmente contrariati dal fatto che ero una donna. La loro condotta ostruzionistica mi sarebbe costata molte battaglie e spesso avrebbe ritardato l'esecuzione di un lavoro vitale se non fosse stato per il tempestivo aiuto di uomini come Udet e Ritter von Greim, che erano intenti ad una lotta più grande della battaglia dei sessi e che grazie al loro rango e posizione furono in grado di spianarmi il cammino. Questo atteggiamento di pregiudizio naturalmente mi causò a volte afflizione, ma non avrebbe mai potuto distogliermi dal compiere il mio dovere, che durante quegli anni di guerra mi impose la più pesante e ardua fatica.

Va forse da sé che non tutti i test o progetti sui quali lavoravamo erano destinati a dare i loro frutti, poiché in questioni tecniche l'idea che sembra geniale sulla carta non sempre si rivela realizzabile nella pratica. Ma anche i nostri fallimenti servono ad indicare l'intensità con cui la ricerca aerea tedesca fu perseguita sotto la pressione della necessità in tempo di guerra. In questo lavoro l'Istituto di ricerca sugli alianti avrebbe acquisito un ruolo sempre maggiore.

Uno dei nostri esperimenti di questo periodo fu il tentativo di costruire un "serbatoio di carburante volante", da trainare dietro la macchina madre come un aliante senza pilota, per consentire alla prima di fare rifornimento in aria. L'aliante cisterna avrebbe dovuto possedere la massima stabilità intrinseca possibile in modo da tornare spontaneamente ad una rotta pianeggiante, dopo aver attraversato una perturbazione atmosferica.

Ciò significava che, sebbene di piccole dimensioni, avrebbe dovuto essere dotato di controlli in fase sperimentale, in quanto solo il suo pilota poteva determinarne esattamente il comportamento in aria. Io ero particolarmente adatta a collaudarlo date le mie piccole dimensioni.

Nei miei quasi dieci anni di esperienza come pilota collaudatore nessuno dei voli si rivelò faticoso come questi. Al fine di testare i limiti di stabilità dell'aliante, dovetti bloccarne i comandi e lasciarlo deliberatamente andare in difficoltà. Di conseguenza, spesso si capovolgeva quando era al traino e ogni volta che ci salivo dovevo combattere contro i più violenti attacchi di mal d'aria e spesso anche contro la paura più primitiva e odiosa. A tempo debito l'aliante cisterna si dimostrò inattuabile in questa forma e gli esperimenti furono interrotti.

Ulteriori esperimenti riguardarono la ricerca di un modo per consentire a piccoli aerei di osservazione di decollare e atterrare su navi da guerra, utilizzando il minore spazio possibile sul ponte.

A tale scopo una serie di funi, ciascuna lunga circa 30 metri, vennero tese su un piano inclinato, con un'estremità fissata al ponte e l'altra tirata su un'impalcatura di legno alta sette metri. Su questo l'aereo doveva atterrare, le ali e l'elevatore fermandosi sopra le funi e la fusoliera nello spazio di un metro tra le coppie di funi. Ogni fune era dotata di una serie di dispositivi di frenata, destinati a fermare l'aereo entro lo spazio disponibile di 30 metri.

Il mio compito era di far atterrare l'aereo in sicurezza nelle funi e, in modo che le funi non segassero le ali, un tubo d'acciaio era fissato sul lato inferiore delle superfici delle ali e dell'elevatore.

Restava il pericolo che, in atterraggio, la macchina saltasse fuori dalle funi. Per evitarlo, fu montato un dispositivo mediante il quale l'impatto della fusoliera sulle funi faceva sì che le due su entrambi i lati di quest'ultima saltassero in un canale rigido che poi si richiudeva su di esse, mantenendo così stabile l'aereo forzando il suo movimento lungo una linea retta.

Per questi esperimenti era previsto l'uso di un piccolo aereo con elica spingente, cioè un'elica montata dietro le ali, ma poiché l'aereo era ancora in fase sperimentale si decise che avrei dovuto invece usare un aliante, con l'obiettivo di verificare, in primo luogo, se il principio dell'idea fosse valido. Come si scoprì, il mio compito era eccezionalmente difficile.

Come ci si renderà conto dai dettagli che ho fornito, sarebbe stato necessario per me eseguire un atterraggio sul punto con assoluta precisione e prima di fare i test, mi allenai per questo in modo sistematico. Avevo un terreno di atterraggio delimitato da bandiere su un campo d'aviazione vicino, esattamente della stessa dimensione del letto di funi sul quale dovevo atterrare.

Ogni mattina prima dei voli di prova, mi esercitavo in atterraggi di precisione alla velocità più bassa possibile su questo pezzo di terreno. A distanza ravvicinata, era straordinariamente difficile vedere esattamente dove iniziava il piano inclinato formato dalle funi e per renderlo più facile da riconoscere, feci mettere tra le corde dei piccoli abeti che davano un ulteriore aspetto di profondità al quadro e rendendo così il riconoscimento più semplice.
Fatti così tutti i preparativi con la massima cura, mi preparai, fra una tesa aspettativa, a volare per la prima prova. Mi imbottii nuovamente di coperte e – a rischio di qualche segreto sorriso da parte degli astanti – decisi in questa occasione di indossare un casco protettivo.
Nonostante atterrassi con precisione nel punto previsto, un leggero vento laterale fece scartare la macchina all'ultimo momento e, sempre muovendosi a buona velocità, in un lampo la fusoliera precipitò ad angolo tra due delle corde. Mi chinai d'istinto, ma nonostante questo fu solo grazie al casco se le funi non mi staccarono la testa dal corpo. Gli spettatori trovarono questo momento più terrificante di quanto io stessa lo provai. Alcuni piloti di caccia che stavano guardando giurarono che avrebbero preferito compiere un numero qualsiasi di missioni contro il nemico, piuttosto che tentare un volo del genere.
Nella seconda prova atterrai bene come da programma tra un paio di corde ma nonostante i freni, la mia velocità di volo era ancora considerevole e non fu uno spettacolo piacevole vedere l'impalcatura alta sette metri precipitarsi inesorabilmente verso di me. Tuttavia, con pochi metri ancora da percorrere, la macchina inspiegabilmente si fermò. Poi arrivò il terzo test, questa volta con un nuovo tipo di dispositivo frenante che fallì completamente. Di nuovo, l'impalcatura all'estremità superiore delle funi venne precipitosamente verso di me. Di nuovo, mi chinai istintivamente. Questa volta non c'erano dubbi, stavo andando oltre il bordo. Ma la coda, per qualche miracolo, s'incastrò nell'impalcatura e solo la parte anteriore della fusoliera, con me dentro, passò oltre e rimase attaccata, sospesa a mezz'aria finché non portarono scale antincendio per liberarmi.
Anche questi esperimenti furono finalmente abbandonati, poiché nel frattempo era stata trovata un'altra e migliore soluzione.

Un compito che trovai di particolare importanza fu il lavoro sperimentale sul taglio dei cavi dei palloni aerostatici di sbarramento. Si ricorderà che nelle sue operazioni contro l'Inghilterra, la *Luftwaffe* incontrò un ostacolo imprevisto nei palloni di sbarramento, in particolare sopra Londra. Furono la causa di molte vittime tra il personale della *Luftwaffe* poiché i cavi del pallone, quando un aereo vi volava contro, tagliavano direttamente le ali.

Hans Jacobs costruì un apparato tagliacavi per proteggere i motori e le ali e deviare il cavo del pallone verso le punte delle ali, dove era installato un dispositivo di taglio.

Il dispositivo doveva essere testato vicino a Rechlin, iniziando con cavi d'acciaio di 2,7 millimetri di diametro, aumentando poi di spessore fino a raggiungere un diametro di 8,9 millimetri: con questa dimensione i cavi sembravano restare in aria come tubi d'acciaio. Nell'aereo vennero stati installati gli strumenti più delicati per misurare la forza d'impatto mentre incontrava il cavo, fornendo così i dati necessari per l'ulteriore sviluppo del paraurti.

Fui incaricata di eseguire i test su un bombardiere *Dornier Do 17*. Poiché non era possibile prevedere se, nella pratica, il tagliacavi avrebbe fornito una protezione completa all'elica, non si poteva escludere la possibilità che dei frammenti potessero essere scagliati attraverso la cabina e ferire fatalmente l'equipaggio. Avevo quindi fatto installare un secondo sedile da pilota con doppi comandi incorporati nella posizione del mitragliere posteriore, vicino al portello d'emergenza. Anche se la macchina non poteva essere fatta atterrare da quella posizione, poteva almeno essere controllata in aria.

Prima del decollo diedi istruzioni dettagliate al secondo pilota. Non appena avessimo raggiunto una quota sicura, doveva mantenere stabile l'aereo mentre io salivo nella posizione del mitragliere e da lì assumevo i comandi. Lui doveva poi raggiungermi, e, allacciati i nostri paracadute, avrebbe dovuto posizionarsi vicino al portello d'emergenza. Se il test fosse fallito avremmo dovuto, avendo un'altezza sufficiente, essere in grado di balzare fuori. Quando il mio compito era di volare contro il cavo del pallone a bassa quota non ci sarebbe stata alcuna possibilità per nessuno di noi due di paracadutarci giù, e quindi in quelle occasioni volavo da sola.

Finalmente eravamo pronti per il primo volo di prova. Montai sul *Dornier Do 17* e, decollando dall'aerodromo di Rechlin, salii fino a quando potei guardare dall'alto il pallone. Poi, girando lentamente, cercai in giro per vedere il cavo. Non appena lo individuai, scintillante d'argento alla luce del sole su uno sfondo di cielo azzurro, scesi un poco e così facendo lo persi ancora di vista. Quindi volai verso di esso valutandone la posizione a memoria e, abbastanza sicura, in pochi istanti lo colpii nel punto in cui mi aspettavo che fosse.

D'ora in poi, per rendere più facile l'individuazione del cavo, predisposi di avere delle bandierine lunghe diversi metri attaccate ad esso ad intervalli di trenta metri. Avrei preso un paio di strisce come indicatori e mirato a un punto del cavo a metà strada tra le due.

L'efficacia del tagliacavi non fu affatto dimostrata nei primi voli, e poté essere garantita solo da un continuo miglioramento del progetto sulla base dei dati ottenuti da strumenti sensibili presenti nell'aereo, che registravano ogni dettaglio di impatto e tensione al momento in cui l'aereo entrava in contatto con il cavo. Il diametro di quest'ultimo fu progressivamente aumentato sino al più spesso che verosimilmente si potesse incontrare nelle operazioni sull'Inghilterra.

Questi esperimenti avevano catturato la mia immaginazione come pochi altri, perché ogni test che facevo ci portava un passo più vicino al superamento di alcuni di quei pericoli che i piloti e gli equipaggi dovevano affrontare quotidianamente nelle operazioni contro il nemico. Il mio entusiasmo era tale che quasi non mi rendevo conto di non sentirmi bene da giorni. Nonostante il mal di testa e la febbre alta ero determinata a proseguire fino al completamento dell'ultimo test, poiché ora non restava che sottoporre il paraurti alla prova finale di resistenza volando contro il cavo più spesso di tutti. Riuscii a volare per diversi altri test finché una mattina scoprii, rabbrividendo di febbre, gli inconfondibili sintomi della scarlattina.

Fui inviata direttamente all'ospedale Virchow di Berlino, dove mi misero in una piccola stanza nell'ala di isolamento con vista su un piacevole giardino. La mia temperatura salì e salì e nel giro di pochi giorni l'eruzione cutanea si era diffusa ai miei occhi. Ciò significava che le finestre della mia stanza furono completamente oscurate e dovevo giacere nell'oscurità totale. Mi domandavo cosa mi riservasse il futuro e se sarei stata in grado di volare ancora. Dopo alcune settimane, sviluppai reumatismi muscolari e il mio cuore ne fu colpito. I giorni erano davvero bui.

Nel frattempo, i test furono conclusi con successo da un pilota molto abile e mio amico, Lettmaier, che restò poi ucciso in azione.

Il tagliacavi era ora pronto per la prova operativa, ma la *Luftwaffe* era scettica. Un'eccezione era Ritter von Greim, che deteneva il grado di *Generaloberst*. Lui e i suoi alti ufficiali avevano assistito ai test ed erano convinti del valore del dispositivo. Chiese quindi che tutte le macchine dotate di tagliacavi fossero trasferite sotto il suo comando. I suoi piloti furono i primi a scrivermi e ringraziarmi dopo che gli aerei diedero prova di sé in azione, e niente avrebbe potuto rendermi più felice delle lettere che ricevetti.

Trascorsero tre mesi e fui dimessa dall'ospedale, completamente in forma e in grado di volare nuovamente. Tornai subito al mio lavoro di pilota collaudatore.

Sebbene il dispositivo tagliacavi avesse dimostrato il suo valore, il suo peso sarebbe diventato troppo grande per l'aereo se un motore fosse andato in panne e di conseguenza esso fu abbandonato in favore di una striscia d'acciaio affilata come un rasoio, da fissare al bordo d'attacco delle ali e destinato a tagliare qualsiasi cavo di pallone che l'aereo potesse incontrare. Nessuna protezione era offerta, con questo metodo, all'equipaggio.

Ogni volta che tagliavamo un cavo di pallone durante i test, questo significava la perdita del pallone e dovevamo di conseguenza trasferire i nostri esperimenti alla stazione di test sui palloni a Saarow.

Una difficoltà imprevista nacque in quanto, ogni volta che c'era una brezza rigida, i palloni rilasciati, trascinando con sé l'estremità superiore del loro cavo causavano notevoli danni ai cavi della rete elettrica sui quali capitassero di impattare e ciò, unito all'elevato tasso di consumo di palloni, doveva costare una fortuna allo Stato. Vennero fatti tentativi per abbattere i palloni alla deriva con i caccia o, quando non erano disponibili aerei da combattimento, le valvole di scarico della pressione sui palloni venivano chiuse in modo che, raggiunta una certa altezza, i palloni scoppiassero. Nessuno di questi metodi comunque si rivelò del tutto efficace.

Un giorno, Ernst Udet atterrò a Saarow mentre si recava ad una conferenza con Hitler. Con sua grande sorpresa, gli fu detto che io stavo per eseguire uno dei nostri test e volare contro un cavo di pallone. Era all'oscuro che fossi io a fare questo lavoro regolarmente, giorno dopo giorno, per settimane. Non aveva mai assistito prima a uno di questi test e rimase a terra con l'equipaggio dei palloni a guardare.

In questa occasione fu utilizzato un cavo particolarmente difficile da tagliare. Sebbene avesse solo 5,6 millimetri di diametro, invece d'essere costituito da un gran numero di fili d'acciaio, era composto da cinque o sei fili ciascuno dei quali molto più spesso e più duro del solito. Il cavo era arrivato alla deriva con il suo pallone dall'Inghilterra, ma purtroppo ne era stato trovato solo un pezzo corto, con la conseguenza che, nel test, il pallone avrebbe dovuto volare molto più in basso del solito e l'aereo non avrebbe avuto un'altezza sufficiente per potermi far balzare fuori in caso di necessità.

Il cavo del pallone fu ancorato in un bosco, dove c'era protezione dal vento, e quindi il pallone si volse al vento solo quando passò ben al di sopra del livello degli alberi e una lunghezza considerevole del cavo disponibile era già stata rilasciata. Tuttavia quando lo fece, invece di voltare il naso al vento ruotò su se stesso finché non fu di traverso. Ciò significava che il pallone avrebbe avuto una deriva molto più forte del solito e poteva spezzare il cavo in qualsiasi momento. La squadra naturalmente avrebbe dovuto abbassare il pallone non appena visto questo, ma invece, senza dubbio per la loro preoccupazione di non deludere il proprio visitatore, si comportarono come se tutto fosse normale e mi diedero il segnale di partire.

Mi resi conto, mentre sorvolavo il pallone e vidi la posizione insolita in cui era stato spinto dal vento, che volare a bassa quota contro un cavo così fortemente inclinato sarebbe stato molto pericoloso, ma supponendo, dato che l'equipaggio di terra mi aveva dato il "Via libera", che i cavi in questa posizione si incontrassero effettivamente sul campo, decisi che il test doveva essere effettuato. In quel momento, il cavo si staccò. Una frazione di secondo più tardi, le schegge di metallo di un'elica sfrecciarono attraverso la cabina e il motore di destra iniziò a correre ad alta velocità. Il cavo aveva tagliato il bordo inferiore di due pale dell'elica. Spensi immediatamente il motore danneggiato ed innestai il motore elettrico nel tentativo di "mettere in bandiera" le eliche, cioè di fermarle in posizione di folle, dove non avrebbero continuato a girare per autorotazione. Ma potevo farlo prima che il motore freneticamente in corsa si staccasse dai suoi supporti e l'aereo, diventando improvvisamente pesante in coda, inevitabilmente si schiantasse? Era una corsa contro la Morte.

Udet e gli uomini che erano con lui, udendo il rumore della rottura del cavo e vedendo l'aria piena di frammenti di metallo, guardarono, congelati dall'orrore, mentre scomparivo dalla vista sopra le cime degli alberi, quindi aspettarono il suono dell'inevitabile schianto. Non sentendo nulla, Udet volò quindi con il suo "*Storch*" sino a Fürstenwalde, da dove normalmente decollavo per i test e dove, in questa occasione, feci anche atterrare con successo l'aereo. Rimasi molto sorpresa quando atterrò vicino alla mia macchina, più pallido di quanto lo avessi mai visto. Restò a fissarmi, incapace di dire una parola. Poi, quando si fu ripreso dallo spavento, volò alla sua conferenza con Hitler al quale descrisse l'intero incidente. Allora mi fu data la Croce di Ferro di 2ª classe.

23.
LA CROCE DI FERRO

Il 27 marzo 1941, Göring mi ricevette nella sua casa di Berlino, e in riconoscimento del mio lavoro di pilota collaudatore mi conferì una versione speciale del Distintivo da pilota, d'oro con brillanti. Circondato dai suoi Generali, Göring era pronto a salutarmi quando entrai nella stanza. All'inizio, tuttavia, non si accorse di me ma continuò a fissare sopra la mia testa in direzione della porta.
Dopo alcuni istanti, Udet attirò sorridendo l'attenzione di Göring sul fatto che la persona che aspettava era già in piedi davanti a lui.
Lo stupore di Göring fu grande. Piantò la sua mole esattamente di fronte a me, le mani appoggiate sui fianchi.
"Cosa! Questa dovrebbe essere la nostra famosa «*Flugkapitän*»? Dov'è il resto di lei? Come può questa piccola persona riuscire a volare?"
Non mi piacque il riferimento alla mia taglia. Feci un movimento con la mia mano corrispondente grosso modo alla sua circonferenza.
"Dovrei essere così per volare?"
A metà della mia frase, improvvisamente fui colpita da forte imbarazzo dato che, a causa delle circostanze, il mio gesto poteva essere considerato fuori luogo. Provai a fermarlo a mezz'aria, ma troppo tardi – tutti, compreso Göring, l'avevano visto e ci fu un grande scoppio di risa, alle quali Göring si unì.
Il giorno seguente, Hitler mi ricevette alla Cancelleria del Reich per conferirmi la Croce di Ferro di 2ª classe. Il suo aiutante mi condusse attraverso un lungo corridoio fino alla stanza dove erano riuniti Hitler, Göring e una o due altre persone. Questa era la seconda volta che venivo presentata a Hitler, la prima volta era stata nel 1937, quando mi venne conferito il titolo onorifico di "*Flugkapitän*".
Hitler mi accolse con calore amichevole mentre Göring gli stava accanto, raggiante come un padre autorizzato a presentare un bambino bene educato. Fui poi invitata a sedermi tra di loro ad un grande tavolo rotondo sul quale, ricordo chiaramente, c'era un vaso di piselli dolci novelli. Hitler mi interrogò a lungo sui miei voli sperimentali, in particolare quelli legati agli esperimenti sui freni di picchiata. Era anche interessato al lavoro sperimentale svolto sul taglio dei cavi dei palloni di sbarramento. La sua conoscenza della tecnica aeronautica, che si rispecchiava nella mirata indagine delle sue domande, mi colpì come notevole per un profano. A questo ricevimento formale era impossibile ottenere una visione più profonda della personalità e del carattere di Hitler.

Dalla sua istituzione nell'anno 1813, la Croce di Ferro di 2ª classe era stata assegnata solo una volta a una donna[14], e il suo conferimento a me, la prima donna a riceverla in questa guerra, fu fonte di notevole interesse e soddisfazione pubblica. Nei giorni che seguirono mi giunse da tutte le parti della Germania un grandissimo numero di lettere, telegrammi e congratulazioni personali.

La mia provincia natale, la Slesia, si affrettò a rendere onore alla propria figlia e il 4 aprile 1941 mi fu accordata una grande accoglienza nella mia città natale di Hirschberg. In principio ero riluttante a fare una comparsa ma la questione fu risolta in modo drastico dal sindaco, l'*Oberbürgermeister* Blasius, che venne in macchina a Berlino a prendermi.

Ancora piena delle impressioni degli ultimi giorni, fui risvegliata dalla consapevolezza dell'entusiasmo locale non appena raggiungemmo il confine con la Slesia. I villaggi erano addobbati con bandiere, le persone sul ciglio della strada lanciavano fiori o ci salutavano dalle porte delle loro case e prima di raggiungere Hirschberg, dovemmo fermarci diverse volte mentre i bambini delle scuole cantavano canzoni, ci stringevano la mano e mi porgevano i doni che, con molta amorevole cura, avevano fatto essi stessi.

In tutto, brillava la cordialità e la buona natura della gente, negli occhi lucenti dei bambini, i volti fermi e sorridenti di vecchi uomini e donne, i giovani festanti, i fiori e le bandiere della mia città natale.

La stessa Hirschberg era un mare ondeggiante di colori e movimento. Gli alunni della Scuola di volo a vela di Grunau e un distaccamento della *Luftwaffe* si erano radunati all'ingresso della città e, nelle strade,

---

[14] In realtà almeno otto donne furono insignite della Croce di Ferro 1914 di 2ª classe quali infermiere in servizio al fronte: Frieda Gessert e Elfriede Scherhaus sul fronte orientale nel 1914, Lonny Hertha von Versen nel 1915 e Sophie Gräfin zu Toerring-Jettenbach; altri nominativi risultano essere le infermiere Aust (con le congratulazioni personali del Feldmaresciallo Hindenburg), Bührer, Scheermann e Schlenker. Altre Croci di Ferro 1914 di 2ª classe furono poi conferite a donne in circostanze particolari (tra le quali una donna autiere presso una Divisione, tre telegrafiste in azione a Memel nel 1915 e Elisabeth Schragmüller, la famosa "*Fraulein Doktor*", responsabile del Reparto spionaggio contro la Francia dei Servizi d'informazione dell'Alto Comando dell'Esercito), anche dopo il divieto del Kaiser nel 1915 di insignire di tale decorazione i non combattenti. Segnaliamo poi come nelle guerre napoleoniche la Croce di Ferro 1813 fu conferita a Sophie Dorothea Friederike Krüger, arruolatasi nel 1813 nell'Esercito prussiano come soldato travestendosi da uomo con l'alias di August Lübeck o Auguste Krüger, e secondo alcune fonti una Croce di Ferro 1870 fu conferita a una donna, Agnes Leclerq Joy, nata nel Vermont nel Nord America e moglie del principe e mercenario prussiano Felix zu Salm-Salm, attiva come infermiera nella Guerra civile americana, in Messico e nella Guerra franco-prussiana, NdE.

migliaia di persone gridavano il loro benvenuto mentre le raffiche di melodie di una banda di ottoni balzavano e svanivano nella brezza.
Così avanzammo lentamente verso il Municipio dove, nella Sala del Consiglio, mi fu presentato il rotolo della Cittadinanza Onoraria, un'onorificenza posseduta a quel tempo da una sola altra persona vivente, il poeta e drammaturgo di fama mondiale Gerhart Hauptmann. Nel pomeriggio presenziai ad una festa nella mia scuola, rivedendo i volti di vecchi amici e tanti dettagli quasi dimenticati delle stanze e degli edifici dove avevo trascorso tanti anni felici. Negli occhi scintillanti ed entusiasti delle ragazze mi sembrava di cogliere un riflesso della mia giovinezza.
Quando la mia decorazione fu annunciata, seppi che ero stata portata loro d'esempio come l'allieva modello del mio tempo – industriosa, attenta e ben educata. Sfortunatamente, questo era lontano dalla verità. Sebbene mi fossero piaciuti i miei giorni di scuola e avessi imparato facilmente e volentieri, non ero mai stata né avevo voluto essere altro che una normale allieva e, con dispiacere dei miei genitori, il mio umore esuberante mi aveva fatto guadagnare ogni anno un ricco raccolto di note sul registro di classe. Pochi giorni prima della mia visita alla scuola in tempo di guerra, le ragazze l'avevano scoperto tirando fuori dei vecchi registri di classe – c'è bisogno che io dica che la loro gioia fu senza limiti? Tuttavia il dilemma fu risolto dal Direttore, il quale permise che le pagine offensive venissero rimosse dai registri di classe, le fece rilegare e poi me le presentò come solenne ricordo dell'occasione!
A conclusione dei festeggiamenti, con mia grande gioia la città mi regalò un aliante del tipo *"Grunau-Baby"*. Successivamente lo misi a disposizione della Scuola di volo a vela di Grunau, intitolandolo all'indimenticabile Otto Bräutigam, caduto in azione.
Avevo amato la città di Hirschberg fin da bambina, i verdi pendii delle colline circostanti, le sue vecchie case a due spioventi, i viali alberati, le strade e i vicoli. Spesso, quando ero lontano da casa, vi ero tornata con l'immaginazione e non era quindi tanto l'onore fattomi ciò che mi commosse profondamente quel giorno, quanto il senso di essere tutt'uno con la mia terra e la sua gente cortese. Questa chiara dimostrazione del loro amore mi riempì di gratitudine, dandomi forza e stimolo per molti mesi a venire.

24.
MI SCHIANTO CON UN AEREO A RAZZO

Pilotare l'aereo a razzo *Me 163* significava vivere una fantasia di Münchhausen. Si partiva con un ruggito e una cortina di fuoco, sparati poi ripidamente verso l'alto per ritrovarsi un attimo dopo nel cuore dell'empireo.

Lo stare seduti nella macchina quando era ancorata al suolo e l'essere circondati all'improvviso da quell'infernale frastuono sputafuoco, era un'esperienza assai irreale. Attraverso la vetratura dell'abitacolo potevo vedere l'equipaggio di terra allontanarsi di colpo con la bocca spalancata e le mani sulle orecchie, mentre da parte mia tutto quello che potevo fare era reggermi mentre la macchina oscillava sotto una successione incessante di esplosioni. Mi sentivo come se fossi preda di una forza selvaggia sorta dall'Abisso. Sembrava incredibile che l'uomo potesse controllarla.

Mi sedetti nella macchina sulla pista, mentre i meccanici testavano il propulsore in modo da abituarmi al rumore. Dovetti farlo fino a quando non ne fui più spaventata e potevo pensare e prendere decisioni in modo chiaro e freddo senza un secondo di ritardo, perché una volta decollata il più piccolo errore di giudizio poteva significare la perdita della macchina e la mia morte. In questo modo, anche se al mio primo decollo ogni nervo del mio corpo fino alla punta delle dita era teso nell'aspettativa, la mia mente era libera di coordinare le azioni necessarie per controllare l'aereo.

Pilotai gli aerei a razzo *Me 163 A* e *Me 163 B* ad Augsburg, nell'ottobre 1942, per la ditta Messerschmitt.

Il *Me 163 A*, un aereo senza coda con propulsore a razzo, era il risultato di alcuni anni di lavoro sperimentale svolto dal Dr. Alexander Lippisch e dal suo pilota collaudatore, *Flugkapitän* Heini Dittmar, dapprima a Darmstadt e poi presso la Messerschmitt.

Il *Me 163 A*, che era alimentato da un razzo Walter, dimostrò di avere qualità così eccellenti durante i test che si decise di svilupparlo ulteriormente, per uso operativo in tempo di guerra. Ora noto come Me 163 B, fu progettato per essere utilizzato come intercettore per dividere le formazioni di bombardieri nemici prima di attaccarli individualmente.

Il razzo Walter incorporato nell'aereo conteneva una carica liquida composta da perossido di idrogeno altamente concentrato e un carburante speciale[15]. Unendosi nella camera di combustione, i due liquidi si accendevano per combustione spontanea, producendo una temperatura di 1.800 gradi centigradi. Venivano condotti nella camera di combustione in una proporzione fissa attraverso tubi sotto una pressione di oltre 20 atmosfere. Lì erano vaporizzati attraverso dodici getti e producevano nella combustione una spinta di circa 4.500 cavalli. La spinta era così potente che ad una distanza di cento metri la si avvertiva sul corpo come una serie di potenti colpi oscillanti.

Poco dopo aver lasciato il suolo, l'aereo a razzo raggiungeva una velocità da 350 a 400 chilometri all'ora. Il carrello doveva quindi essere gettato poiché non c'era spazio per ritirarlo e la sua resistenza all'aria influiva sulle prestazioni dell'aereo. Sganciarlo a un'altitudine di meno di 8 o 10 metri comportava il pericolo che rimbalzando da terra colpisse la fusoliera e poiché la parte posteriore di quest'ultima conteneva i razzi e i serbatoi di fluido ad alto esplosivo, qualsiasi danneggiamento avrebbe potuto avere conseguenze disastrose. Dopo che il carrello veniva lasciato cadere, la velocità dell'aereo aumentava nello spazio di pochi secondi fino a 800 chilometri all'ora e a questa velocità, con un angolo di salita dai 60 ai 70 gradi, si poteva raggiungere un'altezza di 10.000 metri in un minuto e mezzo.

Il *Me 163* B aveva eccellenti qualità di volo, migliori di quelle che avevo trovato in qualsiasi altro aereo. Ma con il suo alto tasso di consumo di carburante e un serbatoio della capacità di soli 2.000 litri – poiché non era possibile immagazzinarne di più in una macchina così piccola – poteva rimanere in aria solo per cinque o sei minuti.

Il decollo e l'atterraggio richiedevano la massima concentrazione e prima che potessero essere intrapresi era necessario esercitarsi con l'aereo quale aliante, senza il propulsore. Siccome tutto il carburante veniva consumato in volo, l'aereo doveva sempre essere portato a terra come un aliante e questo richiedeva una certa abilità e giudizio, in particolare perché l'aereo aveva una velocità di atterraggio estremamente elevata compresa tra i 230 e i 240 chilometri orari.

A Obertraubling, vicino a Regensburg, i miei amici Opitz e Späthe e io stessa testammo i primi *Me 163 B* usciti dalla linea di produzione. Heini Dittmar, che aveva sottoposto a test il prototipo, non poté venire con noi poiché giaceva in ospedale a causa di una lesione alla colonna vertebrale avuta durante uno dei suoi voli. Era stato il primo a

---

[15] *T-Stoff* (perossido di idrogeno ad alta concentrazione) e *C-Stoff* (una miscela di metanolo ed idrazina). Le due sostanze erano altamente esplosive; inoltre, il *T-Stoff* si incendiava spontaneamente al contatto con i tessuti o altri materiali combustibili, e il *C-Stoff* era altamente tossico: il personale di terra e i piloti furono perciò dotati di particolari tenute di protezione in gomma, NdE.

raggiungere e superare una velocità di 1.000 chilometri orari su questo aeroplano.

I voli di prova – dei quali i primi fatti senza propulsore a razzo – furono superati con successo e ora dovevo compiere il mio quinto volo. Il bimotore *Me 110* mi trainò attraverso il campo d'aviazione e pochi secondi dopo eravamo in volo. Ad un'altezza di poco meno di 10 metri, spostai la leva di rilascio per gettare il carrello. Immediatamente l'intero aereo iniziò a tremare violentemente come sotto l'influenza di una forte turbolenza nel flusso d'aria. Luci rosse *Very* si alzarono da terra verso di me: pericolo! Tentai di contattare l'aereo da traino con il laringofono ma l'apparato era fuori servizio. Poi vidi il mitragliere di coda che mi faceva dei segnali urgenti con un panno bianco e nello stesso momento il *Me 110* fece scendere il suo carrello e lo ritrasse di nuovo, poi ripeté il processo – giù – su – giù – su. Quindi questo era quello ch'era successo, il mio carrello si era bloccato! Nel frattempo il *Me 110* mi stava rimorchiando girando ad anello sul campo d'aviazione, mentre io avevo un solo desiderio – raggiungere un'altezza sicura dove avrei potuto sganciare il traino e vedere se il mio aereo avrebbe risposto ai comandi. Quando continuai a restare attaccata al traino, il pilota del *Me 110* si rese conto di quello che volevo e mi portò il più in alto che la base nuvolosa permettesse. Quando raggiungemmo i 3.500 metri mi sganciai.

Tirando bruscamente, cercai di scrollare via il carrello ma l'aereo continuava a tremare violentemente e vedevo che il tentativo era inutile. L'unica cosa che potevo fare ora era provare l'aereo nei suoi diversi assetti di volo, per assicurarmi che nessuna delle superfici di controllo fosse stata influenzata dalla massa del carrello appeso sotto la fusoliera e che fossero completamente controllabili.

Nessun pilota al quale fosse stato affidato il collaudo di un aereo di valore sarebbe mai balzato fuori abbandonandolo fintanto che rimaneva una minima possibilità di portarlo in salvo a terra. Non avevo idea di come e dove il miserabile aggeggio si fosse impigliato nella fusoliera, né potevo immaginare se avrebbe sfondato la fusoliera quando sarei atterrata. Potevo solo fidarmi della mia buona stella e portare l'aereo a terra, intatto, per lo meno finché non avesse toccato il suolo.

Avevo programmato di avvicinarmi al campo d'aviazione con una buona riserva d'altitudine e poi, negli ultimi centri metri circa, scivolare giù di sbieco verso il bordo del campo. E così feci finché, nonostante un'adeguata velocità d'aria, l'aereo improvvisamente cadde giù e andò fuori controllo. Nello slittamento laterale, le superfici di controllo erano diventate inutili a causa delle turbolente correnti d'aria create dalla massa irregolare del carrello.

Quello che successe dopo non mi lasciò il tempo per pensare. Stavo ancora lottando per tenere sotto controllo la macchina quando la terra si sollevò davanti ai miei occhi. Mi raggomitolai strettamente su me stessa. Cademmo, colpendo la terra, poi lacerandosi e spaccandosi, la macchina fece una capriola – barcollò – e si afflosciò fermandosi.

La prima cosa che compresi fu che non ero appesa all'imbracatura e quindi la macchina era rivolta verso l'alto. Quasi automaticamente, la mia mano destra aprì il tetto della cabina – era intatto. Con cautela, feci scorrere la mano lungo il braccio e la mano sinistra, poi lentamente lungo i fianchi, il petto e le gambe. Con mio grato stupore, non mancava nulla e tutto sembrava funzionare. Mi sentivo come se fossi tornata al mio mondo familiare da qualche spiaggia remota...

Poi notai un rivolo di sangue che scorreva provenendo dalla mia testa. Non sentendo dolore, iniziai a seguirne il flusso fino alla sua fonte e mentre le mie dita si muovevano verso l'alto, attraverso il mio viso, vi si imbatterono – al posto dov'era stato il mio naso ora non c'era altro che una fenditura aperta. Ogni volta che respiravo, bolle d'aria e sangue vi si formavano lungo il bordo.

Provai a girare la testa di lato, immediatamente nere imposte mi si chiusero sugli occhi. Senza muovere di nuovo la testa, presi matita e blocchetto da una tasca e disegnai uno schizzo, che mostrava il corso degli eventi che avevano portato allo schianto. Poi tirai fuori un fazzoletto e me lo legai attorno al viso all'altezza del naso, in modo che quando la squadra di soccorso fosse arrivata, gli sarebbe stato risparmiato lo shock di vedere le mie condizioni. Infine l'oscurità si chiuse su di me.

Quando ripresi conoscenza, vidi le sagome dei miei amici che stavano davanti a me in una macchia biancastra. Mi ricomposi nel tentativo di rassicurarli. E ancora non riuscivo a sentire dolore.

Dall'aeroporto mi portarono in automobile a Regensburg, all'Ospedale delle Suore della Misericordia. Le lastre radiografiche rivelarono danni gravi: il cranio era fratturato in quattro punti nell'area basale e in due punti nell'area facciale, comportando compressione del cervello, spostamento delle ossa mascellari superiori e separazione delle ossa del naso.

Ebbi la grande fortuna di essere nelle mani di un chirurgo di prima classe, il Dottor Bodewig, e l'ultima cosa che ricordai era di aver visto le pareti della sala operatoria.

Quando mi risvegliai ero sdraiata in una stanza luminosa ed accogliente. Vidi delle facce, senz'altro sorridenti, ma stranamente preoccupate. La mia testa era fittamente fasciata. Si potevano vedere soltanto le labbra gonfie e gli orli blu e ammaccati degli occhi.

Molto lentamente la mia mente si schiarì. "Madre," pensai e sebbene mia zia, Käthe von Cochenhausen, fosse lì accanto al dottore e questo fosse come un pezzo di famiglia, sentii un improvviso sussulto di nostalgia della mia casa.

La mattina dopo, quando apersi gli occhi, mia madre era inginocchiata accanto al mio letto. Ora sapevo di essere al sicuro.

Potevo vedere dall'espressione del dottore che le cose con me non andavano bene. Il pensiero non mi causò angoscia, ma se la fine era vicina io volevo saperlo per essere preparata. Alla mia domanda il medico diede solo una risposta evasiva, quindi chiesi di vedere la mia intima amica, Edelgard von Berg, che era lei stessa un chirurgo capace e lavorava sotto il professor Gorband all'ospedale Robert Koch di Berlino. Lei, lo sapevo, mi avrebbe detto la verità.

Mia madre le telefonò e lei promise di venire subito. Partì da Berlino in automobile e, giunta a Lipsia, ci telefonò per farci sapere che era in viaggio. Poi aspettammo, ora dopo ora, aspettammo, finché la mia felice aspettativa di vederla di nuovo gradualmente si guastò in un nauseante presentimento, aspettammo, sinché alla fine mia madre dovette darmi la notizia e, ascoltandola, svenni. La mia amica aveva avuto un incidente stradale ed era morta.

Per lungo tempo le mie condizioni furono molto gravi. Lo sapevo senza che me lo dicessero. Tuttavia non avevo paura perché ora ero immersa in una nuova vita, tutto ciò che prima mi era sembrato importante restava remoto ed insignificante oltre i suoi limiti, mentre giacevo inerte nella quiete. Mia madre lo sapeva e stava con me, condividendo il mio nuovo mondo senza passioni. Non seppe mai quanto mi avesse aiutato in questo momento, perché presto sarei stata turbata incessantemente, non dal dolore ma da pensieri angosciosi e tormentati dalla paura che si inseguivano incessantemente nel mio cervello gravemente ferito. Starmene sdraiata, impotente mentre da tutte le parti si svolgevano eventi infausti mi riempiva di disperazione. Cercavo di non pensare, perché il pensiero era fisicamente doloroso e qualsiasi tipo d'emozioni mettevano in pericolo la mia guarigione. Anche in questo caso fu mia madre e lei sola a calmarmi, lei sola che infine mi convinse ad abbandonare il pensiero e a far riposare la mia mente, mettendola nelle mani di Dio. Gradualmente, nella mia oscurità, lei riaccese le candele della speranza e, attraverso la sua fede incrollabile che un giorno avrei volato di nuovo, mi condusse sul sentiero che doveva riportarmi in vita.

Per più di cinque mesi rimasi in ospedale a Regensburg, ricevendo ogni giorno così tanti segni di amicizia e amore da farmi quasi vergognare.

Il Dottor Bodewig si prese una pena infinita nel curarmi e le Suore della Misericordia mi assistettero con instancabile devozione.
Pochi giorni dopo il mio incidente, ricevetti la Croce di Ferro di 1ª classe.

Nel marzo del 1943 stavo abbastanza bene da essere dimessa dall'ospedale, sebbene la mia guarigione non fosse ancora completa ed era in dubbio se lo sarebbe mai stata.
Mi fu offerta una scelta di sanatori dove trascorrere la convalescenza, ma li rifiutai tutti. Se dovevo migliorare, avrebbe dovuto essere a modo mio. Pianificai, invece, di andare a Saalberg nella casa di alcuni amici che giaceva nascosta in un grande giardino simile a un parco a circa metà delle pendici montuose del Riesengebirge. La casa al momento era vuota – i miei amici la usavano solo d'estate – e io avrei potuto restare completamente sola come volevo. Dopo aver trascorso alcuni giorni felici, sempre in barella, con i miei genitori a Hirschberg, mi trasferii in questo eremo all'inizio di aprile, portando con me come protezione una mazza e una pistola. Solo io sapevo quanto fossi ancora malata. Nessuno poteva immaginare che la mia testa continuasse a dolere incessantemente o che il più breve viaggio in automobile o in treno mi facesse sentire male e stordita. Ma una volta giunta nella completa libertà e nella quiete assoluta della mia nuova dimora, sperai di recuperare gradualmente la salute.
Dopo alcuni giorni trascorsi in una tranquillità senza tempo, iniziai a cercare di superare i miei attacchi di vertigini e recuperare il mio senso di equilibrio. La casa aveva un tetto a due falde di pendenza insolitamente ripida e una stretta rampa di scale che portava dal piano terra ad un camino, che sporgeva sopra di esso. Molto lentamente e con cautela, salivo i gradini fino in cima e mi sedevo a cavalcioni sul crinale del tetto, le mani saldamente aggrappate al comignolo e gli occhi chiusi per non perdere l'equilibrio. Quindi, aprendo gli occhi, li mettevo a fuoco su ogni fila di tegole in successione fino all'orlo del tetto e da lì trasferivo lo sguardo fino a terra. Poi ripetevo l'esercizio dall'altro lato del tetto. Prima a destra – poi a sinistra.
All'inizio le salite al tetto mi costavano uno sforzo eccessivo e mi lasciavano completamente esausta. Ma continuai a ripeterle giorno dopo giorno sinché cominciai gradualmente a trovarlo più facile. Dopo un po' di tempo, scoprii che non avevo più bisogno di aggrapparmi al camino e potevo lasciare che i miei occhi vagassero liberamente sul tetto e sulla campagna vicina. Avventurandomi sempre più lontano dal camino, dopo quattro settimane finalmente riuscii a spingermi per tutta la lunghezza della cresta senza la minima sensazione di vertigini.

Alcuni giorni, per variare, trasferivo i miei esercizi su di un pino, cercando di arrampicarmi di ramo in ramo. Anche qui dapprima raggiungevo presto i limiti delle mie forze e poi, ricordando i giorni della mia infanzia, quando nessun albero era troppo alto da scalare per me, a volte nella mia debolezza mi arrendevo quasi alla disperazione.

Per ricostituire le mie forze, intraprendevo anche passeggiate quotidiane lungo i sentieri che portano alle pendici delle montagne. Spesso dovevo tornare indietro prima di andare troppo lontano a causa della stanchezza e di tormentosi mal di testa, ma anche qui le mie forze aumentarono gradualmente sino a quando riuscii infine a raggiungere la linea della cresta della montagna.

Trovando ancora difficoltà a concentrarmi e nel coordinare i miei pensieri, mandai a chiamare la mia segretaria e le dettavo qualcosa ogni giorno, come forma di allenamento mentale.

Quando, finalmente, sentii di essermi ripresa a sufficienza, chiesi al comandante della Scuola di guerra aerea di Breslau-Schöngarten se potevo pilotare alcuni dei suoi aerei per riprendere l'addestramento. Lui fu d'accordo intendendoci sul fatto che non avrei sovraccaricato le mie forze e anche che la questione doveva essere tenuta segreta ai miei medici. Iniziai pilotando un aliante in volo trainato, compito che mi trovai in grado di fare senza la minima difficoltà. Poi pilotai aerei a motore, scendendo in picchiata ogni volta da un'altezza maggiore per vedere se la mia testa poteva tollerare rapidi cambiamenti nella pressione dell'aria. Per lo stesso scopo tentai curve ripide, rotazioni e acrobazie aeree. Nel giro di poche settimane le mie capacità di volo tornarono alla normalità. Sembrava un miracolo e quando lo dissi ai medici di Hirschberg, mi guardarono quasi come una curiosità medica. Ma per me tutto ciò che contava era che ero nuovamente in grado di volare.

25.
CONVERSAZIONI CON HIMMLER

Tra i fiori e gli altri regali che ricevetti in ospedale a Regensburg, un giorno arrivò un piccolo pacco da parte di Himmler, contenente una barra di cioccolato e una bottiglia di succo di frutta. Era accompagnata da una lettera personale che esprimeva auguri per una rapida guarigione, e mi esortava a non omettere nulla che potesse aiutarmi a ritornare in piena salute.

Dubbiose e un poco imbarazzate, mia madre e io considerammo questi oggetti, così semplici e privi di ostentazione a fianco delle grandi e formali composizioni floreali che altri avevano inviato. Nella nostra famiglia avevamo sempre evitato di menzionare il nome di Himmler: mia madre vedeva in lui l'avversario del Cristianesimo e quindi non poteva avere nulla in comune con noi.

Finché restai in ospedale, questi piccoli doni venivano ripetuti ad intervalli regolari, accompagnati sempre da poche righe dalla mano di Himmler, formulate in modo così semplice e spontaneo che anche mia madre non poté non rimanerne colpita. Alla fine, lei si convinse che l'immagine che ci eravamo fatte di Himmler potesse essere falsa, basata, com'era, su ciò che ci era stato detto delle sue attività ufficiali. Preoccupata, come sempre, di non essere ingiusta nei suoi giudizi, mi esortò quindi a chiamare personalmente Himmler non appena mi fossi ripresa per ringraziarlo della sua gentilezza. Potei farlo nel luglio 1943, arrivando in aereo al suo Quartier generale nella Prussia orientale la sera, poco prima dell'ora di cena.

Himmler uscì ad incontrarmi, salutandomi in modo amichevole con un invito a cenare con lui e i suoi Ufficiali. Durante il pasto, notai e rimasi sorpresa dai franchi e informali rapporti che sembravano esistere tra gli Ufficiali e tra essi e il loro superiore.

In seguito Himmler mi invitò nel suo studio. Per la prima volta ero sola con lui. Affinché la mia sincera espressione di ringraziamento per la sua gentilezza non fosse causa di fraintendimenti, ammisi che nella mia famiglia la menzione del suo nome aveva sempre destato apprensione. Himmler ascoltò con calma e poi chiese:
"Formate sempre i vostri giudizi così frettolosamente, *Frau* Hanna?"
Mi portò una poltrona e mi si sedette proprio di fronte.
"Cosa trovate esattamente nel mio nome per allarmarvi?"
"Non saprei da dove cominciare", risposi. "Per prima cosa, come potete tentare di cercare d'estirpare dal cuore degli uomini le loro credenze più sacre quando non avete nulla di lontanamente paragonabile in termini di valore per sostituirle?"

In risposta, Himmler lanciò un tagliente attacco alla plausibilità della dottrina cristiana, mostrando un'intima conoscenza della Bibbia e sostenendo le sue argomentazioni con molti esempi ignoti, dei quali mi mancava una conoscenza sufficiente per poterlo confutare.
Tornai di conseguenza al nocciolo della questione.
"Stiamo trattando di una fede religiosa", dissi enfaticamente. "Non posso costringervi a condividere questa convinzione, ma nella vostra posizione dovreste rispettare e non interferire con i sentimenti religiosi degli altri."
Continuai su questo argomento, anche se mi rendevo conto che non sarei stata in grado di convincere Himmler a cambiare mentalità. Ma volevo dirgli francamente la mia opinione su tali questioni.
Ci volgemmo quindi ad un altro problema, sul quale i miei sentimenti erano forti, il suo atteggiamento nei confronti delle donne e del matrimonio. Lo redarguii per il fatto di vedere la questione da un punto di vista puramente razziale e biologico, considerando la donna solo come portatrice di figli e di tendere attraverso le sue direttive alle SS, delle quali, dovevo ammetterlo, avevo solo sentito voci, a minare la moralità e distruggere la santità del matrimonio. Un simile atteggiamento era destinato, a mio avviso, a provocare il tracollo di un popolo.
Himmler rispose alle mie accuse in modo concreto e molto lungamente. Mi assicurò di condividere completamente le mie opinioni. La sua politica era stata travisata e interpretata male, involontariamente o per deliberata malizia. Era molto importante, disse, che queste voci tendenziose non si diffondessero, soprattutto in questo momento, quando stava valutando l'introduzione nelle *SS* delle *Stabshelferinnen*[16], già impiegata nell'Esercito. Lui stesso aveva redatto le regole che disciplinavano il loro impiego, aderendo strettamente al modello delle *Lotta* finlandesi[17], il cui impiego e il cui comportamento in guerra erano ben noti per essere esemplari. Non mancai di far notare a Himmler che, a dispetto di quanto aveva detto, le apparenze in generale erano contro di lui.

---

[16] Le *Wehrmachthelferin*, Ausiliarie impiegate dalla *Wehrmacht* quali addette alle telecomunicazioni e scritturali negli Stati Maggiori, nei Comandi della difesa contraerea e nella *Flak*, e nei corpi sanitari militari. Il loro ruolo fu significativo: basti pensare che nell'agosto del 1944 la *Flak* contava 660.000 effettivi uomini e ben 450.000 donne (*Flakbehelfspersonal*), NdE.

[17] *Lotta Svärd* (dal nome dell'eroina di un libro patriottico del 1848-1860 opera dello scrittore Johan Ludvig Runeberg), il Corpo paramilitare delle Ausiliarie dell'Esercito finlandese, formato nel 1918 dai "Bianchi" nella Guerra civile finlandese, e attivo sino al 23 novembre 1944, quando ne fu ordinato lo scioglimento dai sovietici dopo la fine della Guerra di continuazione. Il Corpo fu però subito rimpiazzato da una nuova organizzazione sostanzialmente identica, e presente ancora oggi con il nome di *Lotta Svärd Säätiö*, NdE.

Durante la nostra conversazione, durata diverse ore, ebbi l'opportunità di osservare ciò che mi circondava. Lo studio di Himmler era arredato in modo semplice ma con il massimo buon gusto. Rimasi particolarmente colpita da alcune belle incisioni antiche sui muri. Notando il mio interesse, Himmler mi diede un resoconto dettagliato di ogni immagine: rappresentavano figure e scene della storia prussiana.
Poi continuò parlandomi della Allach, la nuova azienda di produttori di porcellana, mostrandomi alcuni dei loro progetti che aveva sviluppato egli stesso. Tra questi mi presentò un vassoio di Natale e mi chiese cosa ne pensassi. Io dissi che non mi piaceva. Non sembrava offeso, ma strinse le labbra pensieroso per un momento e poi annunciò la sua decisione – avrebbe annullato l'ordine per la sua fabbricazione. Prima che me ne andassi Himmler mi ringraziò per la mia franchezza, che mi ha assicurò essere qualcosa di nuovo per lui, ottenendo da me la promessa che, se avessi avuto altre critiche od obiezioni da sollevare in qualsiasi momento, non avrei esitato a portarle alla sua attenzione. Io mantenni questa promessa.

Nell'ottobre del 1944 il mio vecchio compagno di volo, Peter Riedel, che ora si trovava nell'ambasciata tedesca a Stoccolma, mi fece visita al Club di Volo a Berlino. In uno stato di notevole agitazione, gettò un opuscolo sul tavolo:
"Se vuoi sapere cosa sta succedendo in Germania, guarda questo! Questo è quello che troviamo sulle nostre scrivanie in Ambasciata!"
Diedi un'occhiata al libretto, che riguardava le camere a gas. Ero fuori di me:
"E tu ci credi?" Chiesi furiosa. "Nella Prima guerra mondiale, la propaganda nemica ha imbrattato il soldato tedesco con ogni barbarie immaginabile – ora si è arrivati alle camere a gas!"
La mia emozione impressionò fortemente il mio amico.
"Io ti crederò," disse, ma mi chiese di informarne Himmler immediatamente.
Telefonai a Himmler, ottenendo il permesso di fargli visita nel suo quartier generale sul campo. Giunta lì, posai il libretto davanti a lui.
"Cosa ne dite, *Reichsführer*?"
Himmler lo raccolse e ne sfogliò le pagine. Poi, senza cambiare espressione, alzò lo sguardo fissandomi con calma:
"E voi credete a questo, *Frau* Hanna?"
"No, certamente no. Ma dovete fare qualcosa per contrastarlo. Non potete lasciare che addossino questo alla Germania."
Himmler posò il libretto sul tavolo, poi mi guardò ancora una volta:
"Avete ragione," disse.

26.
CON LE TRUPPE SUL FRONTE RUSSO

Quando il disastro di Stalingrado fu annunciato nel febbraio del 1943, l'intero popolo tedesco si rese conto di essere impegnato in una lotta per la vita o per la morte. Dopo Stalingrado, le ombre iniziarono visibilmente a calare sulla Germania e nonostante la propaganda ufficiale, volta ancora alla vittoria, di mese in mese cresceva la sensazione che la fine stesse inesorabilmente incombendo.
Nei lunghi mesi trascorsi in ospedale avevo seguito questi sviluppi con crescente preoccupazione e quando fui ristabilita, feci subito rapporto a Göring. Con mia grande sorpresa ricevetti un invito a casa sua nell'Obersalzberg, dove lui e sua moglie mi intrattennero a pranzo. Parlammo del mio incidente e del *Me 163*. Con mio orrore scopersi che, a proposito dell'aereo a razzo, Göring era completamente disinformato, credeva che fosse già in produzione di massa mentre in realtà non era ancora uscito della fase sperimentale. Provai a riferirgli il vero stato delle cose ma non mi ascoltò. Invece, si arrabbiò furiosamente e uscì dalla stanza. Sentendo istintivamente che anche una verità sgradevole è migliore dell'autoinganno sua moglie riuscì finalmente a calmarlo, ma la conversazione da allora in poi rimase formale ed artefatta e divenne fin troppo chiaro come Göring non desiderasse che le sue confortanti illusioni venissero disturbate. Non gli feci mai più visita.
Profondamente depressa per questo incidente, tornai al mio compito di pilota collaudatore. L'aereo a razzo adesso era testato a Bad Zwischenahn a Oldenburg e fu lì che mi giunse la chiamata dal *Generaloberst* Ritter von Greim, che mi chiedeva di recarmi da lui sul fronte orientale dove egli e i suoi uomini erano impegnati in una lotta di proporzioni quasi sovrumane.
Greim era al comando di una Flotta Aerea nel settore centrale del fronte orientale. Come aviatore nella Prima Guerra Mondiale aveva ricevuto la più alta onorificenza al valore, la croce *Pour le Mérite*. Associata al grande coraggio egli aveva un'alta venerazione per la vita e non avrebbe mai esposto nessuno dei suoi uomini al pericolo se non fosse stato assolutamente necessario, esigendo da loro semplicemente quello che le circostanze richiedevano. Sia gli Ufficiali che i soldati lo consideravano quindi come un padre.
Aveva ora l'arduo compito di fornire supporto aereo per il suo settore del fronte con velivoli insufficienti ed era tanto più importante, quindi, mantenere un morale alto tra i suoi uomini. Sapeva che questo poteva essere ottenuto soltanto con l'esempio personale e lui stesso era stato costantemente tra gli uomini nelle posizioni più avanzate. Era tuttavia

convinto che la visita di una donna alla quale erano state conferite decorazioni militari avrebbe ottenuto un successo maggiore.
Raggiunsi il suo Quartier generale nel novembre del 1943. Era situato in un bosco nel circondario di Orscha. Per tutta la notte, anche nel sonno, potevo sentire l'incessante fragore e il tuono dei cannoni dal vicino fronte. La mattina dopo, all'alba, von Greim ed io partimmo per visitare le sue posizioni avanzate di cannoni contraerei che erano allora in attesa di un attacco nemico su larga scala. Volammo con un aereo da ricognizione *Fieseler "Storch"*, scortati da un secondo aereo. Faceva un freddo gelido.
Per la prima volta stavo vivendo un'esperienza diretta della guerra, come la vede un soldato. Per evitare di essere scoperti dal nemico volammo in volo radente fino a quando, a poca distanza dalla linea del fronte presso il Comando di una Divisione campale della *Luftwaffe*, scambiammo lo *"Storch"* con un mezzo blindato che ci portò vicino alle posizioni di prima linea. L'ultimo tratto dovemmo farlo a piedi, procedendo rannicchiati con brevi corse, poiché l'area era sotto osservazione diretta del nemico.
Appena raggiungemmo le posizioni della contraerea i russi aprirono un pesante bombardamento. Tutti automaticamente svanirono nel terreno, mentre tutt'intorno a noi l'aria fischiava, fremeva e schiantava. Quando le nostre armi iniziarono a ruggire la propria risposta e, poco dopo, una formazione di aerei russi iniziò a bombardare le nostre posizioni, io mi sentii, nel mio terrore, come se volessi strisciare dentro me stessa. Quando, infine, a questo inferno si aggiunsero i più orribili di tutti i suoni, le urla dei feriti, ebbi la certezza che nessuno di noi ne sarebbe riemerso vivo. Rannicchiandomi in un buco nel terreno, cercai invano di fermare il persistente battere delle mie ginocchia.
Quando finalmente il bombardamento cessò e potemmo lasciare i nostri rifugi, aiutai a bendare i feriti. Poi proseguimmo visitando, durante la pausa nei combattimenti, ogni singola postazione di fuoco. Il pericolo fu considerato troppo grande perché io vi andassi, ma avendo veduto gli occhi degli uomini illuminarsi alla mia vista, sapevo ora cosa significasse per loro ricevere questo visitatore inaspettato da casa e rifiutai di essere lasciata indietro.
In quel primo giorno, che non dimenticherò mai, mi resi conto quale handicap fosse il non avere esperienza della prima linea. Circondato dal pericolo, il soldato almeno sapeva come affrontarlo al meglio, mentre io no. Il risultato era che mi sentivo continuamente tesa.
Quindi il giorno successivo, mentre l'artiglieria nemica sparava, chiesi ad un Sottufficiale di insegnarmi a distinguere tra i suoni dei proiettili nemici e i nostri.

Riparandomi dietro ad un carro armato, respinsi la mia paura ed ascoltai strenuamente, mentre la voce del Sottufficiale veniva chiara e calma attraverso il tuono e il lamento dei proiettili:
"Nostro" – "Loro" – "Colpo non pericoloso." – "Fermi!" – "Attenti!" – "Giù–!" E sopra le sue parole il proiettile nemico esplose e la terra si sollevò in aria.
Nei giorni in cui il tempo era pessimo per i voli operativi, visitai unità isolate della *Luftwaffe* nella zona di Orscha–Vitebsk, volando su un *Fieseler "Storch"*. Gli uomini mi accettavano come uno di loro, mi rivolgevano le loro domande, preoccupazioni e pensieri. Quando mi chiedevano della situazione della guerra, ce la mettevo tutta per non suscitare false speranze.
Trascorsi tre settimane in tutto visitando le unità della *Luftwaffe* nel mezzo della loro battaglia sul Fronte orientale. Volare sotto cieli grigi su distese sconfinate di aperta campagna occupata dai partigiani, parlare con uomini stanchi e preoccupati dentro capanne e buchi nel terreno, le strette di mano dei miei compatrioti, l'agonia, la perseveranza – e il freddo: tutto questo non svanirà dalla mia mente.

27.
PILOTO LA V1

Molto inchiostro è stato sparso sull'argomento della *V1* pilotata. Per anni la stampa mondiale si è abbandonata a rapporti clamorosi sui metodi pericolosi di testare questo robot guidato dall'uomo e sugli usi da far rizzare i capelli ai quali doveva essere destinato. Ma le vere ragioni che portarono a collocare un pilota nell'aereo senza pilota e lo scopo per il quale era stato progettato non sono mai state fornite con precisione al pubblico.
La storia comincia nell'agosto del 1943, a Berlino. Un giorno, durante il pranzo al Club di Volo, mi imbattei in due vecchi amici. Uno di loro era uno specialista medico aeronautico, l'altro un pilota di alianti molto abile ed esperto.
La nostra conversazione si incentrò sull'andamento della guerra, che stava provocando in noi un profondo malessere. Eravamo d'accordo sul fatto che il tempo non era dalla parte della Germania, perché ogni giorno che trascorreva portava un ulteriore prosciugamento delle sue risorse in calo. Una dopo l'altra paesi e città si accartocciavano sotto gli attacchi aerei Alleati, il sistema di trasporto e i centri di produzione venivano sistematicamente distrutti, le materie prime diventavano sempre più difficili a procurarsi, mentre la lista delle morti continuava a salire.
Inoltre il Piano Morgenthau non era sconosciuto in Germania e comprendendo pienamente che una guerra persa avrebbe coinvolto sia gli innocenti che i colpevoli nello stesso tragico destino, il nostro desiderio era il medesimo – fare tutto quanto fosse in nostro potere per evitarlo.
Ma quanto stava in nostro potere? Per mesi questa domanda aveva occupato i miei pensieri e, come scoprii a pranzo quel giorno, i pensieri dei miei amici.
Fummo d'accordo sulla nostra risposta. Era chiaro per noi che la base determinante del corso di questa guerra era la tagliente battaglia tra scienziati e tecnici e che un cambiamento in favore della Germania poteva essere determinato solo dal successo in questo campo.
Eravamo anche convinti che la guerra dovesse essere fatta terminare presto per poter salvare la Germania dal disastro e che ciò potesse essere assicurato solo attraverso una pace negoziata. Per preparare il terreno ai negoziati, sarebbe stato necessario indebolire notevolmente la forza militare del nemico.
Questo avrebbe potuto essere fatto solo dall'aria, e soltanto, noi credevamo, se volontari si fossero resi disponibili per pilotare un proiettile

idoneo nel centro del suo bersaglio, distruggendolo totalmente e rendendo impossibile la riparazione o un nuovo equipaggiamento. In questo modo avrebbe dovuto essere possibile infliggere, risparmiando la popolazione civile nemica, una rapida successione di colpi devastanti alle centrali elettriche, agli acquedotti, ai centri di produzione chiave e, in caso d'invasione, ai trasporti mercantili e navali.

Sebbene tali uomini, se si fossero potuti trovare, avrebbero dovuto offrirsi volontari per una morte certa, non sarebbe stato un compito per semplici temerari, indifferenti al pieno significato della loro azione, né per ciechi fanatici, né per individui disincantati e gli stanchi della vita che avrebbero potuto vedere in questo la loro occasione di fare un'uscita teatrale. Questa "Operazione Sacrificio"[18] avrebbe richiesto uomini pronti a sacrificarsi nella convinzione che solo in questo modo il proprio paese avrebbe potuto salvarsi. Infine, non sarebbe bastato neppure un esuberante idealismo, perché il sacrificio di sé non era il fine ma solo una parte del mezzo, essendo l'altra un calmo ed accurato calcolo.

Eravamo tutti e tre concordi sul fatto che la realizzazione del progetto dipendeva dalla possibilità di sviluppare un aereo che fosse completamente ed assolutamente affidabile, e che si fosse potuto dimostrare che lo era. Senza questo, l'intera idea sarebbe diventata ripugnante, poiché avrebbe implicato una frivola ed insensata distruzione della vita.

Devo dire a questo punto che fino ad allora in Germania non si era ancora sentito parlare dei piloti suicidi giapponesi[19]. Nondimeno la conversazione con i miei amici in quel giorno di agosto, sembrò mostrare come la concezione dei piloti suicidi fosse più diffusa in Germania di quanto chiunque di noi avesse immaginato. Quando si trattò di chiamare volontari, quell'impressione fu confermata in modo straordinario. Li trovammo ovunque. La maggior parte di loro erano sposati e padri di famiglia ed erano individui robusti e semplici. Per come essi la vedevano, il sacrificio delle proprie vite sarebbe stato nulla in confronto ai milioni che sarebbero morti, sia soldati che civili, se la guerra fosse continuata. Erano inoltre convinti che il sacrificio fosse necessario se le loro mogli, i loro figli e il loro paese sarebbero stati salvi.

---

[18] *Selbstopfer-Einsatz*, abbreviato in *SO-Einsatz*. In esteso, *Selbstopfer* è "Sacrificio di sé". I piloti coinvolti erano chiamati "*SO-Mann*", "Uomini *SO*" NdE.

[19] Le unità d'attacco speciale *Kamikaze* della Marina e Esercito imperiali giapponesi. Il primo reparto *Kamikaze* fu formato ufficialmente nell'ottobre 1944, entrando in azione il 25 ottobre durante la battaglia di Leyte, e l'apice degli attacchi degli aerei suicidi giapponesi contro le navi Alleate fu nell'aprile 1945, NdE.

Tenemmo i nostri pensieri celati agli estranei e a coloro al di fuori della nostra cerchia immediata. Ciò nonostante si ampliarono continuamente man mano che un numero maggiore dei nostri associati venivano iniziati nei nostri piani. Il fatto che venissimo spesso fraintesi era prevedibile, poiché il nostro piano non attirava i cercatori di fama e non offriva alcuna possibilità di esito positivo a coloro che si sentivano inclini a giocare d'azzardo con la morte. Qui era richiesta niente di meno che la completa vittoria di sé.

Se il piano fosse stato preparato su una scala abbastanza ampia e con sufficiente cura, avrebbe dovuto essere possibile, pensammo, causare la completa distruzione dei centri di guerra vitali del nemico e speravamo quindi che coloro che ne avevano l'autorità avrebbero esaminato senza indugio la fattibilità delle nostre idee in modo che, prima di sottoporle a Hitler, potessimo elaborare dettagli tecnici completi ed accurati. Ma non avevamo idea degli ostacoli e delle difficoltà che stavamo per incontrare.

Avvicinai per primo il Feldmaresciallo Milch, vice capo della *Luftwaffe* e vice di Göring. Rifiutò nettamente di esaminare l'idea. A suo parere, intraprendere un compito nel quale le possibilità di sopravvivenza personale erano nulle era contrario alla mentalità tedesca. Trovai impossibile in un colloquio formale persuaderlo che il sacrificio di sé con l'obiettivo di salvare la vita degli altri era pienamente giustificato, e mi accontentai del fargli richiesta di lasciare la questione alla coscienza dei singoli volontari, ai quali dopotutto la questione riguardava principalmente.

Successivamente avvicinammo l'Istituto di ricerca aeronautica[20], il cui direttore si impegnò a convocare una conferenza di tutti gli scienziati, tecnici e tattici interessati per esaminare il nostro piano.

La conferenza si svolse nell'inverno 1943-1944 sotto la presidenza del Direttore. Erano presenti specialisti di tutti i rami dell'industria bellica, esperti di esplosivi, siluri, tecnici di navigazione e radio, ingegneri marittimi, ufficiali di marina e progettisti di aerei. Gli Ufficiali che comandavano gli Squadroni di Caccia e gli Squadroni di Bombardieri inviarono ciascuno un rappresentante. Erano presenti anche medici specialisti.

Il piano fu dichiarato fondamentalmente valido, sia nei suoi aspetti tecnici che operativi. Per risparmiare tempo, si sarebbe dovuto usare quale bomba planante pilotata una costruzione già esistente, il *Me 328*. L'uso di una versione pilotata della *V1* fu considerato come una seconda possibilità.

---

[20] La *Deutschen Akademie der Luftfahrtforschung* di Berlino, NdE.

Secondo il tipo di bersaglio da attaccare e dei metodi adottati per avvicinarlo, la carica esplosiva collocata nella punta della fusoliera doveva essere una bomba speciale o una bomba torpedine.

Il permesso per iniziare i lavori di costruzione doveva ora essere ottenuto dalla più alta autorità di tutte – in altre parole avremmo dovuto interessare Hitler al nostro piano. Come avevamo previsto nessuno nella mia cerchia di amici riuscì ad ottenere un colloquio con lui ma, il 28 febbraio 1944, si presentò un'opportunità inaspettata. Ricevetti una convocazione al Berghof, lo chalet di montagna di Hitler, per ricevere un attestato del mio premio della Croce di Ferro di 1ª classe.

Quando arrivò il giorno, Hitler mi invitò a prendere il tè con lui. Fu servito nella grande sala che si affacciava sulla campagna di Berchtesgaden dove lui teneva di solito i suoi ricevimenti del tè e l'unica altra persona presente era il suo Aiutante della *Luftwaffe*, il Colonnello von Below.

Non esitai a cogliere l'occasione per presentare il nostro piano, ma la conversazione che si sviluppò in conseguenza prese un corso alquanto inaspettato. La prima reazione di Hitler fu quella di rifiutare completamente l'idea di missioni suicide. Non considerava la situazione bellica sufficientemente grave da giustificarle e, in ogni caso, riteneva che questo non fosse un momento psicologicamente adatto perché l'idea potesse venire accettata dall'opinione pubblica. La decisione sul quando e se quel momento sarebbe arrivato, la riservò per se stesso.

Hitler espose le sue opinioni sull'argomento in una serie di lunghi monologhi, sostenendo la sua tesi con numerosi esempi tratti dalle pagine della storia. Questi furono certamente raccontati con una fraseologia avvincente e memorabile, ma di riflesso potevo vedere che, sebbene superficialmente appropriati, erano in realtà irrilevanti. Mi azzardai quindi a dire che sentivo che la situazione nella quale si trovava ora la Germania era senza precedenti storici e poteva essere risolta solo con metodi nuovi e straordinari.

La mia obiezione indusse Hitler a continuare la sua conferenza su un tema alquanto diverso dilungandosi sull'uso degli aerei a reazione. Ora io sapevo per certo che, in Germania, la propulsione a reazione era ancora solo nelle prime fasi di sviluppo e che sarebbero passati molti mesi prima che gli aerei a reazione potessero raggiungere la fase di produzione e molti mesi ancora prima che diventassero operativi.

Hitler, potevo vedere, viveva in un suo mondo remoto e nebuloso e le spaventose implicazioni di questa scoperta improvvisamente esplosero in me. Dimenticando per un attimo il rispetto dovuto alla sua posizione, interruppi le sue riflessioni a metà frase ed obiettai ad alta voce: "*Mein Führer*, state parlando del nipote di un embrione".

Hitler alzò lo sguardo di soprassalto e mi fissò con aria interrogativa. Io non attesi che lui rompesse il doloroso silenzio che ne seguì – vidi il volto del suo Aiutante, vitreo dall'orrore – ma andai dritta a raccontare a Hitler i fatti, dei quali ero del tutto certa, che provavano come la sua convinzione fosse errata.

Ma avevo completamente distrutto il buon umore di Hitler. Anche se mantenne una gentilezza convenzionale, il suo viso aveva un'espressione seccata e la sua voce suonava irritata mentre mi fece capire che io non ero sufficientemente informata della situazione per essere in grado di formare un corretto apprezzamento.

La discussione sulla quale avevo riposto tutte le mie speranze minacciava ora di finire in un disastro, ma la posta in gioco era troppo alta perché potessi rinunciare senza tentare ancora una volta di ottenere l'assenso di Hitler al nostro progetto. Tornai sull'argomento dei piloti suicidi e, ricordandogli la sua dichiarazione all'inizio della conversazione, chiesi il permesso per noi di iniziare il lavoro sperimentale sul tipo di aereo da utilizzare in modo che quando Hitler avrebbe deciso che era arrivato il momento giusto per utilizzarli, gli attacchi suicidi avrebbero potuto essere avviati immediatamente. Hitler accettò quindi di farlo, a condizione che non dovessimo infastidirlo ulteriormente durante la fase di sviluppo.

Dieci minuti dopo, tornavo a Berchtesgaden dove i miei amici mi aspettavano con ansia.

D'ora in avanti, la responsabilità per lo sviluppo del progetto sarebbe spettato al Capo di Stato Maggiore della *Luftwaffe*, il Generale Korten. Egli assegnò il personale dell'"Operazione Sacrificio" ad uno degli Squadroni della *Luftwaffe* esistenti[21], dando istruzioni che dovevano essere inseriti nel corpo come un'unità speciale. Delle migliaia che si erano offerti volontari come piloti suicidi, per cominciare, solamente una settantina furono convocati. I restanti dovevano essere inclusi quando i dettagli tecnici fossero stati completati, i compiti operativi e i metodi tattici elaborati e un ufficiale nominato al comando del Gruppo. I volontari dovevano firmare la seguente dichiarazione:

"Con la presente richiedo di arruolarmi nell'SO-Einsatz quale pilota di una bomba planante umana. Sono a piena conoscenza che l'impiego in questo ruolo comporta la mia morte".

Io, naturalmente, firmai subito questa dichiarazione, ma fui convinta dai miei amici a ritardare per un certo tempo il mio arruolamento

---

[21] L'unità per operazioni aeree speciali *Kampfgeschwader KG 200*, NdE.

nell'*SO-Einsatz* stesso in modo da evitare di dover obbedire a ordini militari. Che questa decisione fosse stata saggia divenne evidente in seguito quando, sviluppandosi il comando e i metodi del Gruppo in un senso contrario alle nostre idee, io fui in grado di fare appello all'autorità superiore per un cambiamento di politica sulle teste di coloro che erano direttamente responsabili.

Tutti i preparativi tecnici riguardanti il *SO-Einsatz* furono affidati al Ministero dell'aviazione del Reich. Con grande fortuna, il Capo del particolare Reparto incaricato di questo lavoro, Heinz Kensche, si era egli stesso offerto volontario come pilota suicida e io fui invitata a diventare corresponsabile con lui per il collaudo dei prototipi di aerei e attrezzature.

Effettuammo i primi test a Hörsching, vicino a Linz, sul tipo d'aereo che io e i miei amici avevamo destinato per primo agli attacchi suicidi, il *Messerschmitt 328*.

Progettato originariamente come caccia a lungo raggio o bombardiere leggero, il *Me 328* era stato prodotto dall'azienda *Messerschmitt* in collaborazione con un Istituto di ricerca aeronautica. Furono effettuati dei test con due motori a reazione *Argus-Schmitt* come propulsori, ma dopo i primi voli di prova, tuttavia, lo sviluppo di questo aereo fu interrotto dal Ministero.

Provammo quindi se il *Me 328* potesse essere utilizzato senza il suo propulsore, come una bomba aliante umana. Era un aereo monoposto con un'apertura alare molto corta di circa quattro o cinque metri. Il rapporto portanza-resistenza era di circa 1:12 a 250 km/h e 1:5 a 750 km/h. Il *Me 328* non poteva decollare da solo e nei test veniva trasportato sul dorso di un bombardiere *Dornier 217* ad un'altezza compresa tra i 3.000 e i 6.000 metri. Per il pilota del *Me 328* era possibile staccarsi dal dorso del *Do 217* a mezz'aria e volare via senza difficoltà. Le caratteristiche del *Me 328* soddisfacevano i requisiti di una bomba planante, vale a dire, buona visibilità, comfort, manovrabilità eccellente, stabilità longitudinale e di rotta.

Terminammo i test nell'aprile del 1944. Una fabbrica di aerei in Turingia avrebbe ora dovuto ricevere il contratto per la produzione in serie dell'aereo. Ma per ragioni a me tuttora sconosciute, la produzione non fu mai avviata correttamente e nemmeno un singolo aereo ci arrivò dalla fabbrica.

Ci dolemmo adesso amaramente di non aver effettuato i test sperimentali della *V1* pilotata congiuntamente al *Me 328*. E in questa fase della guerra, dove potevamo sperare di trovare un appoggio efficace per la continuazione dei nostri piani?

L'aiuto inaspettatamente arrivò. Un giorno dell'aprile 1944, Otto Skorzeny si presentò a me per telefono e disse che voleva incontrarmi. Questo era l'uomo il cui nome era divenuto sinonimo del pilota che con una ardita missione aerea aveva salvato Mussolini da un albergo delle montagne abruzzesi dove era tenuto prigioniero dal governo Badoglio[22]. Skorzeny, a quanto pareva, era stato recentemente informato da Himmler del nostro progetto e lui stesso si era occupato dello sviluppo di armi speciali. Era già in contatto con membri della Marina che vedevano nell'uso di siluri pilotati e nuotatori d'assalto una possibilità di determinare un cambiamento dell'ultimo minuto nel corso della guerra a favore della Germania. Del tutto indipendentemente da noi, anche Skorzeny aveva avuto l'idea della *V1* pilotata ed era ansioso di vedermi per discuterne.

Quando vide com'era la situazione, Skorzeny si mise a lavorare in modo caratteristico, spazzando via tutte le obiezioni e gli ostacoli con lo stesso semplice pretesto: "Hitler gli aveva conferito pieni poteri e aveva espressamente chiesto un rapporto quotidiano sui progressi."

Ancora oggi mi sembra quasi incredibile che un team di ingegneri e costruttori sia riuscito a convertire una *V1* in quattro o cinque giorni. Alla *V1* pilotata fu dato il nome in codice di "*Reichenberg*" e fu tenuta rigorosamente segreta. Solo poche persone sapevano della sua esistenza e nemmeno a coloro che lavoravano sulla normale *V1* venne rivelato il segreto.

Furono realizzati vari adattamenti della *V1* senza pilota, utilizzando i componenti standard già in produzione. Il primo dei nuovi modelli era una *V1* monoposto con pattini ammortizzati e un abitacolo per il pilota posto direttamente dietro le ali. Poiché questo modello era per solo addestramento, era dotato anche di un propulsore e di ipersostentatori per l'atterraggio.

Il secondo modello fu una *V1* biposto con un abitacolo posto davanti e l'altro dietro le ali. Era dotata di doppi comandi ed essendo destinato all'addestramento degli *SO-Mann*[23] non aveva propulsore.

L'atterraggio di una *V1* era sempre un'operazione estremamente difficile e pericolosa e, anche se appositamente addestrati, non si poteva semplicemente presumere che un *SO-Mann* di media abilità avrebbe potuto atterrare senza rischi. Se il nostro progetto doveva mai realizzarsi, dovevamo fare del nostro meglio per mantenere basso il tasso di mortalità tra gli uomini dai quali dipendeva l'intero programma di

---

[22] Come noto, l'esecuzione del raid sul Gran Sasso il 12 settembre 1943 fu in realtà opera della *Luftwaffe*, mentre il servizio di sicurezza e informazioni (SD) e Skorzeny si occuparono principalmente dell'intelligence e della ricognizione, NdE.

[23] Vedi nota 18, NdE.

addestramento, vale a dire gli istruttori, e questi di conseguenza furono scelti con la massima cura tra i migliori volontari.

Il terzo modello fu la *V1* operativa monoposto, con propulsore, ma senza pattini d'atterraggio o ipersostentatori. In altre parole, non poteva essere fatta atterrare, il suo primo volo sarebbe stato inevitabilmente anche l'ultimo.

Mi offrii volontaria per testare il prototipo, ma al Centro sperimentale di Rechlin insistettero per utilizzare i propri piloti.

In una calda giornata estiva quella pertica di Otto Skorzeny ed io volammo a Lärz con il mio *Bücker 181* e partecipammo al primo test. All'arrivo trovammo l'aereo pronto per partire. La *V1* era appesa sotto l'ala destra di un bombardiere *Heinkel 111*. Poiché gli Alleati avevano catturato i siti di lancio nell'area del Pas de Calais, le *V1* senza pilota non potevano essere più lanciate dalle loro rampe fisse, poiché il loro raggio d'azione era insufficiente per portarle al loro obiettivo partendo da rampe fisse all'interno della Germania. Ora erano trasportate da un *He 111*, e lanciate dall'aereo madre da un punto più vicino al loro obiettivo. Una partenza da catapulta era fuori discussione anche per la V1 pilotata a causa della sua elevata accelerazione (circa 17 G e più), e doveva quindi essere lanciata da aereo nello stesso modo della *V1* normale.

Affascinati, seguimmo l'*Heinkel* mentre decollava con il suo carico e saliva sempre più in alto. Poi arrivò il momento in cui vedemmo il pilota collaudatore staccare il suo aereo dal bombardiere e precipitare con la *V1* come un piccolo uccello veloce.

Il pilota volò in virate strette fino a quando, su una rotta diritta, iniziò a perdere quota planando in un angolo sempre più ripido verso la terra. Non ci volle molto per renderci conto che questo comportamento della macchina non era in alcun modo voluto dal pilota. La macchina scomparve alla vista e poco dopo ascoltammo un'esplosione in lontananza e vedemmo una colonna di fumo nero che si alzava nell'aria estiva. Aspettammo per mezz'ora, temendo di sentire le notizie, finché alla fine arrivò il rapporto che il pilota era gravemente ferito ma ancora vivo.

Si seppe che l'incidente era stato causato non da qualche difetto strutturale dell'aereo, ma dalla disattenzione del pilota. Aveva premuto involontariamente lo sgancio della cappottina vetrata scorrevole dell'abitacolo e, mezzo stordito dalla forza della corrente d'aria, aveva perso il controllo dell'aereo.

Il giorno dopo un secondo pilota decollò sulla *V1*. Anche lui ebbe un incidente, sebbene riuscisse ad uscirne vivo.

Da quel momento in poi, Heinz Kensche ed io potemmo prenderci carico dei test sui prototipi della *V1* pilotata.

Il mio primo volo passò senza incidenti e anche gli otto o dieci voli successivi ebbero successo, pur non senza i loro momenti difficili.

In un'occasione, ad esempio, il pilota del *He 111* mi aveva appena rilasciata da sotto l'ala del bombardiere quando il suo aereo urtò la parte posteriore della *V1*. Ci fu un forte rumore lacerante, come se la coda del mio aereo fosse stata spezzata via. Sebbene fossi appena in grado di continuare a controllare l'aereo riuscii a fare un atterraggio tranquillo, trovando, quando lo ispezionai, che la coda era stata piegata e attorcigliata verso destra di un angolo di quasi trenta gradi. Sembrava un miracolo che non si fosse staccata del tutto.

In un'altra occasione stavo testando il comportamento del modello biposto della *V1* a varie velocità, volando pertanto volando fino a 850 km/h lungo una traiettoria di volo discendente. Durante il test, senza che io potessi avvedermene, un sacco di sabbia che era stato incastrato nel sedile anteriore su mie istruzioni per fornire ulteriore peso, in qualche modo si staccò e cambiò posizione. Quando volando a grande velocità cercai di mettermi in orizzontale, all'improvviso scoprii che non potevo muovere l'elevatore. Non avevo abbastanza altezza, né tempo, per essere in grado di balzare fuori con il paracadute e dovetti rischiare tutto per un'ultima, debole possibilità di salvare me stessa e l'aereo. Appena prima che la macchina raggiungesse il suolo, spinsi il muso verso il basso e poi, spremendo quel poco di risposta ai comandi dell'elevatore, rapidamente tirai indietro la cloche. Questa manovra controllò l'aereo quel tanto che bastava per compiere l'atterraggio, anche se esso fu estremamente duro e frantumando pattini e fusoliera. Ne emersi senza un graffio...

In un altro volo di prova, stavo provando la *V1* a pieno carico ad alte velocità. Per questo test avevamo costruito un serbatoio d'acqua nello scafo. Poiché i pattini di atterraggio erano troppo fragili per resistere allo shock dell'atterraggio quando pesantemente carichi (poiché la macchina operativa sarebbe andata a schiantarsi direttamente contro il suo bersaglio) avevamo montato una valvola di scarico nel serbatoio, azionabile spostando una leva, in modo che l'acqua potesse essere fatta uscire prima dell'atterraggio. Altrimenti, il pilota avrebbe sicuramente ricevuto una spiacevole sorpresa.

Iniziai a testare la *V1* a circa 6.000 metri, con la conseguenza che il foro di drenaggio si congelò. Quando provai a spostare la leva per aprire la valvola di scarico a 1.500 metri, scoprii che non si muoveva. L'aereo stava ora planando rapidamente verso il basso e poiché nessun motore era montato su questo modello, il tempo era fondamentale.

In disperata frenesia afferrai e artigliai la leva finché le mie dita non sanguinarono. La terra si stava stendendo sempre più vicina a me. Infine, con poche centinaia di metri ancora da percorrere, la leva si mosse all'improvviso e ci fu giusto il tempo di far defluire la maggior parte dell'acqua. Fortunata!

Quando le prove furono completate in modo soddisfacente, iniziammo ad addestrare gli uomini che avevamo scelto per essere istruttori degli altri *SO-Mann*, utilizzando il modello biposto della *V1*. Sebbene qualsiasi pilota medio potesse pilotare la *V1* senza difficoltà una volta che era in aria, il farla atterrare richiedeva abilità eccezionali, in quanto aveva una velocità di atterraggio molto elevata ed inoltre nell'addestramento era il modello ad aliante, senza motore, quello che di solito veniva impiegato. Il periodo di formazione richiese quindi un pesante impegno di tutti gli interessati.

Ma, nel frattempo, il flusso del tempo scorreva e scorrendo fece cadere tutti i nostri sforzi nell'oblio, mettendo la Germania di fronte a sviluppi nuovi e minacciosi. L'invasione era iniziata.

Ora che l'Invasione era stata lanciata, né il *Me 328* né la *V1* pilotata potevano essere usati come intendevamo. Ci rendemmo conto che il momento decisivo era stato perso. Ed ora che era troppo tardi comprendemmo anche che, fin dall'inizio, gli ostacoli che ci erano stati posti erano più grandi della nostra volontà di portare a termine il piano. Tra questi c'erano le incomprensioni e lo scontro di personalità tra le stesse persone che stavano più duramente lavorando per il suo successo.

Non vale più la pena metterli in evidenza oggi, perché devono apparire piccoli e insignificanti nel crogiolo dei grandi eventi storici che si sono succeduti da allora. Una cosa, però, va precisata: per tutto quel tempo gli uomini della "Operazione Sacrificio" vissero solo per l'unico obiettivo alto che si erano prefissati. Questo obiettivo doveva necessariamente escludere tutto ciò che avrebbe potuto nuocere all'idea.

Una difficoltà formidabile fu il totale fallimento da parte dell'autorità superiore nel capire come l'"Operazione Sacrificio" non fosse una stravaganza, ma un insieme di tedeschi coraggiosi, lucidi e intelligenti che credevano seriamente, dopo attenta riflessione e calcolo, che sacrificando proprie vite avrebbero potuto salvare molte volte quel numero di loro connazionali e garantire una sorta di futuro ai propri figli. Ma questa concezione era troppo fredda per accendere l'immaginazione di Himmler e Goebbels. Himmler suggerì che i piloti suicidi dovevano essere reclutati tra i malati incurabili, i nevrotici e i criminali in modo che attraverso una morte volontaria potessero riscattare il loro "Onore". Goebbels si affrettò a sfruttare il Gruppo a fini di propaganda convocando i suoi membri al suo Ministero e recitando loro un prematuro panegirico sul tema dell'eroismo. C'è da sorprendersi se quando i piloti suicidi furono finalmente pronti per entrare in azione, fosse già troppo tardi?

28.
L'ULTIMO VIAGGIO A BERLINO

Nell'ottobre del 1944, rimasi ferita mentre andavo al rifugio durante un raid aereo su Berlino e venni portata in un ospedale della *Luftwaffe*, dove si vide che avevo una commozione cerebrale e una lacerazione alla capsula articolare del gomito sinistro. Ancora una volta, mi fu impedito di volare per diverse settimane.

Ero stata solo pochi giorni in ospedale quando sentii che Heinz Kensche, il quale mi aveva "sostituito" come pilota collaudatore delle *V1*, aveva dovuto paracadutarsi fuori in uno dei suoi voli. Non potei riposare finché non avessi scoperto di più sulle sue esperienze e sul motivo per cui la *V1* si era schiantata. E così mentre medici ed infermieri credevano che io stessi facendo una passeggiata da convalescente lungo il Tiergarten, colsi l'occasione e guidando verso Adlershof, dove veniva tenuto il mio aereo, feci un veloce salto dai miei amici a Lärz.

Saputo di questo viaggio, il medico mi proibì di lasciare l'ospedale. Tagliata fuori dal mondo esterno, ero continuamente oppressa dall'immagine di Berlino distrutta dalle bombe così come l'avevo vista dall'alto e dal presentimento sempre più certo che la città non fosse ancora fuori dal suo calvario e che il peggio stesse per arrivare.

Potrebbe infine diventare impossibile far atterrare un aereo a Berlino, pensai, perché come farebbe un pilota ad orientarsi se ancora più zone della città fossero state distrutte e ciò che ne restava giaceva avvolto nel fuoco e nel fumo? Eppure quello potrebbe essere il momento in cui il trasporto aereo fosse più necessario, ad esempio per trasportare i feriti o per missioni urgenti e speciali.

Discussi della questione con il Colonnello Rudel[24], che era nel mio stesso ospedale a riprendersi dall'amputazione di una gamba. La mia idea era di utilizzare l'elicottero, perché esso può decollare e atterrare nel più piccolo spazio, ad esempio su un tetto piano. Anche la piattaforma di una vicina torre della *Flak* poteva essere sufficiente.

Rudel ed io ispezionammo la torre. Pensammo che sarebbe stato possibile atterrarvi sopra, anche nel fumo e nel tumulto della battaglia quando la visibilità sarebbe stata pressoché nulla. Ma dovevamo tenere presente che non vi sarebbe stato alcun segnale radio a guidarci. Appena dimessa dall'ospedale mi misi in allenamento e volai sistematicamente sino alla torre della *Flak* da una varietà di punti di riferimento alla periferia della città, con qualsiasi tempo e ad altitudini

---

[24] L'*Oberst* Hans-Ulrich Rudel, asso degli *Junkers Ju 87 Stuka* e unico decorato della Croce di Cavaliere con Fronde di quercia d'oro con Spade e Diamanti, NdE.

molto basse. Da ogni punto presi il rilevamento della bussola della torre e lo memorizzai accuratamente. Presto ogni cratere di bomba, ogni angolo, ogni tetto distrutto dalle bombe su ciascuna delle rotte verso la torre mi era familiare e sapevo che in qualunque condizione, di giorno o di notte, nella nebbia o nel fuoco, avrei dovuto poter trovare la mia strada verso di essa con certezza assoluta.

Queste attività raggiunsero a tempo debito le orecchie del *Generaloberst* della *Luftwaffe* Ritter von Greim.

Nel gennaio del 1945, la guerra stava entrando nelle sue fasi finali. Per mesi le Armate tedesche avevano lottato invano per arginare la valanga che travolgeva tutto. In occidente, come in oriente, le truppe Alleate erano ormai da tempo sul suolo tedesco.

Sul fronte russo la guerra era combattuta ad oltranza. A Breslau si tentò di gettare un frangiflutti davanti alla marea montante delle Armate russe, l'intera città fu dichiarata una fortezza assediata e posta sotto la legge marziale. Era tuttavia chiaro a tutti che il tentativo di tenere Breslau non avrebbe mai potuto avere successo, e c'era grande preoccupazione ed ansia per la sorte della popolazione.

La mia casa era in Slesia e così quando ricevetti un messaggio radio da Breslau che mi chiedeva di volare in città, non esitai. A quel tempo, a metà febbraio, c'era ancora un aeroporto aperto sebbene costantemente sotto attacco aereo nemico. Rimasi un giorno e una notte a Breslau poi tornai con urgenti dispacci a Berlino. Due settimane dopo volai per la seconda volta a Breslau, ormai completamente circondata, accompagnata in questo viaggio dal Segretario di stato Naumann. Durante il viaggio atterrammo a Schweidnitz, che era ancora in mano tedesca, per ricevere le ultime notizie. Poco prima di ripartire per l'ultima tappa del nostro viaggio, arrivò un ordine telefonico di Hitler secondo il quale in nessun caso avrei dovuto volare a Breslau. Ma qui io potevo solo seguire il mio cuore. Ero ancora ufficialmente solo un'impiegata civile del Centro di ricerca di Darmstadt e quindi non soggetta a ordini militari, nemmeno provenienti da Hitler stesso. Così decisi di ignorarli e proseguii, a volo radente per tutto il tragitto per non essere vista dai carri armati russi. Arrivammo in salvo a Breslau, atterrando all'interno della città assediata. Qui, come in Russia, vidi tutto l'orrore della guerra. Mentre il mio compagno svolgeva i suoi doveri, osservai i volti pallidi e terrorizzati delle donne e dei vecchi, nei quali la parola era avvizzita di fronte al terribile destino che sapevano attenderli.

Ad aprile fui chiamata per la terza volta a Breslau, e volando lì feci tappa a Hirschberg, la mia città natale, trovandola quasi svuotata di civili ma non ancora occupata dai russi. Là mi arrivò un messaggio radio che m'informava che non era più necessario volare a Breslau.

Sempre a Hirschberg, pochi giorni dopo mi fu ordinato di fare rapporto a Monaco. Con il cuore pesante, salutai il sindaco, l'*Oberbürgermeister* Blasius, un vecchio amico dei miei genitori e un tipo di tedesco veramente eccellente. Sapevo che non avrei mai più rivisto né lui né la mia amata casa.

A Monaco, ricevetti l'ordine d'ispezionare i luoghi di atterraggio d'emergenza per gli aerei sanitari nel quartiere di Kitzbühl. Ma prima ebbi il tempo di trascorrere un'intera giornata con la mia famiglia a Salisburgo dove i miei genitori, mia sorella Heidi con i suoi tre figli e Anni, la nostra fedele domestica, vivevano come sfollati. Sebbene coperti dalle nuvole della tragedia nazionale che si addensavano, eravamo felici come sempre nella nostra riunione.

Il 25 aprile, a Kitzbühl, ricevetti un messaggio dal Colonnello Generale von Greim che mi ordinava di presentarmi subito a Monaco per un compito speciale. Durante il viaggio, seppi che von Greim aveva ricevuto l'ordine via radio di fare immediatamente rapporto ad Adolf Hitler alla Cancelleria del Reich. Dato che Berlino era ormai completamente circondata e le truppe russe erano già in città, von Greim aveva deciso che il modo più rapido per raggiungere la Cancelleria del Reich sarebbe stato in elicottero. Ricordava i miei voli di addestramento sulla città in rovina e sapeva che sarei stata in grado di orientarmi in qualsiasi condizione. Ma poiché la situazione militare lo costringeva a presumere che non saremmo tornati da quel volo, chiese prima ai miei genitori il permesso di andarvi. Essi lo diedero senza esitare.

Era mezzanotte quando arrivai a Salisburgo per salutare i miei genitori. Li trovai ad aspettarmi sulla soglia di casa. Mi abbracciarono in silenzio. Scesi nel rifugio antiaereo in cantina dai bambini addormentati, li presi su a turno e li abbracciai – e poi, per l'ultima volta, guardai negli occhi mio padre e mia madre. Immobili e dritti in piedi, mi guardarono mentre salivo in macchina e me ne andavo.

Il *Junkers Ju 188* che doveva portarci fino a Rechlin decollò alle 02.30 da Neu-Bieberg, nei pressi di Monaco. Stando in piedi nella stretta fusoliera guardai fuori nella notte limpida e illuminata dalle stelle. Inaspettatamente, non c'era più traccia degli aerei nemici che per settimane avevano dominato i cieli tedeschi. Il dado era tratto...

Alle quattro del mattino del 26 aprile atterrammo a Rechlin. Il *Führungsstab Nord*[25] della *Luftwaffe* era di stanza qui e le notizie che ci diedero erano pessime. Negli ultimi due giorni, nessun aereo tedesco era riuscito a penetrare le difese russe e a volare a Berlino. Degli

---

[25] Stato Maggiore del settore Nord, NdE.

aeroporti di Berlino soltanto Gatow rimaneva in mano tedesca ed ora era circondato e sotto il fuoco continuo dell'artiglieria. Non si sapeva se ci fosse ancora sufficiente pista libera dai crateri dei proiettili su cui atterrare. Infine, l'elicottero che avevamo intenzione di fare atterrare di notte davanti alla Cancelleria del Reich era stato appena distrutto in un attacco aereo contro la stessa Rechlin.

Si decise di volare allora su un *Focke-Wulf Fw 190*, un caccia monoposto, poiché questa era la macchina più veloce disponibile a Rechlin. Questo particolare aereo era stato dotato di un secondo posto nel vano bagagli e due giorni prima aveva portato con successo Speer, il Ministro della produzione bellica, dentro e fuori Berlino. Il pilota, un Sergente della *Luftwaffe*, deteneva il record di voli nella città assediata e aveva un'ottima conoscenza delle tattiche di difesa russe e delle posizioni contraeree.

Fu quindi scelto per accompagnare von Greim ma, dopo averlo fatto atterrare a Gatow, sarebbe dovuto tornare immediatamente poiché ci si attendeva ad ogni ora che l'aeroporto venisse catturato dai russi. In quel caso, mi chiedevo, von Greim come sarebbe andato da Gatow, in periferia, alla Cancelleria del Reich che si trovava nel cuore della città? Il volo dal perimetro al centro di Berlino sarebbe stata sicuramente la parte più difficile del viaggio, ma grazie ai miei voli di addestramento alla torre della *Flak*, il percorso mi era noto in ogni dettaglio e decisi quindi che sarei andata con loro a Gatow.

Andai all'aeroporto dove trovai il pilota che si preparava per il volo. Gli chiesi, se lui mi avesse portato con sé questo avrebbe aumentato le sue difficoltà? Lui rise: "Il vostro peso non avrebbe molta importanza, ma non c'è spazio." Questo era da vedere. Avrebbe potuto esserci posto per me nella parte posteriore della fusoliera, sebbene fosse piena zeppa di accumulatori, bombole d'ossigeno e altre attrezzature. Con una buona dose d'assistenza, fui letteralmente infilata dai piedi attraverso uno spazio nella sezione posteriore della fusoliera, dove restai nella totale oscurità incuneata sopra le parti affilate del telaio metallico. Una volta lì, scopersi che non potevo muovermi di un pollice e sapevo che non sarei mai stata in grado di uscirne di nuovo senza aiuto.

Le immagini più terrificanti iniziarono ad inseguirsi nella mia mente e all'improvviso mi trovai posseduta da un tale terrore quale non avevo mai sperimentato prima. Ma adesso non potevo rinunciare — dovevo in qualche modo padroneggiare la situazione.

Nel frattempo il campo d'aviazione prese vita. Trenta o quaranta caccia che erano stati incaricati di scortarci scuotevano l'aria con il loro ruggito. Non riuscivo a ricordare quando avessi visto per l'ultima volta

una così grande concentrazione di aerei tedeschi tutti insieme e il solo pensiero della loro presenza mi diede forza.
Subito dopo, il *Generaloberst* von Greim arrivò e prese posto sull'aereo. Io non emisi alcun suono finché non ci diedero segnale di decollare, quindi lo chiamai dal mio nascondiglio. Per un attimo non ci fu risposta, poi udii la sua voce, forte e indagatrice: "*Kapitän*, dove siete?"
Ebbi appena il tempo di dirglielo prima che iniziassimo a sobbalzare sulla pista irregolare e i longheroni di metallo della fusoliera si facessero dolorosamente sentire.
Se tutto fosse andato bene, avremmo dovuto raggiungere Gatow in circa trenta minuti, ma il "se" era grande. L'aria sopra Berlino era pattugliata incessantemente da caccia nemici che avrebbero picchiato su di noi come falchi.
Sorprendentemente il volo fu tranquillo sino a quando non fummo a breve distanza da Berlino. Ma ogni minuto che contavo sul quadrante luminoso del mio orologio sembrava un'eternità a sé. Non avevo mai volato prima in una tale agonia di apprensione, così completamente indifesa in preda di qualunque destino tetro ed imprevisto potesse attenderci.
All'improvviso – dovevamo ormai avere raggiunto la zona della Grande Berlino – l'aereo s'inclinò sul muso e con gli scarichi urlanti precipitò verticalmente verso terra.
Ancora più grande della tensione fisica – stavo precipitando a testa in giù – era l'ansia, perché l'unica spiegazione possibile sembrava essere che l'aereo fosse stato colpito e nel giro di pochi secondi si sarebbe sicuramente schiantato a terra e sarebbe andato in fiamme. Non avevo idea che il pilota stesse picchiando per evitare l'attacco di alcuni caccia russi; sentii solo come dopo un po' egli stabilizzasse la macchina e le sollevasse il muso. Poco dopo atterrammo all'aeroporto di Gatow.
Non appena toccammo terra corremmo al rifugio antiaereo dell'Ufficiale di Controllo. Greim si accinse a cercare di contattare la Cancelleria del Reich per telefono e con le maggiori difficoltà finalmente riuscì, anche se con continue interruzioni. In risposta alla domanda di Greim, il Colonnello von Below, Aiutante di Hitler della *Luftwaffe*, disse che Hitler desiderava parlare con lui a tutti i costi ma non ne aveva specificato il motivo. Von Below disse che tutte le strade di accesso alla città erano ora in mani russe e, nel centro stesso della città, la stazione di Anhalt e parti della Bülowstrasse e della Potsdamerstrasse.
Anche se ora sembrava quasi del tutto impossibile raggiungere la Cancelleria, Greim sentiva che era suo dovere obbedire agli ordini a qualunque costo e così, dopo attenta riflessione, decidemmo infine di

provare a volare a Berlino in un *Fieseler "Storch"* e atterrare vicino alla Porta di Brandeburgo.

Appena prima della partenza l'aereo che avremmo dovuto usare venne distrutto dal fuoco d'artiglieria. Erano quasi le 18:00 prima che l'unico *"Storch"* rimasto potesse decollare e, poiché io non avevo esperienza di volo sotto il fuoco, Greim insistette per pilotarlo lui. Per precauzione, prima di lasciare terra, verificai se stando in piedi dietro al sedile del pilota sarei riuscita a raggiungere la barra e a pilotare sopra la sua spalla sinistra.

L'aereo si sollevò dolcemente da terra, Greim lo tenne il più in basso possibile. Sotto di noi le acque del lago Wannsee luccicavano argentee nella luce fioca – pace remota, idilliaca. Ma la scena sfiorò soltanto la mia coscienza, inchiodata in concentrazione animale sul pericolo circostante. Raggiungemmo il Grunewald senza interferenze, quasi sfiorando le cime degli alberi per evitare i caccia nemici che ora apparivano dappertutto sopra di noi. All'improvviso dal suolo, dalle ombre, dalle stesse cime degli alberi, guizzarono le autentiche fiamme dell'Inferno, concentrandosi da ogni parte su di noi, apparentemente su noi soltanto. Sotto, carri armati e soldati russi brulicavano tra gli alberi. Potevo vedere chiaramente i volti degli uomini mentre fucili, mitragliatrici e armi anticarro venivano sollevate ed esplose contro di noi. Eravamo accerchiati, fiancheggiati, rimarcati da innumerevoli e micidiali folate esplosive.

Poi improvvisamente ci fu uno schianto lacerante – vidi una fiamma bianco-giallastra accendersi accanto al motore e allo stesso tempo Greim gridò di essere stato colpito – un proiettile perforante scoppiante gli aveva trapassato il piede destro. Meccanicamente mi allungai sopra la sua spalla, afferrai manetta e cloche e lottai per mantenere la macchina serpeggiante e rotante in modo da evitare il fuoco. Greim giaceva accasciato sul sedile, privo di sensi. L'aria esplodeva continuamente attorno a noi, il frastuono copriva il nostro stesso motore. Ancora e ancora fummo colpiti. Con uno spasmo di terrore vidi la benzina che scorreva da entrambi i serbatoi alari. Pensai che un'esplosione fosse inevitabile, sarebbe anzi già dovuta accadere. Eppure l'aereo rispondeva ancora ai comandi e io rimasi intatta. Ma ero molto preoccupata per Greim. Diverse volte si alzò, la sua mano afferrò con convulsa energia la cloche per poi ricadere nel perdere ancora una volta conoscenza.

Ci stavamo adesso avvicinando alla Torre della Radio e l'aria maleodorante, solforosa vorticava sempre più densa di fumo, polvere ed esalazioni. La visibilità era quasi nulla. Il fuoco dal suolo si stava allentando e l'area in ogni caso sembrava essere ancora in mano tedesca.

Fu qui che i miei voli di addestramento su Berlino dimostrarono la loro utilità. Volare in giro alla ricerca di punti di riferimento sarebbe stato come cercare guai ma fortunatamente non fu necessario, poiché ricordavo il rilevamento della bussola della torre antiaerea. Questa si trovava direttamente sul nostro percorso e mi diressi verso lei. Da lì non potevo sbagliare nel trovare l'ampia autostrada che correva diritta ad est ed ovest attraverso Berlino. Alla sua estremità orientale c'era la Porta di Brandeburgo e quando finalmente atterrai poco prima d'essa, non era rimasta quasi una goccia di benzina nel serbatoio.

Von Greim aveva nel frattempo ripreso conoscenza e, con grande difficoltà, lo aiutai a scendere dalla macchina che da un momento all'altro poteva essere individuata ed attaccata. Si sedette al lato della strada. Ora potevamo solo aspettare e aspettare, nella remota possibilità che qualche veicolo potesse arrivare verso di noi — potevamo soltanto sperare che non fosse russo.

L'intera area intorno alla Porta di Brandeburgo sembrava deserta, senza vita, estinta. Un orrore silenzioso si diffondeva dai bunker dentellati e spalancati che giacevano tutt'intorno. Una volta, da qualche luogo vicino, si udirono diversi scoppi acuti, poi una desolazione silenziosa regnò nuovamente.

Non ricordo quanto tempo dovemmo aspettare quando finalmente avvistammo un camion tedesco. Vi salimmo e fummo guidati attraverso la Porta di Brandeburgo lungo l'Unter den Linden, attraverso la Wilhelmstrasse e nella Voßstrasse. Non riuscivo a conciliare la devastazione delle macerie e dei rottami carbonizzati, l'onnipervadente coltre di fumo, con gli edifici orgogliosi ed imponenti che un tempo fiancheggiavano queste strade. Era come se un paravento fosse stato abbassato, nascondendo la realtà familiare.

Ci fermammo all'ingresso del Bunker antiaereo della Cancelleria del Reich. Le guardie delle SS portarono il Generale alla sala operatoria sotterranea dove il chirurgo di Hitler, il dottor Stumpfecker, si prese immediatamente cura di lui. Dopo che la sua ferita fu curata, il Generale sdraiato su una barella ed io fummo condotti due piani più in basso al *Führerbunker*. Quando arrivammo *Frau* Goebbels stava uscendo dall'ingresso. Non l'avevo mai vista prima, ma la riconobbi dalle fotografie. Per un attimo ci fissò con gli occhi spalancati, come meravigliata che qualcosa di vivente fosse riuscito a giungere fino lì. Poi, singhiozzando, mi strinse tra le braccia.

Nello stretto corridoio del *Führerbunker* incontrammo Adolf Hitler. La sua testa ciondolava pesantemente sulle spalle e una continua contrazione colpiva entrambe le sue braccia. Gli occhi erano vitrei e remoti. Ci accolse con voce inespressiva.

Greim riferì del nostro viaggio, Hitler ascoltava con calma e attenzione. Quando ebbe finito, Hitler prese entrambe le mani di Greim e poi, voltandosi verso di me: "Donna coraggiosa! Quindi c'è ancora un po' di lealtà e di coraggio nel mondo!"

Hitler disse a Greim perché lo aveva convocato. Credeva che Göring lo avesse tradito. Mostrò il telegramma, divenuto famoso, in cui Göring chiedeva di essere confermato come successore di Hitler.

"Niente mi viene risparmiato," gridò Hitler, "Nulla! Ogni disillusione, ogni slealtà, disonore, tradimento si è accumulato su di me. Ho fatto arrestare immediatamente Göring, l'ho fatto spogliare di tutte le sue cariche, espellere da tutte le organizzazioni di partito."

Quindi Hitler nominò Greim capo della *Luftwaffe* al posto di Göring, con la promozione al grado di Feldmaresciallo e con effetto immediato.

Ci fu silenzio. Lanciai un'occhiata al volto del nuovo Feldmaresciallo che stava lì a labbra serrate ed immobile. Non era difficile indovinare quali pensieri e sentimenti avesse suscitato in lui quella nomina. Comandante in capo di una *Luftwaffe* che non esisteva più! Date le circostanze e per lui, la cui concezione dell'onore era del tutto immutabile ed altruista, questo poteva avere un solo significato: restare qui, nel Bunker, con Hitler, sino alla fine. E se Greim fosse restato, io sarei rimasta con lui.

La cerchia nella quale ci trovammo era piccola. Al piano più basso del Bunker vivevano Hitler, Eva Braun, Goebbels e il chirurgo di Hitler, il dottor Stumpfecker. Al piano superiore erano stati alloggiati:

Martin Bormann, Capo della segreteria del partito e "segretario personale" di Hitler.
Segretario di stato Naumann, Assistente di Goebbels al Ministero della propaganda.
Ambasciatore Hevel, Rappresentante di Ribbentrop presso il Quartier Generale di Hitler.
Ammiraglio Voss, Ufficiale di collegamento della *Kriegsmarine*.
Colonnello von Below, Aiutante della *Luftwaffe* di Hitler.
Generale Krebs, Capo di Stato Maggiore dell'Esercito.
Generale Burgdorf, Aiutante dell'Esercito di Hitler.
Baur, Betz, piloti di Hitler.
Frau Christian, Frau Jung, segretarie di Hitler.
Fräulein Krüger, segretaria di Bormann.
Heinz Lorenz, funzionario dell'Agenzia di stampa tedesca.

SS-Gruppenführer Rattenhuber, capo del *Reichssicherheitsdienst*[26] e responsabile della sicurezza personale di Hitler.
SS-Gruppenführer Fegelein, rappresentante di Himmler presso il Quartier Generale di Hitler, che aveva da poco sposato la sorella di Eva Braun.
Tutti costoro li conoscevo di vista, ma nient'altro.
Frau Goebbels aveva scelto volontariamente di rimanere con i suoi figli nel Bunker piuttosto che lasciare Berlino e poco dopo la nostra prima conversazione con Hitler, mi portò nella sua stanza all'ultimo piano per un lavaggio davvero necessario. In seguito, quando non curavo von Greim, mi dedicai ai figli di lei, di età compresa tra i quattro e i dodici anni.
Quando entrai nella sua stanza quella prima sera, mi trovai di fronte a sei faccine che mi scrutavano con vivace curiosità dalle loro cuccette a due piani. Incontrare qualcuno che sapeva volare spalancò la porta della loro immaginazione infantile e mentre mi lavavo, con i nervi ancora tesi per lo sforzo delle ultime ore, mi bombardavano di domande, spingendomi caoticamente nel loro proprio piccolo mondo vivace. Dopo questo, mi chiamavano a ogni pasto per parlargli delle strane terre e popoli che avevo veduto, o per descrivere i miei voli o per raccontargli le loro favole preferite. Ognuno di loro era una delizia con la sua sincera naturalezza e la brillante intelligenza.
La loro premura reciproca era commovente. Una bambina rimase isolata per un po' nella stanza accanto con la tonsillite e quando io raccontavo una storia agli altri, dovevo fare una pausa ogni tanto in modo che uno di loro potesse dire alla paziente della porta accanto "cosa è successo dopo." Io insegnavo loro canzoni a più voci e come fare lo jodel in vero stile tirolese. Lo schianto e il tuono dei proiettili che esplodevano al di sopra non li disturbavano. Era il loro "zio Führer", come gli avevano detto, impegnato a sottomettere i suoi nemici, e quando il più piccolo si spaventò e iniziò a piangere fu subito placato da questa spiegazione.
Mentre la tensione cresceva di ora in ora e alla fine diventò quasi insopportabile, mentre il mondo intero intorno a noi si sgretolava, questa piccola oasi di felicità e pace rimase inalterata. Il contrasto mi causava più sofferenza di qualsiasi altra cosa; a volte sentivo che non potevo più reggere. Prima che i bambini si addormentassero, io cantavo con loro: "Domani, e sarà la sua volontà, il Signore ti sveglierà ancora una volta." Domani...?

---

[26] Servizio di sicurezza del *Reich*, NdE.

Gli altri abitanti del Bunker resistevano con calma e risolutezza, ma li incontrai solo ogni tanto e per caso.

La prima notte che trascorsi nel Bunker (tra il 26 e 27 aprile) fu un continuo allarme e nessuno pensava al sonno. I russi erano infine arrivati nel raggio d'azione della Cancelleria del Reich. Il fuoco dell'artiglieria sopra di noi continuò senza sosta e con furia crescente. Anche al piano inferiore, cinquanta piedi sotto terra, la malta pioveva dalle pareti.

Ognuno di noi sapeva senza ombra di dubbio che la fine si avvicinava di ora in ora e la consapevolezza sembrava paralizzare il pensiero e la volontà. Nonostante questa certezza, o forse proprio a causa d'essa, la speranza non poteva essere del tutto soppressa. Quelli nelle immediate vicinanze di Hitler erano completamente tagliati fuori dal mondo esterno, dove infuriava una battaglia disperata per ciò che restava di Berlino e della Germania e, fuorviati da voci e da frammenti di notizie, esprimevano ripetutamente nuove speranze di salvezza, persino speranze che Berlino ne sarebbe stata sollevata. Per coloro che come noi avevano raggiunto solo di recente il Bunker, il loro autoinganno era in special modo evidente.

Sebbene gli occupanti del Bunker fossero confinati nel più piccolo spazio e avrebbero condiviso la stessa sorte, forse nel giro di poche ore, von Greim ed io, poiché eravamo appena arrivati dal mondo esterno, ci sentivamo separati dagli altri come se fossimo spettatori. Questo senso di distanza si accrebbe con l'aumentare della tensione.

Per noi era chiaro che Hitler e la sua cerchia immediata vivevano in un mondo loro, molto lontano dalla realtà esterna dove infuriava una battaglia disperata per ciò che restava di Berlino e della Germania. Speranze di salvezza, alimentate da voci e da occasionali notizie favorevoli, li portavano ad adottare un'immagine della verità favolosamente distorta.

I due giorni successivi (il 27 e il 28 aprile) non portarono sviluppi che alterassero radicalmente la situazione. Vivevamo ora per ora su una cremagliera d'apprensione, di tanto in tanto avvitata ancora più in alto da una nuova speranza nata dall'illusione o da qualche notizia di un nuovo disastro, che si diffondeva tra noi con velocità fulminea. Si diceva che Fegelein, cognato di Eva Braun, per molti anni ufficiale di collegamento tra Himmler e Hitler, fosse stato accusato di tentata diserzione e fucilato su ordine di Hitler. Questa notizia mi fece sentire che il terreno stesso sotto ai miei piedi stava cominciando a cedere.

L'annuncio che uno *Ju 52* era atterrato sull'Asse Est-Ovest per portare Greim e me fuori da Berlino suonò, d'altra parte, come un miracolo.

Ma Greim rifiutò di andare, ripetendo il suo diniego per telefono a Rudel, che lo aveva raggiunto sull'ultima linea rimasta da Rechlin per informarlo che l'aereo era in viaggio.

Nel frattempo mentre i russi avanzavano costantemente, il peso dell'attacco alla Cancelleria del Reich aumentava di ora in ora e noi rinunciammo ad ogni speranza di vedere nuovamente la luce del giorno.

Nel nostro secondo giorno al Bunker, il 27 aprile, fui convocata nello studio di Hitler. La sua faccia adesso era ancora più pallida, divenuta flaccida e color stucco, come quella di un ottuso. Mi diede due fiale di veleno in modo che, come disse, Greim e io avessimo in qualsiasi momento "libertà di scelta." Poi disse che se la speranza del soccorso di Berlino da parte del Generale Wenck non si fosse realizzata, lui ed Eva Braun avevano deciso liberamente che sarebbero usciti da questa vita. La mia impressione fu che, anche se le speranze che Hitler riponeva sull'Armata di Wenck si fossero realizzate, le sue energie vitali fossero ormai troppo esaurite per sostenerlo in vita. Ma gli eventi avrebbero sicuramente seguito un corso diverso. Gli erano state appena presentate delle opportunità di fuga ma lui le aveva respinte come fuori questione, una volta quando uno *Ju 52* atterrò sull'Asse Est-Ovest e di nuovo, quando un *Arado 96* era riuscito a passare. Credeva che la sua presenza a Berlino avrebbe fatto la differenza decisiva per il morale dei difensori: in verità, solo questo pensiero lo teneva in vita.

Ed ora arrivò la notte del 28 aprile. Uno dopo l'altro, tornado di fuoco si abbatterono sulla Cancelleria del Reich. Si diceva che i russi avessero raggiunto l'ingresso della Wilhelmstrasse e fossero avanzati fino alla Potsdamer Platz.

Poco dopo la mezzanotte, Hitler apparve all'improvviso sulla soglia della stanza di malattia di Greim, il suo viso era bianco cinereo come quello di un morto. Stringeva in mano un messaggio radio e una mappa. "Ora Himmler mi ha tradito... Voi due dovete lasciare il Bunker il più presto possibile. Ho avuto notizia che i russi assaliranno la Cancelleria del Reich domani mattina." Aprì la mappa. "Se le concentrazioni nemiche nelle strade che portano alla Cancelleria del Reich possono essere distrutte da un attacco aereo, possiamo guadagnare almeno ventiquattro ore e consentire al generale Wenk di raggiungerci in tempo... Già a Potsdam si sente il suo fuoco di artiglieria." Poi, ci disse che un *Arado 96* era riuscito ad atterrare sull'Asse Est-Ovest ed era a nostra disposizione.

Io non avevo conoscenza di questioni militari, ma mi sembrò incredibile che in questa fase si potesse nutrire una qualsiasi idea di soccorso.

Pensai alle scene che i nostri occhi avevano incontrato nelle ultime settimane in ogni parte della Germania, alle strade e ai binari bloccati e stracolmi di civili in fuga, alla marea delle truppe che tornavano dal fronte, alle notti trascorse tra i gemiti e lo schianto delle bombe, ai bombardamenti sotto i quali la Cancelleria del Reich era rimasta per giorni – avrebbe potuto qualsiasi Generale Wenck invertire questa tendenza?

Ma il mondo dell'illusione persisteva ancora ostinatamente. Mentre Greim e io ci preparavamo a partire, Frau Goebbels ci supplicò in lacrime di fare tutto il possibile per portare soccorso al Bunker. Poi, ritrovando la meravigliosa compostezza che non l'aveva mai abbandonata dal nostro primo incontro, mi diede una lettera per il figlio avuto dal suo primo matrimonio. I suoi bambini dormivano: non li vidi più. Hitler era nella sala operativa e mi salutò con una frettolosa stretta di mano e un mormorato "Dio vi protegga!". Non trovai nulla di appropriato da dire. Anche dagli altri ci separammo senza una parola.

Il Colonnello von Below ci accompagnò – von Greim zoppicante dolorosamente sulle stampelle – fino all'uscita del Bunker. L'aria sulfurea e carica di fumo diveniva sempre più densa man mano che ci avvicinavamo alla superficie e quando ci fermammo nella Voßstrasse, il cielo era un mare ondeggiante di fumo e fiamme rosso-giallastre, mentre le nostre orecchie erano percosse incessantemente dal vagito e schianto delle granate.

In una pausa durante il fuoco, requisimmo un veicolo blindato ed iniziammo un angoscioso viaggio attraverso la strada in rovina. Dovemmo rischiare d'incontrare i russi lungo il percorso e tirammo un sospiro di sollievo riuscendo a superare in sicurezza l'angolo tra la Voßstrasse e la Hermann Göringstrasse. Attraversammo il Tiergarten fino alla Colonna della Vittoria, che era ancora in mano tedesca. L'aereo si trovava in un ricovero paraschegge. L'avere atterrato qui, con l'Asse Est-Ovest sotto fuoco continuo, era stata un'impresa incredibile. Scoprimmo che era lo stesso pilota che ci aveva portati a Gatow. Dei portaordini riferirono che l'Asse era sgombro dai crateri per quattrocento metri, ma che la situazione poteva cambiare da un momento all'altro.

Sebbene i riflettori nemici continuassero a cercare su e giù per l'Asse, riuscimmo a decollare senza essere individuati e ci dirigemmo verso la Porta di Brandeburgo. Passando in volo la intravidi stagliata nel bagliore dei riflettori. Continuammo a volare, senza essere disturbati dal fuoco spasmodico dei traccianti, e dopo circa un chilometro e mezzo raggiungemmo l'accogliente protezione di un banco di nuvole.

Quando emergemmo il cielo era limpido e illuminato dalla luna. Dirigendoci verso Rechlin attraversammo la provincia di Brandeburgo, l'oscurità era intrisa di laghi d'argento scintillante e punteggiata dalle macchie rosse dei villaggi in fiamme che segnavano ovunque la rotta della guerra e della distruzione.

Atterrammo a Rechlin verso le tre del mattino, accolti in silenzio da ciò che restava dello Staff Operativo. Tremando, stanca ed oppressa, mi affrettai ad andare a scaldarmi, respirando l'aria fredda della notte. Sembrava che anche qui potessi già sentire l'odore del fuoco, della sventura e della morte...

Dopo che il Feldmaresciallo von Greim ebbe tenuto una conferenza con il personale a Rechlin, volammo a Plön dal Grand'ammiraglio Dönitz e subito dopo a Dobbin, per vedere il Feldmaresciallo Keitel. Il piccolo aereo *Bücker* che avevo scelto di pilotare era facile da manovrare e aveva un buon campo visivo. Evitai strade e linee ferroviarie, poiché queste erano un obiettivo continuo per attacchi a bassa quota ed invece strisciavo piuttosto che volare, più in basso che potevo lungo i margini dei boschi, quasi sfiorando le siepi e le recinzioni mentre gli passavo sopra. Alcuni tratti del viaggio dovettero essere percorsi su strada, ma la guida in auto si rivelò non meno pericolosa del volo. Di volta in volta dovevamo fermarci, mentre io aiutavo il ferito von Greim a mettersi al riparo sul ciglio della strada. Fu a Lubecca, nella notte del 30 aprile, che udimmo l'annuncio radiofonico della morte di Hitler e della formazione del nuovo governo tedesco sotto Dönitz.

Greim era impaziente di raggiungere il suo comando in Boemia e dopo un'altra breve visita a Plön per vedere Dönitz, volammo in un *Dornier 217* a Königgrätz. Greim soffriva già di un grave attacco di orticaria, contratta a seguito di un'iniezione antitetanica. Per quattro giorni restò ricoverato in ospedale a Königgrätz mentre gli eventi in Germania si stavano muovendo rapidamente. Il 5 maggio, ancora in ospedale, gli giunse la notizia che la Capitolazione sarebbe stata probabilmente firmata il giorno 9.

Prima di decidere quali ordini impartire alla *Luftwaffe*, Greim volle contattare il Feldmaresciallo Kesselring. Si diceva che quest'ultimo fosse a Zell-am-See e volammo laggiù via Graz con due aerei. Dopo un volo meravigliosamente pacifico sulle Alpi, atterrammo a Zell-am-See, soltanto per sentire che la Germania aveva firmato una resa incondizionata. Il comando di Greim era già terminato.

Ancora bisognoso di cure, Greim venne ricoverato all'ospedale civile di Kitzbühl e fu a Kitzbühl, con l'ingresso delle truppe americane in città, che assistemmo al crollo definitivo di tutte le nostre speranze.

29.
VIVO PER VOLARE ANCORA

Nel caos della sconfitta trovai consolazione e sicurezza nella consapevolezza che la mia famiglia era vicina e viveva come rifugiata a Salisburgo. Ero ansiosa di inviare loro notizie e alla fine trovai qualcuno che avrebbe portato loro un messaggio. Ma non risposero più. Solo sette cumuli di terra rimanevano come segno di coloro che mi erano stati più vicini in questo mondo.

Nei giorni precedenti l'entrata degli americani, si era diffusa la voce che tutti i profughi dovevano essere riportati alle loro case natali. Mio padre sapeva cosa avrebbe significato questo per le donne e i bambini che avevano vissuto nei territori orientali, poiché vi era stato chiamato a lavorare come medico in alcuni dei villaggi temporaneamente rioccupati, e essendo stato testimone degli stupri di gruppo e delle stragi contro i civili tedeschi commesse dalle truppe russe. Sentendo l'assoluto dovere di preservare la propria famiglia dal cadere in mano ai russi, ignorando il mio destino e credendo che mio fratello fosse stato ucciso, non aveva visto altra alternativa che assumersi la responsabilità più pesante di tutte[27].

Quanto a me, cercai di sopravvivere – come prigioniera degli americani, sopportando tutte le volgari vicissitudini di una "Persona Altamente Criminale".

Il mio reato? Ero tedesca, ben nota come aviatrice e come una che amava ardentemente il suo paese e aveva fatto il suo dovere fino all'ultimo. Si formarono leggende sul mio ultimo volo dentro Berlino. Non potevo forse aver nascosto Hitler da qualche parte?

Per prima cosa fui portata da Kitzbühl in una villa a Gmund, dove mi trattarono con cortese considerazione. Forse avrei potuto essere persuasa a rivelare il segreto? Dopodiché fui trascinata, a colpi di calcio di fucile americano, in una cella di prigione. Qui imparai il degrado della prigionia, vivendo fra stretti muri in una monotonia di giorni, guardando con nostalgia verso dove, in alto sopra la mia testa, si poteva intravedere un pezzo di cielo attraverso le sbarre di una minuscola finestra.

Poi fui caricata su una jeep e portata, con un viaggio di nove ore ad una velocità furiosa e per strade atroci, in un campo di reclusione. Là fui rinchiusa in una cella delle dimensioni di un vano letto ferroviario,

---

[27] Nella notte del 3 maggio 1945 il Dr. Wilhelm Reitsch aveva ucciso sua moglie Emy Helff-Hibler von Alpenheim, la figlia Heidi e i suoi tre figli, e quindi si era tolto la vita, NdE.

completamente spoglio tranne che per un materasso di paglia sul pavimento, con una finestra a sbarre sprovvista di vetro, attraverso la quale l'aria fredda di ottobre fluiva senza ostacoli.
Era quella l'America che avevo conosciuto e amato? Non potevo pensarlo, perché il volto che vedevo era indurito dall'odio.
Qualche tempo dopo, in seguito al mio trasferimento all'*Alaska Internee Camp* ad Oberursel, un Generale americano venne a trovarmi, ed era diverso – franco, aperto e gentile, come gli americani che ricordavo. Più tardi conobbi sua moglie, una donna dai capelli grigi e i lineamenti belli e chiari – anche lei aveva la mentalità da vincitrice del 1945.
Attraverso la mia esperienza in Germania avevo visto come la propaganda ufficiale non solo aveva pervertito la verità, ma aveva accecato le persone al senso della propria colpa. Parlando con il Generale e con sua moglie, mi resi adesso conto che questo non valeva meno per i vincitori. Nessuno dei due era meschino o vendicativo, come gli americani che mi avevano sorvegliata ed interrogata, ma potevo vedere come anche loro fossero stati influenzati dalla propaganda anti-tedesca, pur sinceri e generosi com'erano. Quindi non fu forse la brutalità americana ad essere responsabile delle mie sofferenze di prigioniera, ma la cecità autoinflitta delle nazioni in guerra.
Dopo un po' di tempo fui trasferita in un campo d'internamento a Oberursel e da lì, nell'agosto del 1946, dopo quindici mesi di prigionia fui finalmente rilasciata.

Ed ora, di nuovo libera, dalle finestre aperte della casa in cui abito posso vedere i delicati veli di nuvole che si formano nel limpido cielo azzurro dell'estate. Lentamente prendono forma, poi lentamente si disperdono e svaniscono.
Voglio volare di nuovo!
Desidero librarmi su in quegli spazi senza tempo e consacrati, la cui bellezza costringe tutti i veri aviatori a credere in Dio.
Non vedo l'ora di volare ancora – tra le nuvole, il vento e il cielo. Là amerei navigare ora nel mio aliante, in silenzio, con la terra lontana sotto. Con la mia mano sulla colonna di controllo, i miei occhi guardano verso il cielo, sopra le ali scintillanti.
Sono colma di stupore, perché intorno a me tutto è silenzio.
L'aliante naviga verso il basso ora, riportandomi sulla terra. Si avvicina sempre di più. Le montagne si innalzano, le colline cadono nella pianura, le città sorgono davanti ai miei occhi.
Di per sé la terra è la stessa – ma in me è cambiata.
Colui che si è avvicinato a Dio deve anche essere vicino all'uomo.

Questa è la verità che il volo mi ha insegnato. L'inventiva umana, l'apprendimento, la scienza tecnica non possono conseguire nulla, se il cuore e l'anima *non* tengono il passo con lo sviluppo. Esse sono la coscienza che obbliga al rispetto per l'Ordine Divino. Non abbiamo perso da tempo l'essere umano nel nostro prossimo? Lo ritroveremo soltanto quando avremo riacquistato la nostra fede.

Ed è compito di tutti noi aviatori riportare assieme a noi sulla terra ciò che abbiamo vissuto in cielo. Non può esservi strumento migliore per la pace e la riconciliazione del nostro amato volo a vela.

Volare – questo è la mia vita. Il volo sopra la terra è il suo simbolo. Possa in futuro il volare servire solo ad avvicinare uomini e popoli.

POSCRITTO[28]

Scrissi questo libro dopo essere stata liberata da un anno e mezzo quale prigioniera di guerra negli Stati Uniti. Il suo scopo non era solo l'illustrare la mia stessa vita di pilota, ma anche di mostrare cosa i tedeschi pensassero della loro recente storia e di come l'avessero vissuta. Da allora la mia vita è stata un vivace succedersi di fatti positivi e negativi, e nei suoi incontri con personaggi inusuali, capi di stato, astronauti, e persone di molte nazioni, continenti e razze. Oltre a tutto questo, sono stata abbastanza fortunata da conseguire molti più successi nel campo dell'aviazione sportiva che prima del 1945.

Trovai abbastanza facile scrivere questo libro, poiché dovevo solo narrare la verità e farlo con franchezza. Da allora, ho scoperto che dire la verità può ferire. La cosa per me più difficile da sopportare è stato il modo come è stato male interpretato il mio volo con il *Generaloberst* Ritter von Greim (l'ultimo comandante in capo della *Luftwaffe*) nella Berlino completamente accerchiata dai russi.

Le insinuazioni continuano ancora oggi ogniqualvolta il mio nome compare su di un giornale. Sono stata, e sono ancora, forzata nell'agone politico, che non mi è mai appartenuto. Ancora oggi, "testimonianze oculari" sugli ultimi giorni nel bunker di Hitler appaiono a mio nome nella stampa tedesca e internazionale e in libri. Contengono o usano delle note pubblicate nel dicembre 1945 dal *Counter Intelligence Corps* americano[29]. Desidero dichiarare categoricamente di non avere mai scritto questi resoconti (che compaiono come virgolettati); di non averli mai visti prima e di non averli mai firmati. Essi non rappresentano, in larga parte, ciò che è realmente successo. I miei incontri con alte personalità dello stato si sono verificati in relazione al mio lavoro. Scrivo su questi incontri, come scrivo del resto della mia vita: da dove provengo, come sono arrivata a intraprendere la mia professione, e cosa ho avuto la fortuna di provare come pilota sino al 1945.

Al contrario della mia testimonianza di quell'ultimo volo verso Berlino con il *Generaloberst* Ritter von Greim, questi presunti "testimoni oculari" dimenticano il fatto che fui scelta per questa missione in virtù del mio essere un pilota e persona di fiducia, e mi appellano invece come "l'amante di Hitler". Posso solo sperare che l'inventore di queste calunnie non si rendesse conto delle conseguenze deleterie sulla mia vita. Sin da allora sono stata accusata di molti misfatti in relazione con il III Reich, sia in patria che all'estero, specie nelle nazioni dell'Est Europa.

---

[28] Poscritto all'edizione tedesca del 1972. Traduzione di Andrea Lombardi.
[29] Il controspionaggio militare USA, NdE

Eppure, nonostante tutto, sono stata così fortunata da conseguire dei grandi successi nel volo sin dal 1952, quando a noi tedeschi fu concesso nuovamente di volare: sono stata la prima donna pilota di alianti a competere nel Campionato del mondo a Madrid del 1952, dove vinsi per la Germania la Medaglia di bronzo dell'Aero–Club tedesco. Fu in questa occasione che un ebreo francese, che aveva perso una gamba e un braccio nella lotta contro la Germania, mi si avvicinò. Mi prese la mano e disse: "Lei ha conquistato i cuori di tutti i presenti a questi campionati mondiali". Ciò fu per me ancora più emozionante che l'evento stesso.

Nel 1955 ci fu uno dei momenti apicali nella mia carriera quando, nuovamente come sola donna in competizione, vinsi il Campionato tedesco, nonostante l'allora campione del mondo, il francese Pierre, e il passato campione, lo svedese Silsmo, partecipassero entrambi come piloti ospiti. Partecipai quindi con successo al Campionato mondiale di volo a vela del 1956 a St Yan in Francia, dove conseguii un nuovo record femminile tedesco di distanza in aliante in volo libero di 370 km. Un successo particolare venne quindi in Francia nel 1957, raggiungendo la quota di 6.848 metri sopra Saint-Auban, volando in una formazione di alianti. Questo fu un nuovo record femminile tedesco di volo a vela, e vinsi il primo diamante del "Gold C".

Nel 1958 successe qualcosa che mi portò a non volare più in Germania. Fui invitata dall'Aero-Club tedesco a partecipare ai Campionati del mondo di volo a vela in Polonia, e fui l'unico pilota a vedersi rifiutato il visto d'ingresso. Siccome il resto della squadra nazionale tedesca partecipò alla competizione come se nulla fosse, senza alcuna protesta, decisi di non volare più in nessun altro evento di questo club. Tuttavia, un anno dopo accettai un invito in India per insegnarvi il volo in aliante. Questa esperienza, con la sua visione di quel vasto continente e le sue impressioni della vita spirituale indiana, e in particolare dell'amicizia che strinsi con il saggio primo ministro indiano Jawaharlar Nehru, con il quale volai in aliante in alto sopra New Dehli, sarà di grande importanza nella mia vita futura. Grazie a Pandit Nehru, nella cui casa risiedetti, ricevetti una affascinante introduzione allo yoga, con esercizi e meditazioni giornaliere. Ma allora non potevo prevedere il fatale sentiero nel quale Pandit Nehru mi avrebbe condotto.

Nel 1961 accettai un invito da dei piloti d'aliante americani di partecipare in un volo di una formazione di aerei sopra la Sierra Nevada. Il viaggio fu impreziosito da diversi eventi interessantissimi: una visita al famoso centro di ricerca statunitense presso la base aerea dell'USAF di Edwards in California; un invito a Huntsville, in Alabama, per incontrare Wernher von Braun; un ricevimento alla Casa Bianca dato del presidente Kennedy; e un incontro nel Connecticut con il grande scienziato e costruttore Igor Sikorsky.

Nell'autunno di quell'anno l'Aeroclub finlandese mi invitò in Finlandia, una nazione che è nel mio cuore dal 1934. Ma poi un nuovo mondo fece il suo ingresso nella mia vita: l'Africa Nera. Nel gennaio 1962 Pandit Nehru aveva suggerito al suo amico Dr. Kwame Nkrumah, presidente del Ghana, di chiedermi di aprire una scuola di volo a vela nella sua nazione, quale ausilio per temprare il carattere della gioventù del Ghana.

Il golpe orchestrato in Ghana mentre il Dr. Nkrumah era fuori dal paese, impegnato in dei colloqui di pace per porre termine alla guerra del Vietnam, mise una brusca fine a tutto questo – il più bell'incarico della mia vita. Fui arrestata e deportata.

E dopo? Dopo ho ripreso a pilotare di nuovo gli elicotteri – nel 1937 ero stata la prima donna ad averlo mai fatto – e intrapresi dei voli a vela sistematici oltre le Alpi. Il 1937 era stato anche l'anno del mio primo attraversamento in aliante delle Alpi, da Salisburgo all'Italia. Scoprii che il planare sopra le Alpi dal 1969 in poi mi donò molti benefici spirituali. Ho continuato ad incontrare molte persone interessanti, scienziati, sportivi, piloti collaudatori – compreso Neil Armstrong, il primo uomo sulla Luna.

Noi persone dell'aria del mondo abbiamo un compito importante: di riportare sulla terra ciò che abbiamo sperimentato su in alto. Lassù, non vi sono frontiere, né nazioni, né lingue – lassù, ogni cosa è parte di un tutto unico. La solitudine del volo in questo vasto nulla ha affratellato le nostre anime.

Che le persone dell'aria possano aiutare la causa della pace nel mondo!

Hanna Reitsch

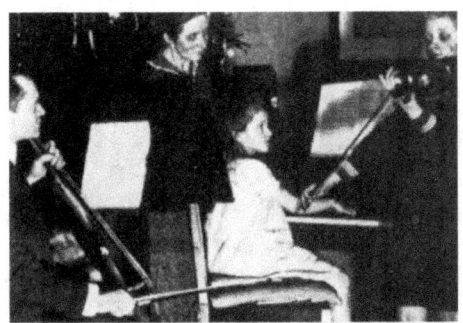

Dall'alto: Hanna Reitsch all'età di cinque anni, la sua sorella minore Heidi, mentre suona con il padre e il fratello, e in età adulta con la madre e mentre suona con il padre.

Mappa della Germania nel 1937 (a est la Slesia inferiore e superiore, Nieder– e Oberschlesien), e, sotto, la Slesia prebellica con le sue province: a sudovest Hirschberg, la città natale di Hanna Reitsch. In questa cartina sono evidenziati in grigio più scuro i territori ceduti alla Polonia nel 1920–1922.

Sopra, Hanna Reitsch mostra il suo aliante ai genitori e, nella foto sotto, il suo fratello maggiore Kurt, decorato Ufficiale della Kriegsmarine sui cacciatorpediniere a Narvik.

Hanna Reitsch con il suo mentore Wolfram (Wolf) Hirth.

Un Klemm-Daimler del tipo pilotato dalla Reitsch ai suoi esordi nel volo a motore.

Hanna Reitsch dopo un volo di 10 ore con l'aliante "Alexander" nel 1933.

Ritratto fotografico di Hanna Reitsch nel 1933.

La Gara di planata del Rhön del 1933: la Reitsch e il suo aliante "Christian".

La Reitsch nel 1934.

Hanna Reitsch mentre legge un libro nel suo salotto, 1935.

Hanna Reitsch nell'abitacolo del suo aliante, 1938.

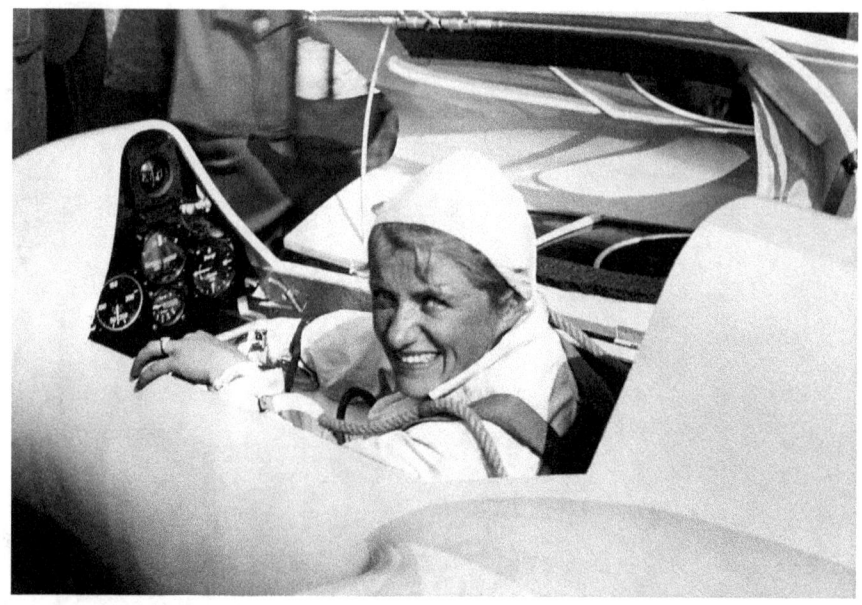

Hanna Reitsch ai comandi del suo "Sperber Junior" durante la 17ª Competizione di planata del Rhön del 1936.

Il decollo della Reitsch: il cavo elastico è stato appena rilasciato e l'aliante si libra in aria.

Hanna Reitsch in una "tenuta di volo" improvvisata per le temperature rigide in alta quota: giubbetto foderato in pelliccia, guanti tradizionali, pantaloni da montagna in panno e cuffia.

Hanna Reitsch con Wolf Hirth nel 1937.

Hanna Reitsch ritratta su di un aliante tipo Motanol F nel 1937.

Un'altra foto di Hanna Reitsch e del suo aliante Motanol F dopo il record mondiale del 1937. Sotto, Hanna Reitsch il 15 ottobre 1937.

Hanna Reitsch accanto al suo aliante, 1937. Sotto, la Reitsch con un modello dell'aliante "Sperber Junior", 1937.

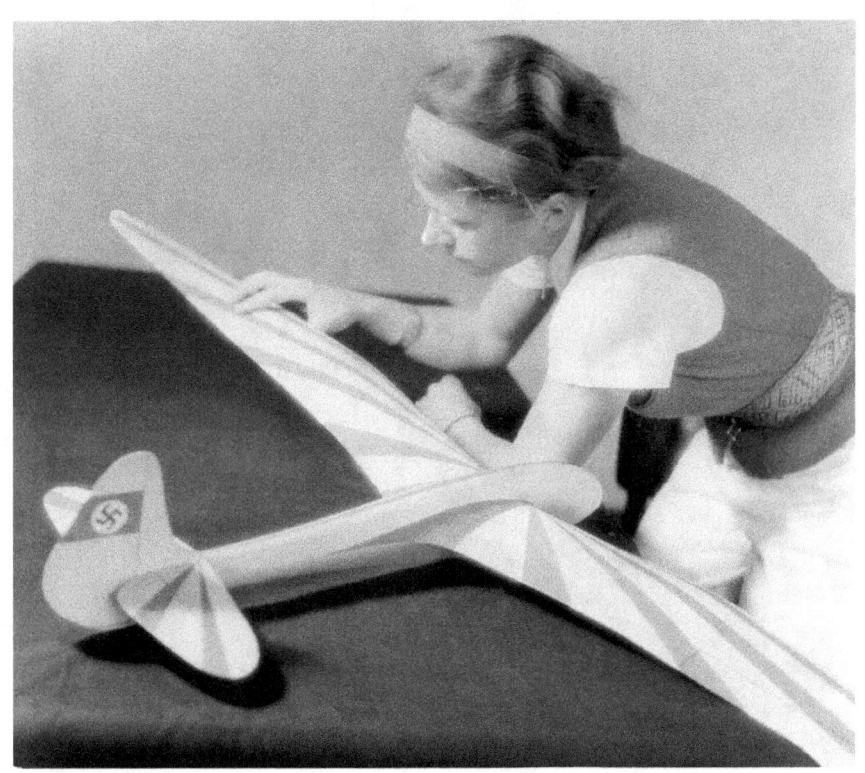

Hanna Reitsch con Oskar Ursinus nel 1938.

Hanna Reitsch con una delle sue medaglie.

Hanna Reitsch mentre allaccia il paracadute a una giovane durante una manifestazione aeronautica.

La Reitsch mentre discute con appassionati di volo e giovani allievi.

La pilota collaudatrice Reitsch conversa con il progettista Hans "Köbis" Jacobs all'istituto di ricerca sugli alianti.

Hanna Reitsch indossa il paracadute prima di una esibizione acrobatica.

Hanna Reitsch con il professor Hans Lippisch, Walter Georgii e Fritz Stamer.

Il convoglio della spedizione degli aliantisti tedeschi in Sud America.

La Reitsch, vestita alla marinara, di ritorno dal Sud America con il Professor Georgii e il Capitano Schenk.

L'aliante idrovolante "Seeadler" sul lago Chiernsee.

Su un aliante Rehier appena dopo il lancio con cavo elastico dal Wasserkuppe.

Hanna Reitsch con il suo "Sperber Junior" prima di un volo sulle Alpi.

Con Heini Dittmar preparando un volo in Brasile.

Hanna Reitsch riceve le congratulazioni dello Standartenführer Kunz dopo l'atterraggio all'aeroporto di Rangsdorf.

Una foto scattata in occasione di un grande spettacolo aereo a Kassel–Waldau il 17 luglio 1938, organizzato dalla Fieseler Flugzeugbau di Kassel. Tra i partecipanti, il Dipl.-Ing. Erich Bachem e Hanna Reitsch. Bachem era all'epoca il direttore tecnico della Fieseler Flugzeugbau e fu il presentatore di questa giornata di volo. Sotto, Hanna Reitsch con membri del RAD, il Servizio del Lavoro del Reich (via Paolo Prevosto).

Hanna Reitsch mostra il Focke-Wulf 61 all'asso della Prima guerra mondiale (62 vittorie) Ernst Udet, poi Generaloberst e capo del Ministero dell'Aviazione del Reich (RLM) sino al suo suicidio il 17 novembre del 1941.

Ernst Udet dirige con una mano il Focke–Wulf Fw 61 V-2 "D–EKRA", con il quale Hanna Reitsch sta per iniziare un volo da Brema a Berlino-Tempelhof. Al centro, il Generalstabs-Ingenieur Roluf Lucht.

Hanna Reitsch con Ernst Udet.

Charles Lindbergh dopo la dimostrazione in volo dell'elicottero Focke-Wulf di Hanna Reitsch a Brema nel 1937.

Sul Focke-Wulf 61 nel primo volo in interno del mondo alla Deutschlandhalle di Berlino nel 1937.

I rischiosi test d'atterraggio su "letto di corde" di Hanna Reitsch.

Germania, inverno 1939-1940. Foto inedita di Hanna Reitsch con dei piloti di alianti DFS 230 della Luftwaffe (collezione Andrea Lombardi).

L'aliante sperimentale DFS 230 V 7. La versione di serie DFS 230 A-1 di questa "arma segreta" fu utlizzata per la prima volta in azione nel maggio 1940 in Belgio e quindi su tutti i fronti sino a fine guerra. Tra le versioni speciali ricordiamo il DFS 230 C-1 dotato di tre razzi di frenata sul muso. Sotto, trittico dell'aliante DFS 230.

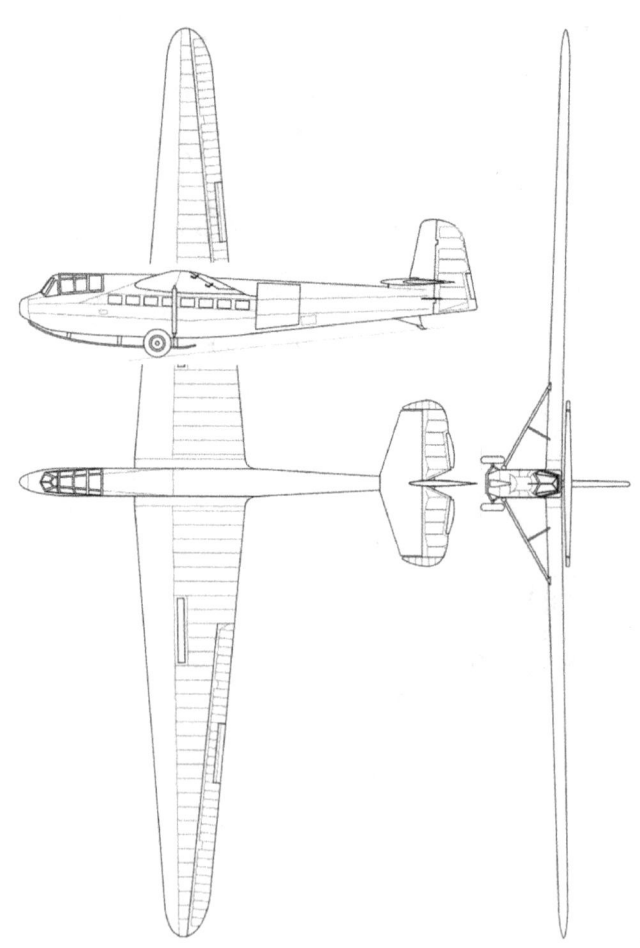

Hanna Reitsch congratulata da Adolf Hitler in occasione del conferimento della Croce di Ferro di 2ª classe il 28 marzo 1941. Al centro il Feldmaresciallo Hermann Göring, in secondo piano a sinistra l'Aiutante di Hitler per la Luftwaffe Nicolaus von Below, e a destra il Generale Karl Bodenschanz.

Una raggiante Hanna Reitsch saluta la folla acclamante nel suo paese natio di Hirschberg in Slesia. A sinistra, il Gauleiter Karl August Hanke.

Giovani ragazze della Bund Deutscher Mädel attendono trepidanti la Reitsch.

Hanna Reitsch sfoggia la sua Croce di Ferro di 2ª classe, concessa in totale a 27 donne, e il Distintivo combinato di pilota e di osservatore in oro con diamanti espressamente creato per lei in forma ridotta e di broche in argento dorato tempestata di zaffiri bianchi, fermata con un lungo spillo orizzontale.

Nella foto sotto, Hanna Reitsch legge il servizio sul suo conferimento della Croce di Ferro sul periodico illustrato "Illustrierter Beobachter".

In questa foto Hanna Reitsch porta sulla camicia il nastrino della Croce di ferro di 2ª classe e appuntata al petto la Croce di Ferro di 1ª classe, concessale nel febbraio 1943, oltre al Distintivo combinato di pilota e di osservatore in oro con diamanti.

Berlino, 3 ottobre 1943. Hanna Reitsch a un evento dell'NSDAP allo Sportpalast.

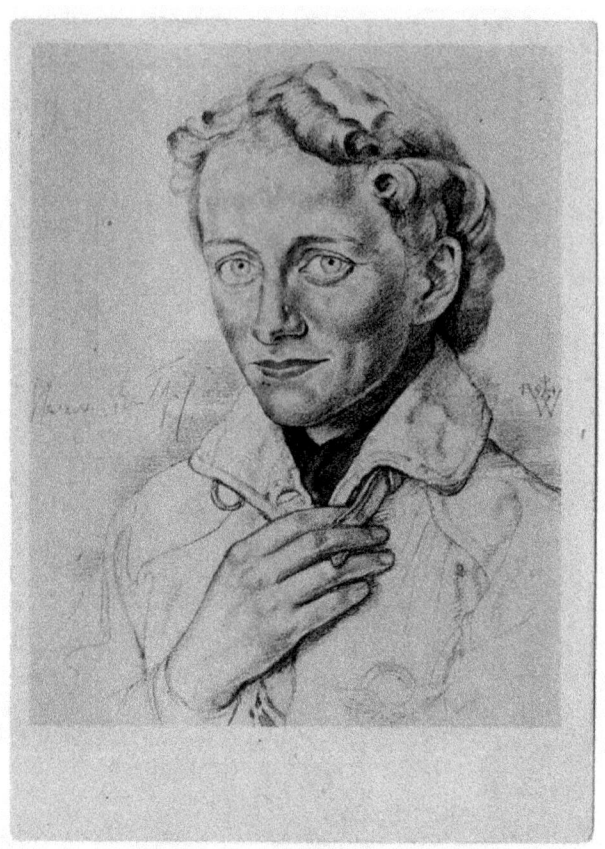

L'aviatrice immortalata dall'artista di guerra Wolfgang Willrich in una cartolina VDA della serie "E" (E49). Al verso sono menzionate le sue Croci di Ferro di 1ª e 2ª classe.

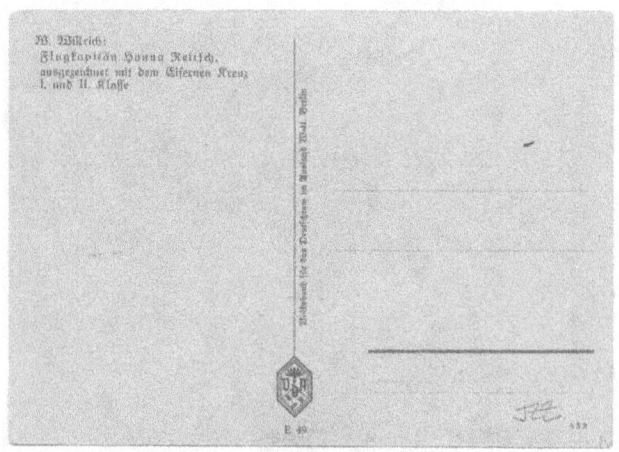

Il Feldmaresciallo Robert Ritter von Greim, nella prima guerra mondiale asso della Fliegertruppe con 28 abbattimenti e primo aviatore ad aver distrutto dall'aria un carro armato, e ultimo comandante della Luftwaffe. Notare la Croce di Cavaliere con Fronde di Quercia e Spade e la Croce Pour le Mérite.

Russia, novembre 1943. Hanna Reitsch (al centro) con Ritter von Greim in visita al fronte presso una unità della Flak.

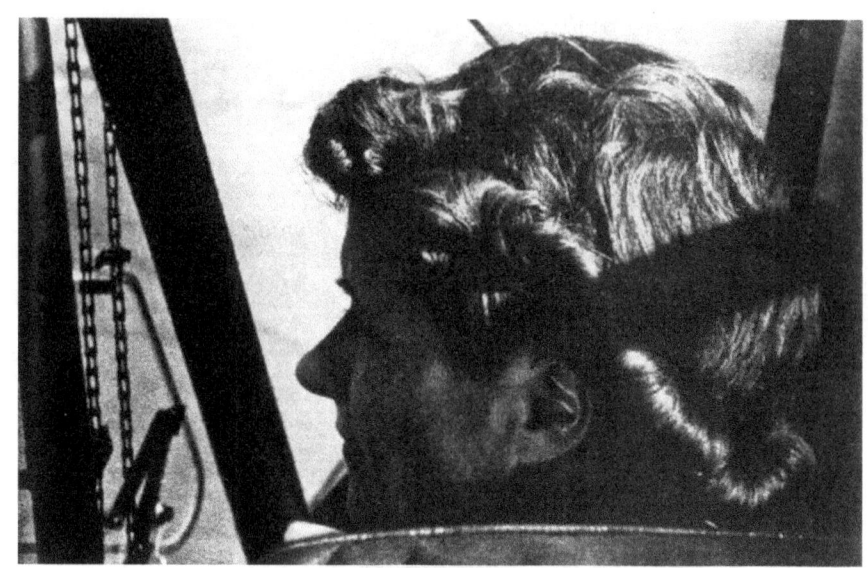

Novembre 1943. La Reitsch su un aereo Fieseler Fi 156 "Storch".

Hanna Reitsch saluta dall'abitacolo di un bombardiere Heinkel He 111 dopo una visita al fronte. Notare la mitragliera MG FF da 20 mm nella posizione di prua dell'aereo.

Alcuni degli aerei collaudati da Hanna Reitsch: sopra, un Dornier Do 17 "Matita volante"; notare il freno aerodinamico caudale sperimentale di questo esemplare. Sotto, un Junkers Ju 87 A, prima versione di questo notissimo bombardiere in picchiata.

Sopra, il caccia bimotore pesante Messerschmitt Bf 110 "Zerstörer" (Distruttore). Sotto, un Heinkel He 111 dotato del dispositivo tagliacavi dei palloni frenati "Kuto-Nase" sperimentato con grandi rischi dalla Reitsch sul Dornier Do 17.

Dall'alto: Hanna Reitsch ai comandi di un Heinkel 111, il decollo di un aliante pesante da trasporto Messerschmitt 321 "Gigant" trainato da una "Troika" di tre Heinkel He 111, e un Messerschmitt 323 "Gigant" con accanto un aereo da collegamento Messerschmitt Me 108. In una intervista, la Reitsch ricordava la grande forza fisica necessaria e la sua fatica nel pilotare il Me 321 "Gigant" nel 1941. Durante questi collaudi, in un incidente di volo perse la vita l'esperto pilota di alianti e amico della Reitsch Otto Bräutigam.

Un Messerschmitt 323 in volo. La foto in basso permette di apprezzare l'enorme apertura alare dell'esamotore, ben 55 metri, e le due torrette difensive sulle ali dotate di mitragliere MG 151/20 da 20 mm della variante Me 323 E.

In questa foto, Hanna Reitsch con i professori Willi Messerschmitt e Alexander Lippisch durante le prove del Messerschmitt 163.

Sotto, il Messerschmitt 163 V-2 senza propulsore, testato come aliante, e il Messerschmitt 262 V-3 sperimentale.

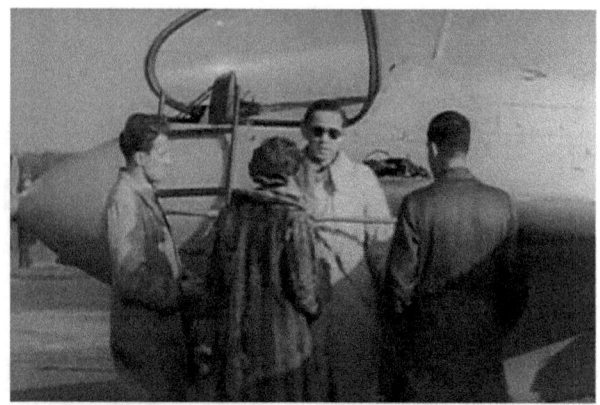

Hanna Reitsch con il pilota collaudatore Heini Dittmar accanto a un Messerschmitt 163 "Komet" nell'aprile 1944. Il 6 luglio 1944, Dittmar, ai comandi di questo Me 163 B V18 (VA+ SP) propulso dal motore a razzo a due camere HWK 509 B, raggiunse la velocità di 1.130 km/h, un record del mondo non ufficiale di velocità

Dopo gli ultimi controlli, Heini Dittmar si appresta a decollare con il Messerschmitt 163 "Komet".

Il decollo del Messerschmitt 163 "Komet" di Dittmar.

Hanna Reitsch in tenuta di volo e paracadute si sta per calare nello stretto abitacolo del Messerschmitt Me 163 "Komet" per effettuare un rischioso volo di prova.

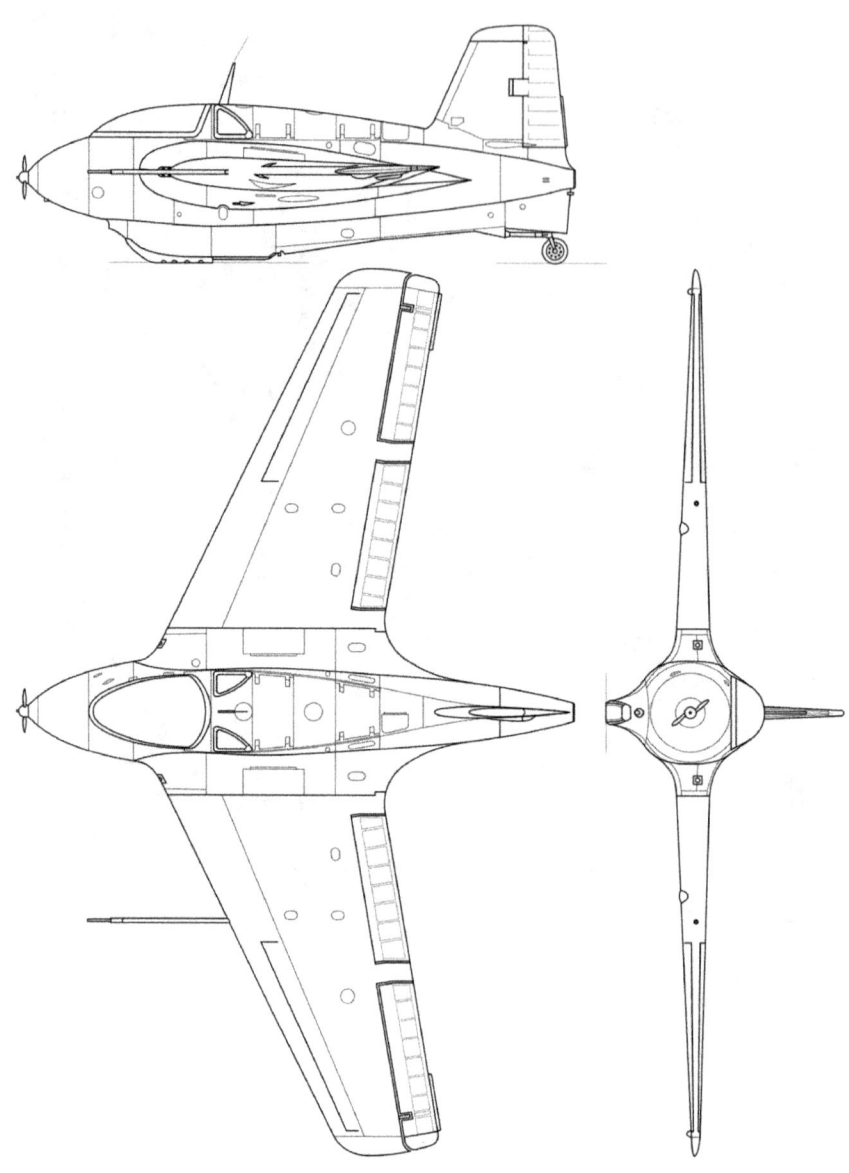

Trittico del Messerschmitt Me 163 B.

La Fieseler 103 (V1) pilotata ("Reichenberg-Gerät"). Notare lo stretto abitacolo del pilota con relativo tettuccio, il pilone di supporto del pulsoreattore di maggiore velatura rispetto a quello della normale Fi 103 e il pattino d'atterraggio in legno.

La Fieseler 103R "Reichenberg".

Nell'immagine, una Fieseler 103R "Reichenberg" Re I biposto da addestramento

Una Fieseler 103 agganciata al suo aereo madre, un Heinkel 111.

Dall'alto: rarissima immagine di una Fi 103 Re 3 pilotata in atterraggio, una Fi 103 pilotata – con il muso nella variante piatta – catturata dagli inglesi e due fusoliere di Fi 103 catturate e stoccate all'aeroporto militare di Wright–Patterson negli USA. Quella a sinistra ha il muso piatto, protetto da un cappuccio di protezione, quella a destra il muso arrotondato.

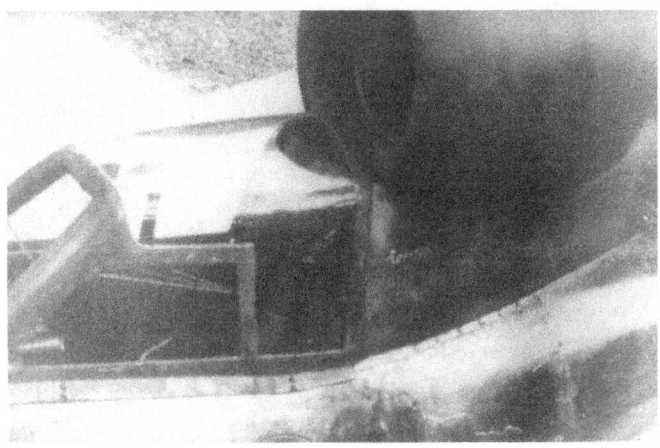

Vista frontale e laterale dell'abitacolo della Fi 103 pilotata: notare la linea orizzontale di ausilio per il pilota sul vetro corazzato frontale e quelle inclinate sul vetro laterale. Sotto a sinistra, la strumentazione e la girobussola con batteria e trasformatore. Nella foto dell'abitacolo, sulla sinistra della plancia è installato il commutatore di attivazione/sicura della carica esplosiva nel muso.

Un Messerschmitt 328 senza propulsori trasportato da un Dornier Do 217.

Il Messerschmitt 328 senza propulsori in decollo e atterraggio.

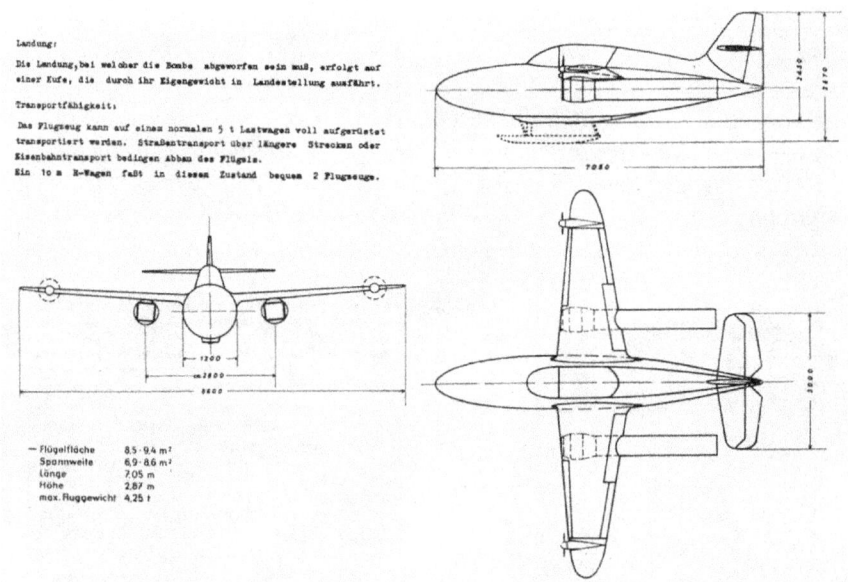

Trittico originale del Messerschmitt Me 328 propulso da due pulsoreattori.

Dall'alto: Messerschmitt Me 328 A sopra un Dornier Do 217 K-03, vista da dietro dello stesso, vista laterale e frontale del Me 328 con pulsoreattori Argus As 014.

Un Fieseler Storch dimostra la sua capacità di decollo e atterraggio corto (STOL) sugli Unter der Linden a Berlino durante un evento pubblico nel marzo del 1940.

Berlino, giugno 1945. Un ufficiale della RAF ispeziona nel Tiergarten il relitto del Fieseler Fi 156 impiegato da Ritter von Greim e Hanna Reitsch per recarsi presso il Führerbunker il 26 aprile 1945.

Obersursel, 5 dicembre 1945. Una sempre sorridente Hanna Reitsch dopo la prova della guerra e del primo dopoguerra.

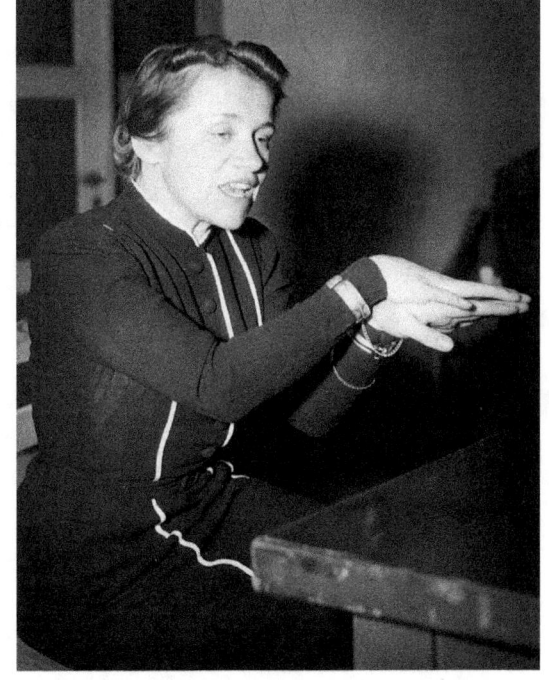

Obersursel, 14 dicembre 1945. Hanna Reitsch mentre mima con le mani la sua partenza dal bunker della Cancelleria del Reich a Berlino, poche ore prima della morte di Adolf Hitler.

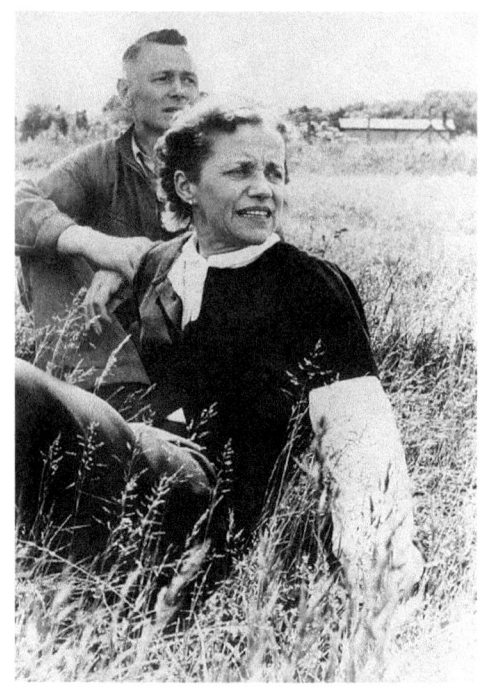

L'addestramento della squadra di volo a vela tedesca a Friburgo per la Coppa del mondo di Madrid del 1952. A sinistra, Hanna Reitsch osserva i voli, nella foto sotto l'addestratore Sepp Kunz aiuta il pilota Heinz Kensche a sistemarsi nell'aliante "Condor IV".

I piloti Wolfram Hirth e Hanna Reitsch firmano il libro d'onore della città di Ziegenhain nell'agosto 1952. Entrambi si trovavano a Ziegenhain come membri dell'Aeroclub, che vi tenne la sua riunione dal 3 al 17 agosto 1952. Wolfram Hirth nacque il 28 febbraio 1900 a Stoccarda e morì il 25 luglio 1959 in un incidente aereo vicino a Dettingen Teck.

Hanna Reitsch e la pioniera dell'aviazione Thea Rasche nel 1952.

Hanna Reitsch con Susi Klingeberg e Jan Eilers all'aeroporto di Brema.

Hanna Reitsch con Heinz Kensche durante gli allenamenti per la coppa del mondo di volo a vela d'Inghilterra del 1954.

Foto con dedica di Hanna Reitsch alla Squadra di volo a vela spagnola durante il Campionato di volo a vela di Saint Yan in Francia del 1956.

Sotto, Hanna Reitsch con la squadra spagnola.

Riunione di "assi" del volo a vela all'aeropista di Oerlinghausen: da sinistra, Heinz Scheidhauer, Wolf Hirth, sconosciuto, Hanna Reitsch, Frowein e l'organizzatore di manifestazioni aeree Krakel.

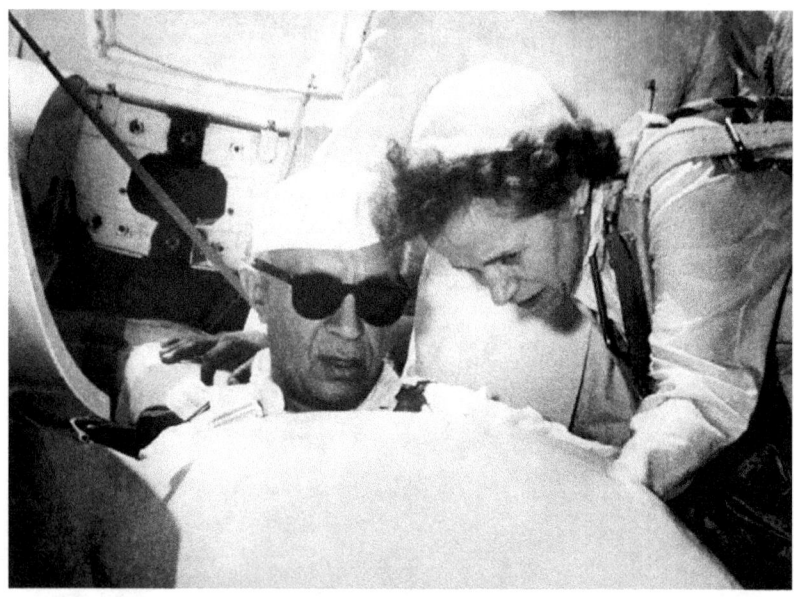

India, 1959. Hanna Reitsch con il presidente Nehru prima di un giro aereo sopra Nuova Delhi su di un aliante tipo K7 "Rhönadler".

Hanna Reitsch su un aliante durante una manifestazione postbellica.

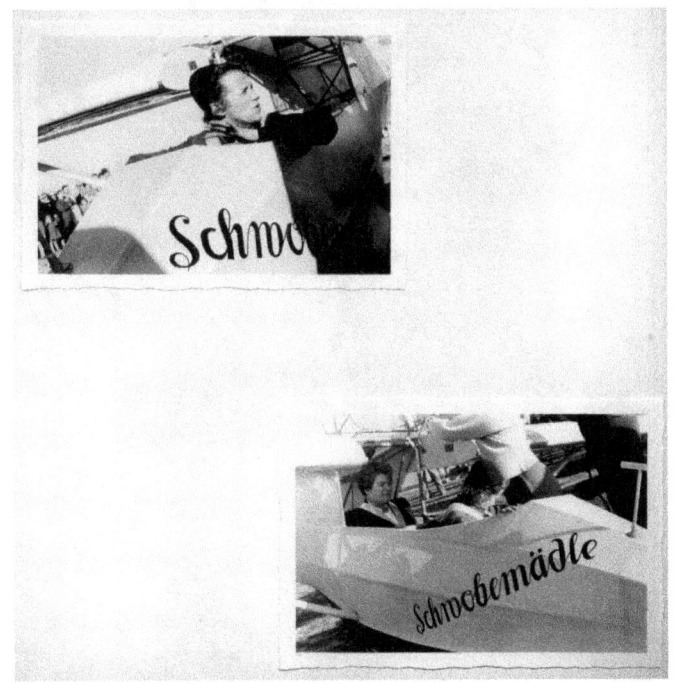

La Reitsch con Dietrich Eckardt all'eliporto di Saffig (Coblenza) nel 1971.

Francoforte, 10 maggio 1973. Hanna Reitsch mentre partecipa a una campagna per promuovere la mobilità pedonale.
Notare il Distintivo da pilota di alianti e le due miniature delle Croci di Ferro.

Locandina della Competizione di volo a vela del Wasserkuppe (Rhön) del 4–18 luglio 1937. Nell'immagine il Monumento agli aviatori, ancora presente sulla sommità del Wasserkuppe.

Il panorama del Wasserkuppe e il versante sud dell'Untersberg (Alpi di Berchtesgaden) oggi, teatri delle prime imprese in aliante di Hanna Reitsch.

Due pagine dall'album fotografico personale di un giovane appassionato di volo a vela, poi passato nella Luftwaffe. Nella pagina in alto, immagini della sua partecipazione alla Competizione del Rhön del 1935, nella pagina in basso, sotto l'intestazione "Una visita a Dessau", una foto ritraente Wolf Hirth e Hanna Reitsch. Notare in alto un piano dell'aliante Kü 7. Progettato dal prof. August Kupper, aveva un'apertura alare di ben 30 metri.

Hanna Reitsch con l'aliante DFS "Reiher" in Libia, 1939.

Foto originale a colori della preparazione di un aliante da trasporto DFS 230 per la battaglia di Creta (Operazione Merkur) in un aeroporto nei pressi di Atene, maggio 1941.

Una Fieseler Fi 103R–IV "Reichenberg" conservata al Flying Heritage & Combat Armor Museum di Everett, Washington (foto Randy Malmstrom).

Una rara foto originale a colori di un Messerschmitt Me 262 "Schwalbe" nuovo di fabbrica. Le superfici superiori sono mimetizzate con macchie di marrone verdastro RLM 81 e verde medio RLM 82, e quelle inferiori nell'usuale azzurro chiaro RLM 76.

Un Messerschmitt Me 163 B "Komet" allo Science Museum di Londra.

Nella pagina seguente, dall'alto: l'abitacolo del Messerschmitt Me 163 parte del Flying Heritage & Combat Armor Museum a Everett, Washington, con bene in evidenza lo spesso vetro antiproiettile della sezione frontale del tettuccio; la fusoliera con le indicazioni "T" e "C" per i due componenti "T-Stoff" e "C-Stoff" del propellente dell'aereo, e dettaglio del carrello sganciabile per il decollo.

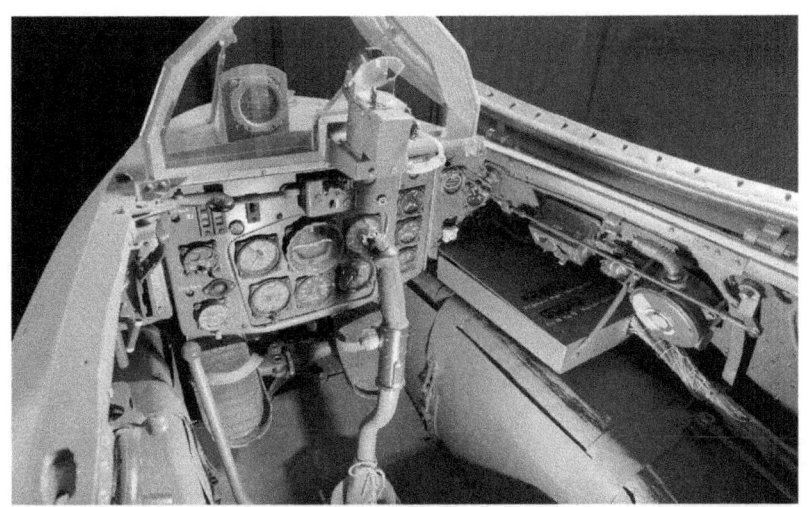

Gli aerei pilotati dalla Reitsch durante il suo volo nella Berlino accerchiata e negli ultimi giorni di guerra nell'aprile–maggio 1945. Dall'alto: il Fieseler 156 "Storch", l'Arado Ar 96 e il Bücker Bü 181 "Bestmann".

Sopra, Hanna Reitsch (quarta da sinistra) con una delegazione di socie della Association of Women Helicopter Pilots, ricevute dal presidente John F. Kennedy alla Casa Bianca nel 1961 e, sotto, a una gara di alianti nel 1978.

La tomba della famiglia Reitsch al cimitero comunale di Salisburgo.

APPENDICE

PRIMATI AERONAUTICI DI HANNA REITSCH

✠

1932: record femminile di durata in volo a vela (5,5 ore)

1936: record mondiale femminile di distanza in volo a vela (305 km)

1937: prima traversata delle Alpi in aliante da parte di una donna

1937: la prima donna al mondo ad essere nominata Capitano di volo dal Colonnello Ernst Udet

1937: prima donna al mondo a pilotare un elicottero (*Focke-Wulf Fw 61*); anche primo volo in uno spazio chiuso (Deutschlandhalle)

1937: record mondiale di distanza su elicottero (109 km)

1938: Vincitore nella "competizione tedesca di distanza su aliante" Sylt - Breslavia (Slesia)

1939: record mondiale femminile di aliante nel volo con destinazione

1943: come pilota collaudatrice presso il centro sperimentale della *Luftwaffe* di Rechlin: prima donna a pilotare un aereo a razzo (*Messerschmitt Me 163*) e sopravvivere a un grave incidente di atterraggio.

1944: prima donna al mondo a pilotare degli aerei a reazione (*Messerschmitt Me 262* e *Heinkel He 162* presso il centro sperimentale della Luftwaffe a Rechlin)

1952: terzo posto ai campionati del mondo di volo a vela in Spagna con Lisbeth Häfner (classe biposto)

1955: campionessa tedesca di volo a vela

1956: record femminile tedesco di distanza in volo a vela (370 km)

1957: record femminile tedesco di volo a vela in alta quota (6.848 m) (1° Diamante per Gold-C[30])

1960: volo su percorso triangolare di 300 km (2° Diamante per Gold-C)

1970: record di aliante femminile tedesco su 500 km (3° diamante per Gold-C)

1970: Campionessa tedesca nella competizione tedesca femminile di volo a vela

1971: Campionessa del mondo nel campionato mondiale femminile di elicotteri

1972: record di aliante femminile tedesco nel volo di velocità sul percorso triangolare di 300 chilometri

1977: record di aliante femminile tedesco nel volo con obiettivo e ritorno di oltre 644 km

1978: record mondiale di aliante femminile nel volo con obiettivo e ritorno di oltre 715 km

1979: record di aliante femminile tedesco nel volo con obiettivo e ritorno di oltre 801,70 km

---

[30] La Commissione internazionale di volo a vela (FAI) conferisce il distintivo d'argento (*Silver*) per il raggiungimento di una distanza di 50 km, una durata di 5 ore e un incremento di altitudine di 1.000 metri, Oro (*Gold*) per 300 km, 5 ore e 3.000 metri, e tre Diamanti (*Diamonds*): per 500 chilometri di distanza in volo libero, 300 km in volo con obiettivo e un incremento di altitudine di 5.000 metri, NdE.

LE DONNE PILOTA TEDESCHE IN GUERRA, 1939–1945[31]

+

Oggi è quasi sconosciuto come le donne pilota abbiano contribuito attivamente allo sforzo bellico della Germania durante la seconda guerra mondiale, a parte Hanna Reitsch (1912–1979), la eccezionale pilota collaudatrice degli anni '30 e '40. Ma la Reitsch non fu l'unica pilota donna tedesca a volare tra il 1939 e il 1945. All'inizio della guerra, le donne pilota erano state addestrate insieme agli uomini per diventare piloti assegnati al trasferimento degli aerei in seno all'NSFK (*Nationalsozialistisches Fliegerkorps*, Corpo paramilitare aviatori nazionalsocialisti). Anche l'NSFK impiegava donne pilota come responsabili dei suoi avioparchi per aerei in riparazione e in altre funzioni ausiliarie. Verso la fine della guerra, almeno cinque donne avevano prestato servizio come piloti assegnati al trasferimento degli aerei all'interno della *Luftwaffe*, indossandone l'uniforme e tenendo il grado di Capitano. Altre donne lavorarono come piloti collaudatori in aziende aeronautiche e due di loro erano piloti collaudatori sperimentali, ricevendo i loro incarichi dalla *Luftwaffe*. Eseguirono voli mozzafiato per testare nuovi freni di picchiata, tagliare i cavi di palloni di sbarramento, testare la visibilità degli abitacoli e migliorare la precisione del bombardamento. Nel 1944, dopo che la *Luftwaffe* aveva perso la superiorità aerea, almeno sessanta donne erano state reclutate dall'NSFK e furono impiegate come istruttori di aliante per la formazione avanzata delle reclute della *Luftwaffe*[32]. Alla fine della guerra, nel maggio 1945, molte altre donne erano ancora in addestramento per diventare istruttori, aspettando la loro opportunità non solo per essere impiegate, ma anche per riottenere la possibilità di volare – un privilegio che gli era stato negato sin da quando la guerra era iniziata nel settembre 1939.

Le donne pilota sportive tedesche erano ben presenti nelle notizie sulla carta stampata e alla radio negli anni attorno al 1930, per poi scomparire dall'attenzione del grande pubblico dalla metà degli anni '30,

---

[31] Condensato dall'articolo di Evelyn Zegenhagen *German women pilots at war, 1939 to 1945*, in "*Air Power History*", Winter 2009, Vol. 56, N°4.
[32] Nessuna delle donne si sentì discriminata a confronto dei propri superiori, colleghi e reclute maschi. Tutte sottolinearono invece come furono trattate con rispetto e stima. "Eravamo pienamente accettate, e nessuno cercò in alcun modo di fermarci", ricorda la pilota di aliante Marga H. (classe 1914), che nel 1945 frequentò uno degli ultimi corsi d'addestramento per istruttori di volo femminili.

come diretto risultato delle politiche di genere nazionalsocialiste, e sostituite nei titoli di testa dei media dalla appena fondata *Luftwaffe*.

Il potenziale delle donne pilota per lo sforzo bellico fu largamente ignorato; non fu fatto un serio sforzo di mobilitazione di questo potenziale se non a tarda guerra. Per il 1935, l'ufficio legale del RAD (*Reichsarbeitdienst*, Servizio del lavoro del Reich) aveva preparato la mobilitazione volontaria delle donne tedesche in caso di guerra, assegnandole a compiti amministrativi di basso livello non richiedenti speciali competenze o abilità. Durante gli anni '30 le giovani tedesche erano state educate per i loro futuri ruoli tradizionali, tuttavia, sotto l'organizzazione giovanile femminile BDM ricevettero un rigido addestramento paramilitare, e l'NSFK, che pure non accettava le donne come membri a pieno titolo ma solo come "socie sostenitrici", pianificò di avere tra i suoi ranghi 500 responsabili del BDM addestrate nel volo a vela. All'inizio della guerra nel settembre 1939, erano presenti in Germania circa ottanta donne titolari di licenza di volo sportiva (A-2), e almeno 1.000 erano pilote di alianti con vari livelli d'abilità. Per i motivi sopra ricordati queste non furono inizialmente considerate dall'alto comando tedesco, ma la situazione iniziò a cambiare nel 1940, con le prime donne pilota coinvolte nella gestione di aeroparchi di riparazione e nel trasporto da e per il fronte di aerei. L'addestramento di queste prime donne pilota paramilitari e in seguito militari tedesche e gli aerei da esse pilotati in voli di trasferimento includevano aerei leggeri come i *Bücker Bü 131 Jungmann* e gli *Heinkel He 72 Kadett*, per poi dal 1943 estendersi a aerei da caccia come i *Fw 190*, *Me 109*, *Me 110* e *Ju 87* o trasporti come il *Junkers W 34*, e addirittura il caccia a reazione *Me 262*.

Molto avanti nella guerra, nel novembre 1944 e gennaio 1945, l'alto comando della *Luftwaffe* stese delle linee guida per la selezione e l'impiego delle donne come personale di terra aeronautico – senza dubbio in risposta alle enormi perdite in quel periodo di piloti maschi e di altro personale. A quel punto della guerra, la *Luftwaffe* fece anche piani per reclutare circa 150.000 donne adatte per rimpiazzare 112.000 degli uomini di truppa della *Luftwaffe*. Per il marzo 1945, il 50% dei meccanici d'aereo e il 30% dei meccanici motoristi (*Flugmotorenschlosser*) dovevano essere rimpiazzati da donne. Anche se altri passi di questo decreto indicavano che questi piani avrebbero potuto riguardare anche l'addestramento come piloti incaricati del trasferimento di aerei, il crollo finale del Reich pose fine alla possibile applicazione di queste idee.

Thea Rasche (1899-1971), prima donna pilota acrobatica tedesca e prima donna tedesca a entrare nell'associazione "99s" (riferimento alle 99 donne pilota fondatrici), creata nel 1929 e con primo presidente la famosa aviatrice americana Amelia Earhart con lo scopo di promuovere le donne in aeronautica. Sopra, accanto al suo biplano Siemens-Halske. La Rasche primeggiò in numerosi show aerei negli anni 1920-1930, piazzandosi prima in una competizione aerea a Providence negli USA nella quale partecipavano 25 tra i migliori piloti americani. Sotto, sul monoplano idrovolante con il quale conseguì la licenza di volo per idrovolanti, diventando anche la prima donna pilota tedesca con questa licenza.

Un'altra donna pilota tedesca famosa ai suoi tempi fu Elly Beinhorn (1907-2007): negli anni '30 si distinse per la sua bravura in ardimentosi voli a lunga distanza in Africa, Persia, Sud America e Nord America, e fu la seconda donna del mondo dopo Amy Johnson a volare in solitaria dall'Europa all'Australia e quindi attorno al mondo, divenendo un'eroina per il pubblico tedesco e straniero.

Elly Beinhorn prova i comandi del suo Messerschmitt Bf 108 "Taifun". Monomotore sportivo e da turismo entrato in servizio nel 1935, fu poi impiegato dalla Luftwaffe come aereo d'addestramento e da collegamento.

Beate Uhse–Rotermund, nata Kostlin (1919–2001) nacque a Wargenau nella Prussia orientale (oggi Zelenogradsk, Russia). Quando aveva otto anni, suo fratello maggiore le raccontò il mito di Icaro, e Beate rimase affascinata dalla storia e dall'idea di volare. A 17 anni entrò nell'Aero-Club tedesco grazie all'incontro con un docente, il Dr. Sachsenberg, e nell'ottobre del 1937 ottenne a 18 anni la licenza di pilota, diplomandosi pilota acrobatico nel 1938 e vincendo numerosi premi, lavorando anche come pilota collaudatrice e come controfigura in delle pellicole d'argomento aeronautico per la compagnia cinematografica UFA. Nel 1939 accettò la proposta di matrimonio del pilota della Luftwaffe Hans-Jürgen Uhse, fermamente convinta però di "non rinunciare a volare per nessun uomo". Durante la guerra entrò nella Luftwaffe come pilota addetta al trasferimento degli aerei, pilotando Junkers Ju 87 Stuka, Messerschmitt Bf 109 e 110, Focke–Wulf Fw 190 e alla fine della guerra anche il Messerschmitt Me 262. Nell'ottobre del 1944 fu promossa al grado di Hauptmann e fu assegnata all'Überführungsgeschwader 1 (Stormo trasferimento aerei 1) di base a Berlino–Staaken. Nel 1945, suo marito Hans–Jürgen morì in un incidente di decollo, lasciando Beate una vedova di 24 anni con un figlio di un anno. Nell'aprile 1945, quando Berlino fu circondata dalle forze sovietiche, il suo reparto cercò di volare verso ovest, e Uhse, separatasi dalla sua unità, riuscì a riparare a Leck nella Frisia Settentrionale con un Siebel Fh 104 assieme al figlio e alla sua tata. Dopo la guerra, promosse l'educazione sessuale e la contraccezione tra le donne tedesche nel difficile periodo della ricostruzione, divenendo poi una imprenditrice di successo nel campo del sesso, aprendo poi dal 1962 una fortunata catena di Sexy Shop (nella foto sopra, in un suo punto vendita nel 1971) quotata in Borsa dal 1999 e al suo apice nel 2004 attiva in 60 nazioni e con 1.500 dipendenti, e con un fatturato annuo di 280 milioni di Euro. Dal 2007 la compagnia ha subito dei forti ridimensionamenti, sino al fallimento della capogruppo – ma non della società operative e dei negozi – nel 2017. Beate Uhse morì a Zurigo, multimilionaria, nel 2001.

L'Hauptmann (Capitano) e Überführungsfliegerin (donna pilota addetta al trasferimento aerei) Beate Uhse in divisa della Luftwaffe e nella foto sotto nell'abitacolo di un Messerschmitt 109 G-12 biposto di addestramento.

Nelle foto di questa pagina, la pilota collaudatrice Melitta Schiller von Stauffenberg (1903–1945). Esperta in fisica, ingegnere di volo e pilota, fu collaudatrice al Centro Sperimentale di Rechlin e quindi all'Accademia Tecnica della Luftwaffe a Berlino–Gatow, ricercando miglioramenti alle tecniche di bombardamento in picchiata, effettuando più di 2.500 rischiose manovre di picchiata, principalmente con gli Junkers 87 e 88, compiendone sino a 15 al giorno, picchiando da una quota di 4.000 metri sino a meno di 300. Fu quindi designata alla guida dell'appena fondato Centro sperimentale per dispositivi speciali per aerei di Berlino–Adlershof, sperimentando dispositivi di sparo automatici per armi contro i mezzi corazzati, apparati di puntamento per volo in picchiata e livellato, dispositivi di sgancio automatico di bombe in volo cieco, procedure di atterraggio notturno, e di apparati di mira per ingaggiare formazioni di bombardieri. Per la sua opera fu insignita della Croce di ferro di 2ª classe e del Distintivo combinato da pilota osservatore in oro con diamanti. Fu abbattuta da caccia americani l'8 aprile 1945 mentre volava su di un Bücker Bü 181 cercando di localizzare il campo di prigionia del marito Alexander von Stauffenberg, arrestato in seguito all'attentato a Hitler del 20 luglio 1944, perendo poco dopo per le ferite riportate.

Dall'alto in senso orario: la pilota Vera von Bissing, responsabile dell'aeroparco di riparazione e trasferimento dell'NSFK a Eschwege in Germania durante la seconda guerra mondiale; la pilota Annelise Lieben, a capo della manutenzione degli aerei del Luftdienstkommando 1/6 a Münster–Loddernheide, negli anni '30 era stata una nota pilota acrobatica; Liesel Bach, campionessa europea di volo acrobatico degli anni '30 e pilota addetta al trasferimento aerei con la Luftwaffe nel 1944–1945.

Dall'alto: la pilota addetta al trasferimento aerei Lisl Schwab di fronte a un Junkers W 34. La Schwab partecipò a più di 3.000 missioni durante la guerra, pilotando tra gli altri Me 109, Fw 190 e aerei da trasporto; un gruppo di istruttrici di volo a vela dell'NSFK con un aliante Zögling sul Wasserkuppe nell'autunno 1944; istruttrici di volo dell'NSFK a Schäferstuhl nell'aprile 1945.

BIBLIOGRAFIA PER QUESTA EDIZIONE

Rolf Italiaander, *Drei deutsche Fliegerinnen*, Berlin 1940

Sophie Jackson, *Hitler's Heroine: Hanna Reitsch*, Cheltenham 2014

Judy Lomax, *Hanna Reitsch: Flying for the Fatherland*, London 1988

Edward T. Maloney, Uwe Feist, *Messerschmitt 163*, Fallbrook 1968

Heinz J. Nowarra, *Die Deutsche Luft-Rüstung 1933-1945* (4 voll.), Koblenz 1993

Evelyn Zegenhagen, *"Schneidige deutsche Mädel": Fliegerinnen zwischen 1918 und 1945*, Göttingen 2007

Evelyn Zegenhagen, *German women pilots at war, 1939 to 1945*, in "Air Power History", Inverno 2009, Vol. 56, N°4

Mano Ziegler, *Messerschmitt Me 163 Komet*, Friedberg 1977.

"*Die bemannten Geschosse – der deutschen «Kamikaze»*", in "*Waffen-Revue*" n° 88, 89, 90.

Crediti fotografici: Hanna Reitsch, Heinrich Hoffmann, archivio Berliner Verlag, Bundesarchiv, Wehrmacht Research Group, collezione privata Paolo Prevosto, Randy Malmstrom, archivio Andrea Lombardi/ITALIA Storica.

INDICE

Prefazione di Cristina Di Giorgi 5

La bambina che guardava il cielo 11
Prendo il volo 16
Dal volo a vela al volo a motore 29
Studente di Medicina presso l'Università di Kiel . . 39
Il mio primo volo in una nuvola temporalesca . . 43
Divento istruttore di volo a vela 51
Le gare di volo del Rhön 54
Acrobazie aeree per i film 57
Voli in Brasile e Argentina 59
L'Istituto tedesco di ricerca sugli alianti . . . 69
Addestrando piloti d'aliante in Finlandia . . . 71
Allieva in una scuola di volo civile 75
Volare di notte 80
Attraverso l'Europa fino a Lisbona 81
Prove di volo a vela 91
In volo a vela sopra le Alpi 100
Primi voli per la *Luftwaffe* 105
In volo al chiuso con l'elicottero *Focke* . . . 107
Rappresentando Udet alle "*Air Races*" USA . . 115
Una spedizione in aliante in Africa 123
Casa mia 132
Pilota collaudatore in tempo di guerra . . . 137
La Croce di Ferro 150
Mi schianto con un aereo a razzo 153
Conversazioni con Himmler 160
Con le truppe sul fronte russo 163
Piloto la *V1* 166
L'ultimo viaggio a Berlino 177
Vivo per volare ancora 190
Poscritto 193

Fotografie 197

Appendice 263
Primati aeronautici di Hanna Reitsch . . . 263
Le donne pilota tedesche in guerra, 1939-1945 . . 265

Bibliografia per questa edizione 275

TITOLI PUBBLICATI - ALREADY PUBLISHING

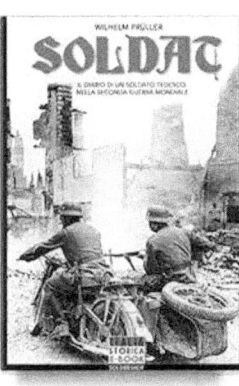

www.ingramcontent.com/pod-product-compliance
Lightning Source LLC
LaVergne TN
LVHW081455060526
838201LV00051BA/1801